吕荧全集

译作卷 / 上

许振轩 编

时代出版传媒股份有限公司
安徽教育出版社

(1915—1969)

本卷说明

本卷收录吕荧先生 1943 年至 1947 年翻译出版的文艺理论及作品，分别为《普希金论》（A. V. 卢那卡尔斯基等著，1943 年远方书店出版），《普希金传》（V. 吉尔波丁著，1946 年国际文化服务社出版），《叙述与描写》（卢卡契著，1947 年新新出版社出版），另有 1 篇散佚译文，收于卷末《集外文存（二）》。

目录

普希金论

俄国的春天　003
《普希金论》草稿　007
普希金的伟大　012
现代俄国文学的父亲　038
《欧根·奥涅金》　046
普希金的抒情诗　060
普希金的叙事诗　067
普希金的散文　086
剧作家的普希金　101
普希金与民间传说　114
高尔基论普希金　123
普希金与西方文学　138
西欧与普希金　163
后记　181

普希金传

一　普希金的时代　187
二　普希金的童年　192
三　高等学校　194
四　普希金毕业后在圣彼得堡的生活　198

五　普希金流放到南方　202

六　普希金流放在米哈伊罗夫斯基村　207

七　普希金和尼古拉一世　211

八　一八三〇年秋天在波尔吉诺　217

九　结婚之后　220

一〇　迫害和孤独　226

一一　决斗和死　233

一二　人民的悲伤　236

译者小引　243

叙述与描写　246

略论美国电影界　313

叙述与描写　集外文存（二）

普希金论

A·V·卢那卡尔斯基 等 著

俄国的春天

A. V. 卢那卡尔斯基

普希金是俄国的春天，普希金是俄国的早晨，普希金是俄国的亚当[1]。普希金为我们做了但丁与彼特拉克[2]为意大利所做的一切，十七世纪的巨人们为法兰西，莱辛、席勒、歌德为德国所做的一切。他受了极多的苦难，因为他是第一个人，就是在他之后的那些俄国"说故事的人们"，从果戈里到珂罗连珂，他们也志愿地担负了不少的悲苦的重负在他们肩上。也受了极多的苦难，因为他的惊人的绚烂清新的天才开花在一个冬天还没有完全过去的凛冽的俄国，在那个差不多还完全黑暗着的俄国。但是正因为这，他是所有其他俄国作家的领导人。他是第一个先进者，并且当仁不让地取得了整个文学领域中的最伟大的宝藏。

并且，他是以大师的、技巧的、深情的手取得它们的。他以如此的完美、谐和、雅致，几乎表现了实生活的一切领域中的俄国气质底主调的音律；所以，任何一个知道伟大而有力的俄国语言的人，都全心充满了感谢。第一次拜服从普希金那里饮着的，神圣的真正的艺术底泉流。

假如我们拿我们文学上这颗明星来和别的伟大的文学上的创造

---

[1] 亚当（Adam），《圣经·旧约》里所说的人类的始祖。
[2] 彼特拉克（Francesco Petrarca，1304—1374），意大利诗人，学者，文艺复兴的先驱者。

者比较，和那些无价的天才比较：莎士比亚、歌德、但丁，等等，我们会不由得惊异普希金底某种道地的独创性，这是一种意外的独创性。

实在的，什么可以说明我们后来的文学底丰富性与杰出性呢？那是它的感动力。它是痛苦而敏感的，它是高傲而崇高的，它带着殉道的气氛，它是预言的。

并且，如果我们偶然毫无存心地浏览一眼普希金的作品，立刻，不用去□量那些细节，第一桩东西使我们惊异的就是自由，那明亮的光明，一种跃动的优美，永恒的年青，那种近乎轻浮的年青。摩沙特[1]的舞曲清晰可闻；拉菲尔[2]的画笔正动过画布，绘画出谐和的景物。

从他自己的生活的郁郁寡欢看来，普希金的这种愉快是从那里来的呢？或者，它完全是一种个人的特点？我想并不然。我以为普希金也是俄国文学全部历史的有机的整体中的一枝，一个因素，一个部分。

一个雄伟的英雄站起来了，力量在他的脉络中奔流。已经预料到辛苦与悲哀，已经深沉地预感到个人问题的痛苦，但是，没有时间去顾及它们，甚至于它们也能引起欢乐，任何事物都在欢乐，因为光辉灿烂的青春是强有力的。在贵族普希金的内心之中，觉醒了的并不是贵族阶级（虽然他是带有几分它的特征的），而是人民，国家，语言，历史的定命。而这些就是结果终于产生我们的惨苦的狂乱的革命的种子。普希金对生活对现实发出第一声赞礼，他是许多

---

[1] 摩沙特（Mozart，1756—1791），奥国大作曲家。
[2] 拉菲尔（Raphael，1483—1520），意大利大画家。

代的千百万万人类的化身，他们通过他的嘴唇第一次清晰地说出自己的话来。

就是但丁，在十三世纪，也有伟大的文化在他的背后，他自己的本国的文化，经院学者的古代的文化。但是俄国人民觉醒得很晚。实在的，普希金以令人惊异的迅捷吸收了莫里哀[1]、莎士比亚和拜伦。在这一意义上，他是被教育了，但是这一切都吸引不了他，这都不是他自己的过去中的事物，不是他的血液中的事物。生活在他的血脉中的过去，是那个觉醒过来的人民的青春，是在一个没有欢乐的历史上注定的深夜，开始崩毁尼古拉一世的牢狱的日子的人民底沉重而强大的力量底青春。而他的未来并不是他活在人间的年岁，也不是因为他的不朽的荣名而遭遇的悲惨的结局。他的未来是俄国人民的整个的未来，它本身决定全人类命运的一个伟大的未来。

我们以普希金启始一个灿烂的开始。我们应该深深了解普希金，因为他以极端可靠的对我们人民的力量的了解贡献给了我们。并不是爱国心引着我们这样做，而是认识到我们人民对兄弟们的人民所应尽的特别义务的必要性与不可避免性。我们应该深爱普希金，特别在我们这个时代，当一个春天正在开始的时候，这春天紧紧地接着，可以这么说，一个有几分霉烂的秋天而来的。

俄国布尔乔亚阶级的生命经过很快的几个阶段就渐渐陷入利己主义的痉挛之中，渐渐陷于没落的境地，而由于这没落就随着陷入布尔乔亚西方其他民族的文化所滋养的艺术的泥沼之中。

新的春天是带着暴雨和狂风来临的，我们必需把在第一个普希金春天的时代，俄国□优秀的人民所能做到的最大限度的注意力给

---

[1] 莫里哀（Moliere，1622—1673），法国喜剧家。

与艺术。不过，在大地开始以花朵盛装它自己的日子里将要来临的普罗列塔利亚春天与普希金春天这二者之间，比在那将要来临的春天与那雷声隆隆的今天到临之前的，遮盖在土地上的光彩辉煌的黄金这二者之间，我有一次已经说过了，它们的共通性要更大得多。

《普希金论》草稿

M. 高尔基

当普希金追随着浪漫主义底路迹，模仿法国诗人，拜伦、巴杜希珂夫[1]、茹珂夫斯基[2]的时候，社会证实他的诗章底音乐性，承认他的非凡的才能，并且赞美这位诗人。但是当他独创了自己的风格，开始用真纯的俄罗斯语言，用人民的语言写作的时候，当他把日常生活和民间生活的主题引入文学的时候，当他开始单纯地真实地绘写真实的生活的时候，社会在他的作品里感觉到，正当统治者的面前，他对俄国的粗鄙、愚昧、奴役人民、残忍、谄媚作了严厉的批判与忠实的见证，社会就以嘲笑和敌意来对待他了。

据说普希金流放到奥德萨，而不到西伯利亚，是因为他要让自己去受鞭挞。在奥德萨，他受到了诽谤，被人看作一个充军的囚徒，一个小官吏，没有人来理会他的天才。他是激怒了，他不得不"来平衡官阶的品位，这是由于理智和才能中的民主主义的骄傲，同时也是由于我的六百年的贵族的家系"。

他的家里对他既怀疑而又厌恶；有一次他的父亲甚至于控告他图谋不轨，这几乎使他受苦役的刑罚。

他遭受了布尔加林（Bulgarin）的诽谤，检查员的曲解，班肯道

---

[1] 巴杜希珂夫（Batyushkov），俄国诗人，与茹珂夫斯基、甫雅柴姆斯基，同为俄国浪漫主义的先驱。
[2] 茹珂夫斯基（V. A. Zhukovsky，1783—1852），俄国浪漫派诗人。

夫（Benkendorf）底斥责的苦恼。他的诗篇《我的祖宗》《当卢库尔恢复健康的时候》，以及他的讽刺的四行诗，最后，由于一些奸猾的人们的技巧所诱惑，在官场之中激起了对于这位诗人的无法协调的憎恨。他们终于就立刻对他作种种恶意的控告了。

他的命运，正和每一个历史的现实环境的逼迫而生活在卑劣、庸俗、自私自利的人群之中的，任何一个伟大人物底命运，是完全相当的——想想莱奥挪多·达·文西[1]和米开郎基罗[2]吧。在俄国文学上，普希金正如莱奥挪多在欧洲艺术上一样，占有同样卓越的地位。我们必需知道怎样去扬弃普希金中底偶然性的事物，这些事物是要通过时代的实况和个人的遗传的特性来解释的。一切贵族的、因循的素质都不能成为我们的素质，它们对我们是陌生的，而且是不需要的。

当我们把这一切偶然性的事物抛弃在一边的时候，那位伟大的俄罗斯人民的诗人，就将在我们的面前升起了，他是那些以它们的美丽与内容使我们迷恋的小说的创造者；他是第一部现实主义的小说《欧根·奥涅金》和我们的最好的历史戏剧《波里斯·戈杜诺夫》（*Boris Godunov*）的作者；他是如此的一位诗人，他的诗章底美和思想，感情的表现力，从未有人能超越它；他是俄国文学底伟大的父亲。

不过对于无产阶级的读者，普希金给与了什么呢？

首先，他的独创的作品显现了一位作家，他具有丰富的生活知识——也许可以这么说：储满了过多的经验——具有丰富的艺术的

---

[1] 莱奥挪多·达·文西（Leonardo da Vinci，1452—1519），意大利画家，雕刻家。
[2] 米开郎基罗（Michelangelo，1475—1564），意大利画家，雕刻家。

概括形象（《欧根·奥涅金》《努林伯爵》《杜布罗夫斯基》等作品中的人物），他突破他的阶级底体制，高升在他的阶级底心理与倾向之上，把它客观地表现给了我们——它的外观是历史的历程底一部底一个失败的不稳定的组织，它的内部充满了不可相容的种种矛盾的自私自利的心理。

无疑的，普希金是一个贵族；有一个时候他自己还曾经以此自傲。不过，我们应该知道：即便是在他少年的时候，他已经感到了贵族传统底束缚与压迫，他深知他的阶级底知识的贫乏与文化的贫弱，所有的这一切——贵族阶级底生活，它的一切特征与弱点——他以惊人的真实表现了它。

一个纯粹的公式化的阶级作家，他总竭力把他的阶级表现为无可争辩的种种社会真理底所有者，这些社会真理具有约束民众的权力，而且正如种种教条一样，需要无条件的服从，这样的一个作家，总是把他的阶级底观念、感触、信仰描写成为生活的一切角落底唯一纯正、正确、完善的体相——人类底整个的经验。

在普希金里，我们有一位洋溢着生活底意象的作家，他努力以最大的忠实，最真的现实主义把这些生活底意象用诗和散文表现出来，他以他的天才完成了这个工作。他的作品乃是一个深知博学的人对于一个特定的时代底特征、风习、信念底无价的真实的记述，并且，在本质上，是俄罗斯历史底无比的画图。

那种我们可以拿他的阶级的利益为规范来分析他的见解的阶级作家，总对我们这样宣称："这就是我由观察人生而达到的真理——再没有别的真理了，不可能再有了！"

这是在把一个阶级底倾向变成一种捆缚所有其他的人们的教条；这是向人民大众宣传必需服从那些仅仅有利于统治阶级的种种道德

的法律的规范；在这里，艺术是为争斗中的政治利益而牺牲了，被贬降为一种斗争的工具——它不能来使我们信服，因为我们看见了或是感知到了它的内在的虚伪。

"不管我的出身怎样，"普希金说，"我表现我的思想是从来决不受它的影响的。"这两句话是一个感到一切民族的利益超过单独一个贵族阶级的利益的人所说的；他这样说，是因为他个人的感知比贵族阶级的感知更为广阔，更为深远。

片断的评述——划去的文句

我不打算来说明普希金的诗底美学的价值——要这样做，就必需拿普希金的诗来和我们这一时代中最优秀的作家的诗作比较，需要从字汇底丰富、单纯、明洁……的观点来研究诗的语言。

……你知道从没有这么一个诗人，他能够或是有能力去写一篇像普希金底《巴克斯底歌》（*Song of Bacchus*）那样的稀有的欢悦底诗章。

……普希金真挚地热情地爱着自由。

……在那个时候，他并不是唯一的等待着"光明的自由"底黎明在祖国之上辉耀的人，可是他以一种别人在以前从未经历过的渴望和热情等待着它。

……他敏锐地理解着历史事件的重要性。

……有人常常责备普希金对于大多数没有教养的民众的轻蔑的态度，这个责备是那些最卑鄙的反动分子们所竭力倡说的，他们曾经不止一次地企图宣称这个伟大的诗人是他们自己的诗人。

……斯莱普西金（Slepushkin）底诗是在一八二二年出现在俄国

文坛上的。斯莱普西金是一个雅罗斯拉夫尔（Yaroslavl）的农人，一个磨坊主人，一个卖煮梨的商人——后来是一个商店老板，一个自修成功的诗人，一个画像的画师。他是受了科学学院的鼓励开始写诗的，因为科学学院送了他一个金奖章和五百卢布。沙皇给了他一件荣誉的土耳其装的长衫和一个金表。虽然散科夫斯基（Senkovsky）以他和古希腊底有名的诗人谢俄克里特斯[1]相比，他的诗被译成了英、法、德各国文字，不过他只是一个中庸的人才。

普希金立刻就注意到斯莱普西金，他和斯莱普西金认识了之后，在写给戴尔微格[2]的信里这样说："斯莱普西金具有真实的天生的才能，把我的诗送给他看吧，不过不要模仿我，让他继续走他自己的道路。"

后来当他知道这位诗人的成功以及他是被这种成功所毁了的时候，普希金大声喊嚷道："就是你，毁灭了这个人，把一切种类的污脏的废物灌进了他的喉咙。他是应该受到爱抚的，因为他来自人民之中。"

---

[1] 谢俄克里特斯（Theocritus），希腊田园诗人，约生活于纪元前第三世纪。
[2] 戴尔微格（Delvig），男爵，普希金的中学老同学，一八二九至一八三〇年，普希金在圣彼得堡编辑的《文学杂志》就是戴尔微格发行的。

普希金的伟大

I. 卢波尔

一

普希金创造了俄国的文学语言，他是现代俄国文学的创立者，他使人类因为他的不朽的作品而更为丰富。

普希金的名字不仅仅和文学不可分离地联系着，而且也和整个的俄国文化联系着，这文化是伟大的俄国人民在和严酷的自然，以及和形成俄国历史的同样严酷的诸社会关系的体制奋斗中建立起来的。

拜林斯基论到《欧根·奥涅金》，以为是一部贵族的作品，因为它代表"一部俄国生活的百科全书"。在今天，我们可以这么说，普希金的全部作品合起来是一部民族生活与民族意识的艺术的百科全书。

虽然普希金的时代已经过去久远了，可是他的作品继续地活着；而且，在一个人能被称为永生的意义上——在后代的记忆中，普希金仍然继续地活着。

普希金是他那个时代的孩子，那是一个残酷、专制、农奴制度的时代。那是"有阅历的暴君"亚历山大一世和巴尔金·尼古拉[1]

---

[1]〔原注〕沙皇尼古拉一世的绰号，意思是"棍子"尼古拉。

的时代，那个时代，用一位普希金同时代人底公正的观察来说，真是"说话既有危险，缄默也能惹祸"。

在教会的学术机关之外研究哲学是不许可的，不许可的理由很简单，因为按照官方的理论，"哲学的益处并没有证明，而它很可能产生有害的结果"。于是剩下的只有文学和艺术的领域。虽然检查制度阻碍它的进步，又在宪兵队不断的监视之下，可是这一时期的悲痛的历经磨难的文学仍然是民族意识首先获得艺术表现的领域。这一过程中的主要任务，是普希金的天才担负起来的。普希金在一八二三年曾经这样写述他自己，他是完全有权这样说的：

> 我是一个孤独的自由底播种者，
> 在群星升起之前，我就早早地离开了住所，
> 用清白的没有沾污过的手，我播散新生的种子
> 在奴隶的田垄中间。

俄国的民族意识在反抗封建的专制政制的斗争中表现了出来；而在反抗布尔乔亚和地主政制的斗争中集中了它的力量。

普希金的时代使他面对着两个基本的政治问题：对于专制政治和农奴制度应该怎么办，普希金以他的诗的直观把握住了这些问题的真义，并且在他的作品里指出了正确的解答。

普希金梦想着——简直不仅是梦想，而且是深信着——总有一天会来到的，那时候，专制政治消灭了，于是这时他的名字就要被

记忆起来。在一八一八年给卡达叶夫[1]的诗里,他写道:

> 同志,相信吧:幸福的星将要跃进我们的上空,
> 这灿烂的表征呵;
> 俄罗斯将要从长眠中苏醒;
> 在那崩解了的专制政治的废墟上,
> 也将要深深地铭刻上我们的姓名。

普希金曾经绘写过一幅惊心的农奴制度下的乡村的图画:

> 不顾那些眼泪和悲叹,
> 以毁灭人们为天命的
> 野蛮的地主老爷们,用残酷的专横的条规,
> 用鞭子和桦条,掠夺了
> 农民的劳力,财产和时间。
> 匍匐在别人所有的犁上,
> 挨着鞭挞,形容枯槁的奴隶
> 步过他的没有一点慈悲心的地主的田垄。
> 在这里,所有的人都拖着他们的悲惨的轭走向自己的坟墓,
> 一切的希望和温情都在他们胸中窒息死去,
> 在这里,妙龄的姑娘们成长开花,
> 只为了铁石心肠的恶棍的放纵。

---

[1] 卡达叶夫(Chaadayev),普希金的好友,一个有革命思想的贵族,对普希金的思想影响很大。

不论在普希金一生的各时期中,他的战术有过什么不同的改变——他总是把专制政治和农奴制度看做他所要搏斗的敌人,他的死也正由于向它们搏斗所召致的。

普希金是那些有革命思想的贵族的"光荣的一群"中的一个,这些贵族对专制政治和农奴制度作过力量悬殊的搏斗,他是十二月党人的歌手,一个远见的先觉者,这许可他能以超越他的时代和阶级。

在年代方面说来,他是属于他生活着的那个时代的;可是在精神方面说来,他是属于未来的。他曾经说他自己,"我是一个未来的时代的公民"。实在的,他是他那时代一切矛盾的诗的焦点,常常他自己都是矛盾的。可是,有一种一致贯穿着这一切的矛盾,那是一根和我们的时代、和我们自己相通的线索。

普希金敌对专制政治,敌对农奴制度,他也敌对当时的那些中产阶级的俗物。他没有能看到革命的知识阶级的出现,也没有能看到革命的劳动阶级的崛起。

假如他能活着,看到了革命的劳动阶级,那末他就会怎样呢?——来作这样的推度是毫无意义的。对于我们,只要知道他在他那个时代里是怎样的一个人,因为那些地方他才被奉称为诗人的,这就好了。

那个时代的政治上的叛徒,那些有革命倾向的贵族,正如伊里奇明察地指出来的,"距离人民远得无限"。可是诗人普希金是和人民接近的,因为他是被他的人民创造出来的。

民族意识的扩深以及为扩深民族意识而进行的斗争,这是俄国人民的斗争的反响,这首先表明了对于人的个性和个人的尊严的一种深切的确认。

就是当他年青的时候，普希金都没有和那些"仅仅为了他们自己而渴望自由"的人们有过什么交往。他的人的尊严的观念并不是个人的主观的感情，而是整个人民，整个民族底人的尊严的观念。他把人的个性看做是一种本质上应该珍重的事物，这观念并不是病态的个人主义的表现，而是他对他的每一个同胞都具有的个性的看法。

普希金式的人的尊严的观念，这种普希金式的人道主义，在以前的俄国文学里是没有人知道的；就是在现在，虽然它或者还没有得到充分的评价，然而在历史的透视中看来，它是具有极大的意义的。

西欧的民族都经历过普通所知道的中古时代和文艺复兴这些历史上著名的时期。正如恩格斯的公正的评述，文艺复兴期的那些巨人，不论怎么说，他们都决不是褊狭的布尔乔亚。他们以他们自己的，跃动着生命力的，合乎人情的，活生的人的理想，反抗中世纪的理想——那些圣人和苦行者。他们以人的个性本身和个人尊严的自高，反对淹没了人的个性的天主教的教会法规。他们以生气蓬勃的自然和人类的生活经验，反对死去的学者的学术。他们以活生的现实主义反对成了俗套的教会艺术。这个指示封建意识形态崩解的过程，十五至十七世纪中在欧洲开始，到普希金的时候正达到它的峰巅。我们把这个时期和许多光辉的姓名结合在一起：意大利的但丁、彼特拉克、薄伽丘[1]，法国的拉拜莱[2]、莫里哀、伏尔泰尔，英国的莎士比亚、拜伦，德国的莱辛、歌德、席勒、海涅。但是，

---

[1] 薄伽丘（Giovanni Boccaccio, 1313—1375），意大利作家，名作为《十日谈》。
[2] 拉拜莱（Francois Rabelais, 1490？—1553），法国作家。

欧洲经历这个过程，费了有四个世纪之久。

在法国，伏尔泰尔之前的通俗的诗体故事，是拉拜莱和蒙旦[1]。我们在普希金之前是我们的民间故事，我们的罗摩奴梭夫和拉吉希柴夫[2]。可是，欧洲经历四百年之久方才走完的道路，我们在几十年间就走完了，而普希金仅仅只用了二十年的功夫。实在的，以普希金对自然的爱好，以他对于人、人的个性、人的尊严的敏觉的觉醒，以普希金的人道主义和现实主义，在他身上正存在着我们文学上的文艺复兴。普希金在他从事创作活动的二十年间赶上了欧洲的文学，并且使俄国文学成为世界文学的一部分。

普希金是我们的伏尔泰尔，我们的莎士比亚，我们的歌德，因为普希金啜吸了世界文学，为它而生活，为它而受苦，并且创造了道地的俄国文学，成功世界文学独立的一枝。他是一个世界的诗人。

这个诗人，他现在以他的智慧的透视一切的眼睛注视着我们。我们感觉到这种注视，而且觉得光荣。我们对他说：你的话，在那儿，在坟墓门口，让年青的生命自由地欢笑吧。

是实现了。在最伟大的俄国诗人的坟墓旁边，年青的快乐的苏联的生命在欢笑着。

二

我们想简短地追溯一下诗人底创作道路，这是和诗人的政治生活密切地联系着的。虽然，普希金的文学作品决不是他的政治活动

---

[1] 蒙旦（Michel de Montaigne，1533—1592），法国散文作家。
[2] 罗摩奴梭夫（M. V. Lomonosov，1711—1765），拉吉希柴夫（A. N. Radishchev，1749—1802），都是俄国作家。

的副产物,然而普希金总归是政府的一个相当重要的政治问题,这并不是无因的。正如他自己所说,"每一个讲自由的字,每一篇违法的文章",都归在他的身上。要是不然,沙皇政府不会使他从二十岁起,直到他死为止,再三地遭受政治流放,而且把他置在宪兵的经常的监视之下。

普希金的童年时期和青年时期正当着一个猛烈的反动时期。

当亚历山大一世执政之初的自由的允约翻悔了之后,这正预告农奴制度压迫的加紧。

一八一二年拿破仑战败了,并且因此崩溃了,在这之后,俄罗斯,专制政治和农奴制度的国家,就成了欧洲的宪兵。国内的阿拉克契叶夫[1]的政府用全力肆行反动。

农奴剥削的加剧不仅引起了农民的叛乱,也在贵族之中引起了革命运动,特别是那些在军队里的贵族,他们参加过反抗拿破仑的战争,到外国参观过。这个革命运动采取秘密政治结社的方式,结果就是一八二五年十二月的叛乱。

当然,形成普希金童年时代的最初印象的,以及可谓是他未来创作活动的基础的,并不是这些政治的事件。他要稍后一点,在中学里才感到这些事件的激荡。未来的诗人底创作灵感的第一个泉源是他从他的乳母阿里娜·罗狄欧奴甫娜(Arina Rodionovna)那里听来的民间故事,和他父亲图书室里的那些法文书籍。

当他开始能独立读书的时候,年青的普希金很喜欢法国抒情诗

---

[1] 阿拉克契叶夫(A. A. Arakcheev, 1769—1834),伯爵,俄国军人政治家,甚得俄皇亚历山大一世的宠信。

底阿挪克里翁[1]风的豪放。巴尔尼[2]、格莱赛[3]、格莱古尔[4]、瓦纽夏·拉·丰旦[5]是这个智慧早开的孩童的心爱的作家。这是养育了这位未来的诗人的想象的食粮，当他是个十五岁的孩子的时候，他写到想象说："想象，只有你是我的褒奖！"

普希金的诗的未来很明显的是在那个时候奠定的。

很自然的，普希金中学时期是他做习作诗人的时期，并且这也是很自然的，这个时期的法国文学起初竟占了他乳母的民间故事的上风。

爱情，友谊，酒，这是快乐的仓库和同义语，这渲染了中学生的普希金所写的诗。至于新的趋向在他的作品中出现，这是稍后的事。

一七八九年法国大革命的理想，那是当时革命的资产阶级的理想，都有了哲学上的明确的概念和意象。反抗暴君和宗教狂热的斗争，包含着反抗专制政治和封建制度的政府的斗争，反抗宗教意识和教会的斗争。号召反抗奴隶制度和偏私的斗争也含有同样的意义。自由、平等和法律的要求就代表着这些斗争的理想；这些要求是从人类社会最高法则的"天赋人权"得来的直接的推论。中学里的一个年青的教师库尼青（Kunitsin）宣传这些思想，因为它们的自由主义和革命意识，于是打动了普希金。

普希金的抒情中底微弱的政治色彩，因为他和卡达叶夫，和沙

---

[1] 阿挪克里翁（Anacreon，582? BC—485? BC），希腊抒情诗人。
[2] 巴尔尼（E. de Parny，1753—1814），法国抒情诗人。
[3] 格莱赛（Gresset，1709—1777），法国诗人。
[4] 格莱古尔（Grecourt），法国作家。
[5] 瓦纽夏·拉·丰旦（Vaniusha La Fontaine），法国童话寓言作家。他的法国姓名是"哲安·拉·丰旦"（Jean de La Fontaine，1621—1695），俄国人把法文的"哲安"改叫俄文的"瓦纽夏"，表示亲昵的意思，因为俄国人很喜欢他的作品。

皇村兵营中其他的思想激烈的军官们的交往而更加强了。他们的影响使那个还只是一个学童的普希金，成了一个专制政治和农奴制度的激烈的政治敌对者。

这些色彩在他的《自由的歌颂》里达到了纯真的革命性的高度，《自由的歌颂》表现出了天赋人权的革命传统底所有的基本思想：抗议暴君和宗教狂，抗议农奴制度，要求立宪政府。

《自由的歌颂》（一八一七）是十八世纪法国革命思想影响普希金达到最高点的产物，同时，这些思想具体地用在专制封建的俄国身上的过程也开始成熟了，这在一八一九年写的《乡村》里明耀地具现了出来。

一直到这时候，俄国文学是从不知道这种政治性的诗的样式的。这种样式之于普希金，无论如何，并不是他诗的发展底基本路线中的偶然的东西，反而正是诗的发展的一个新生的萌芽。

从和"斯拉夫俄国的诗学"作文学斗争的"阿尔札玛斯"[1]，到和十二月党人运动有关的"绿灯社"[2]，这个变化是十分自然的。

在这个时候，普希金写了悲伤的然而夹着愤怒的《乡村》，又写了魅人的《罗士郎和卢德密拉》。在《罗士郎和卢德密拉》里，他探索"往日的事迹，远古的过去的故事"，并且，确信着自己，他和旧诗的传统决裂了。

显然的，普希金是不能避免沙皇的宪兵的注意了；在一八二〇年，普希金被流放到南俄。从那个时候起，一直到他临死，诗人都

---

[1] 阿尔札玛斯（Arzamas），十九世纪初俄国进步分子所组织的一个文学团体，主张改革俄国文学语言，反对官方的文学团体的主张。普希金中学毕业后，正式参加这个团体。
[2] 绿灯社（The Green Lamp），"阿尔札玛斯"瓦解后，普希金又参加"绿灯社"，这是十二月党人组织的一个文学团体，常常讨论政府的腐败与俄国的新生。

在宪警的经常的监视之下。

在过去，忠于沙皇的文学史家们，总力辩诗人寄寓南方是非常有益的。在南方，他不是看见了克里米、高加索、海、南方的天空吗？我们倒要问问这些文学史家们，难道普希金不做一个流放的政治犯，就不能看到这些自然的美吗？

普希金在流放中的寄寓并没有使他的精神沮丧，反而更使他坚强起来。在流放期中他写了《高加索的囚徒》《巴赫齐沙拉喷泉》，开始了《欧根·奥涅金》，孕妊了《吉卜西人》。他的经历有时使人回忆起拜伦作品中的主人翁的经历；但是，要把这个时期的普希金看做只是一个拜伦的俄国学生，这是一个不可宽恕的错误。在这些年里，普希金已经摄取了他那时代的学识，赶上了欧洲文学，假如某些俄国景色和俄国社会的特点在他心里唤起某种拜伦的意象和联想，这是大可不必惊异的。

说是在普希金底所谓"拜伦风的诗"的主人翁身上可以看到诗人自己，这个说法更无根据了。那个"高加索的囚徒"，暂时"出世的隐士"和幻想的"自然的友人"，他早就消失了放荡逸乐的兴致，而充满了"悲哀的回忆"。阿莱珂[1]希望自由，却只是为了他自己，所以当雷莱叶夫（Ryleyev）劝他写阿莱珂"至少是一个铁匠"的时候，普希金就回他的信道，"最好是把他写做一个八等文官或者是一个地主"，这决不是无意义的。

普希金在事实上，他自己也这么说，是一个"谗言和立意报复的蠢物们的牺牲者"；而且他从不能写他自己的遭遇："没有欣喜和希望，我疲乏，我是一个受烦恼磨难的人。"但是，他的希望，他的

---

[1] 阿莱珂（Aleko），普希金的诗作《吉卜西人》中的主人翁。

欣喜，在这时期，在下面几句话里切实地表现了出来——"但是不，我们将要在快乐中欢笑，我们将从一个血的圣餐杯中共享圣餐"——同时，也在他拜访卡曼卡（Kamenka）的十二月党的朋友们这件事里表现了出来。

普希金的文学的情感在他流放南方的时期反而更加强了，为了这个原因，对于政府，这流放似乎还嫌不够；于是在一八二四年，我们看到诗人从一个新的更孤寂的，乡下的流放地[1]写给雅儒珂夫（Yazykov）：

恶意的命运戏弄我。我长期地一无庇护地流浪着，暴君高兴在什么地方播弄我，我就得流浪到什么地方。睡着了之后，我不知道将在什么地方醒来。无论什么时候都被追逐着，我是一个流放者，在挨过我的受着桎梏的时日。

普希金积极主张以通俗的人生经历为根底的文学，在他被迫寄寓南方的时候就已经很明显了。在米哈伊罗夫斯基村，这主张就在他的研究和作品里具体地表现了出来，这表现在《欧根·奥涅金》的后写的那几章里面，在《波里斯·戈杜诺夫》里面。在文学这方面，这个过程含有脱离拜伦和继承"我们的父亲莎士比亚"的系统的意义，这在诗人的创作发展中是一个自然的合乎逻辑的阶段，这阶段是由他以前的全部创作上的探寻所决定的。

一八二五年十二月的叛乱被平定之后，普希金在一个朝臣护送之下到莫斯科去见尼古拉一世，想和这位皇帝讨论他的将来。论起

---

[1] 就是米哈伊罗夫斯基村。

力量来，无疑的是不平衡的，普希金势必要和这个皇帝妥协才行。不过，普希金的让步决不是什么原则上的让步，普希金依然始终忠实地怀着对十二月党人的纪念，他仅仅只作战术上的让步罢了。

剥夺了自由，无穷尽的压制，公开的宪警监视，他的一切作品必需受沙皇和宪兵的检查，一八二七年有名的控告他的政治控诉案，是拿《安德莱·解尼叶》[1]里的一段做藉口的，一八二九年又在拿《加布里尔传奇》（Gavriliada）做藉口的第二次控诉——这是整个的看守、侦查、困扰诗人的制度——把这一切都记在心里，我们才能了解他写在《预感》（一八二八）里和《安德莱·解尼叶》控诉案有关的那几行诗。

> 暴风雨又再度地集合起来
> 沉默地围在我的四周；
> 心怀嫉妒的命运再一次地
> 以可怕的灾祸在恐吓我。

除去在专制政府的掌握之下受种种压迫而外，诗人还必需和那些文学上的俗物们底诽谤的辱骂相争辩，像布尔加林（Bulgarin）、格莱期（Grech），以及其他类似的在政府前面摇尾乞怜匍匐而行的人物。

普希金的阔放不羁的智慧已经翱翔到了世界文学的顶点，到了能艺术地悟知人的心和人的爱底深处的地步；这使他能在一八三〇

---

[1]《安德莱·解尼叶》，普希金的一篇诗，歌颂法国诗人安德莱·解尼叶（Andre Chenier, 1762—1794）。解尼叶在法国大革命时代，因为谋叛王朝，被下在狱里，普希金很崇敬他。

至一八三五年间,以完美的形象来描写俄国人民底无比动人的酷爱自由的精神。在这些年里,普希金完成了不朽的《欧根·奥涅金》;写出了莎士比亚都会声称是他自己的作品的《贪婪的武士》;又写了《摩沙特和沙列里》,这是描写才能和技艺,天才和罪恶,坦直和黑心的嫉妒等问题的第三部杰作;《石头客人》描写一个一心挚爱临死不惧的人;《瘟疫期中的宴会》以在战争中的跃动的欢乐以及在斗争中的狂喜,就可以作为不朽的保证。

在同一个时期中他写了《贝尔金故事集》[1],这里面包括有令人伤心的《驿站站长》的故事;准备下了《郭鲁西诺村的历史》的草稿,这篇作品后来启发了伟大的讽刺作家希柴德林;又写了一套故事,在这些故事里他肯定地表现出他对牧师和国王的见解。

在《青铜骑士》里,普希金用完美的手法处理了人、民族、国家的命运的问题。"就只剩下你了!"(Uzhe telyel!),"你,看看吧!"叶夫盖尼讽刺青铜马上的雕像的话[2],这是震响着的个人权利的宣言。

普希金愈来愈注意那些和人民,和人民的或大或小的希望与行为有连带关系的形象。在《杜布罗夫斯基》里的铁匠阿尔希普(Arkhip),他泰然自若地烧死了可恨的录事,可是也正是他,冒着性命的危险从燃烧着的屋顶上救下了一只猫,这无论如何比一个人所想象的小人要高得多。我们看见一个热血心肠的爱自由的俄国人——一个伟大的人道主义的化身,普格乔夫[3]不仅仅是在《甲必丹

---

[1]《贝尔金故事集》,普希金用"贝尔金"的假名发表的一个小说集。
[2] 叶夫盖尼(Yevgeni),《青铜骑士》中的主人翁,他讽刺的"青铜马上的雕像"指的是彼得大帝。
[3] 普格乔夫(Pugachev),一七七三到一七七五年间俄国农民叛乱的领袖。

的女儿》里被写做一个不下于凯撒林女皇的动人的人物，就是在《普格乔夫叛乱史》（虽然有它不得不有的官样文章的话）里，也是这样。他甚至于是一个比她更能使人敬畏的人物。"所有的平民"都归附普格乔夫，而反抗她这"咯山的女地主"；虽然他不是一只大鸦，不过仅是一只幼鸠，"然而这大鸦仍是一个飞禽"。

　　普希金使专制的封建的政府感到狼狈不堪，这样他是非被去掉不可的。那些审判异端的裁判官们就自告奋勇来做这件事。他们使普希金受到不可忍受的痛苦，一切使他苦恼的精明的方法都用来对付他。后来他们找到了一个国际冒险者来干这件事——于是伟大的俄罗斯诗人就永逝了。

三

　　谋害了普希金，从俄国人民那里劫夺了他的尸骸，用检查的束缚使他的作品和俄国人民隔离，这都是沙皇政府的权力所能做到的；但是沙皇政府并不能从俄国人民那里劫夺去普希金的语言和普希金的文学，因为普希金的语言变成了俄国的文学语言，而普希金所创始的新文学，发展成了现代的俄国文学。

　　语言是一个民族的最重要的财产之一。但是语言是一种历史的事物：它是随时代而变化，发展的。在一个民族底文化的神殿（pantheon）里，有一个永久的地位是保留给那些以通俗语言为本源来写作作品，自然地、广阔地充实发展这个语言，毫不凭藉任何人为的造作的方案的天才们的。文学语言史上的全部分期的命名，都是由这些天才们而来的。如意大利的但丁和彼特拉克，法国的拉拜莱、蒙旦、拉辛[1],德国的歌德和席勒,俄国的罗摩奴梭夫和普希金。

普希金深感横隔在当代的俄国语言和俄国人民底"思想与情感的样式"之间的峡谷,他认为人民底"思想与情感的样式"是民族性的最重要的因素之一。

对于普希金,充实发展俄国语言是一件深合他的心意的事,一件重要的社会的政治的事业。普希金在一八二二年写道:"能爱俄国的,只有像 M. 奥尔罗夫(M. Orlov)和派斯泰尔(Pestel)那样的革命人物,正像能爱俄国语言的,只有作家一样。我们必需在这个俄国,用这个俄国的语言,来完成我们一切的作品。"普希金无疑地拿创造新文学语言和政治革命来比较过,他把这两种工作都看做是爱自己的国家和人民的表现。

"我们还没有文学,没有书,"普希金在一八二四年写道,"从童年时代起,我们就从外国书里获得我们所有的知识和观念,我们已经习惯了用外国语言来思想了;现代启蒙运动要求表现上的种种重要的东西,这是那些不能再以想象与调和底美妙的游戏为满足的思想家们底食粮。但是科学、政治、哲学在俄国从没有过阐发;我们还没有抽象的语言。我们的散文是这样的粗劣,所以我们甚至于不得不在普通的通信里创造新的词藻来解释最普通的思想。"和这幅可悲的图画有连带关系的是这件事实:"读书界受着束缚","文学没有被看做是一种通俗的必需的事物,因为根本就没有公论"。(普希金说的是舆论)

普希金给他的文学前辈们都以应得的名位——罗摩奴梭夫、卡

---

[1] 拉辛(J. Racine, 1639—1699),法国古典悲剧作家。

拉姆金[1]、茹珂夫斯基。虽然如此,然而我们不能不分清楚普希金和他的语言与他们的语言之间的区别。

卡拉姆金作为一个艺术文学的作家,是追随法国作家的。他和已经成了古体的罗摩奴梭夫的语言决裂了之后,就采取法国文学和法国语言的方向。他的语言是文学的语言,但是是文学"界"、文学沙龙、"书房"文学的语言——一种属于少数人的语言,客厅的语言。普希金带着讽刺嘲笑过这种语言,这种语言是远离人民的,同时使文学成为人民所不能接近的事物。茹珂夫斯基也是为少数人写作的,虽然他有他的不同的地方,并且富有诗的情趣,他的诗集题名叫做《珍玩集》(Für Wenige),这不是无因的。

普希金着手运用种种"土语"塑造出了纯正的□□□□□。

他沿着两条不同的线索对俄国语言作了一番深切的研究,使他自己对人民文学底古代的不朽名著中的语言底种种历史的样式,对当代的口语,都很熟知。

我们知道,不仅当普希金是个孩子的时候,就是后来当他是个成年的大人的时候,都非常爱听他的乳母阿里娜·罗狄欧奴甫娜的故事;他常常到乡场和街市上去,为的是要听听人民们是怎样说俄文的;当他在奥伦堡(Orenburg)和柏地(Berdi)的时候,他打听过那里的民歌和民间传说。普希金在一八三〇年写道:"阿尔菲里[2]用常常到弗罗伦斯的街市去的方法研究了意大利文。有时候去听听莫斯科的做烙饼的人说话,对我们一定是很有益的。他们的话是惊人的正确而且道地。"

可是,从这里决不能推论说,文学的语言非是口语的精确的复

---

[1] 卡拉姆金(N. M. Karamzin, 1766—1826),俄国历史家,作家。
[2] 阿尔菲里(Vittorio Alfieri, 1749—1803),意大利剧作家。

制品不可。诗人在一八三六年，在他逝世前一年写道："写的语言是不断的由那些从谈话中得来的辞句充实起来的，但是一个人不应该就此放弃了许多世纪来的收获。单是只用口语写作，这表明了那个人不懂得他的语言。"

这就是什么道理，我们在普希金的诗里遇见的有同样特别的文学字汇，有常用的字，也有古俄文的因素；但是这一切融合成了一种"普希金的"语言，这种"普希金的"语言，既悦耳，而且富于表现力和音乐性。

在古老的语言、通俗的口语、文雅的文学字汇相融合而产生的美里，正存在着普希金底诗的样式的秘奥。他质朴地称呼这种秘奥叫做——"风致"，并且简短地写道："真正的风致决不在于不加思索地抛弃一个特别的字或者是变化词藻，而是在于一种相称的适切的体会。"

四

单是语言并不能构成文学。普希金责难那些"注重字的外表更过于注重字的意思——这才是字的真正的生命——的作家们"。字的本身是死的，意思才给与它以生命。看到了"法国人到今天还惊讶拉辛用'铺'这个字的勇气，而戴立叶[1]以他自己用了'母牛'这两个字为骄傲"，普希金喊道："听命于这些浮动的不足道的批评家的文学是该受鄙弃的。如果诗人们被责成了以争胜风致上的偏见为荣，不论他们有些什么别的成就，他们的命运是可怜的。在这里有

---

[1] 戴立叶（Jacques Delille，1738—1813），法国诗人。

一种更高的果敢,当创见有了广阔的影像的时候,就敢于发明,敢于创造——这是莎士比亚、但丁、密尔顿的果敢,歌德在《浮士德》里,莫里哀在《假好人》(一八二七)里的果敢。""思想!"普希金在另外一段里喊道,"这是两个伟大的字!人类的尊严如果不存在在思想里,那会在什么地方呢!"

伟大的文学不仅仅要求艺术的语言,而且也要求思想。一个诗人或是一个散文作家所用的字,不能比他们所要表达的思想更深奥或者更美丽。文学的形象必需是用适当的字表达出来的思想。这是普希金在他的整个创作活动中自始至终地坚持地遵守着美学体系底一个基点。一切他对语言和文学的其他的要求都是从这个基点出发的,这些要求引导着他获得了形式上、内容上的现实主义,创造了新的文学。

普希金在他开始写"素朴的散文"之前,在一八二二年写道:"精确与简洁是散文的主要的成就。""散文要求思想,更多的思想,没有思想,灿烂的辞句是毫无用处的:诗是另外一回事。然而,就是在诗里,我们的诗人们如果有一个更可观的思想的仓库,经常的保有着它,这一定是很有益的。"

当普希金坚持简洁明快的语言的必要的时候,他强调地说明这决不是思想的贫乏。他拥护语言的真纯而反对思想的贫乏。语言的绮丽和空无内容的修饰,这在任何情形下,结果只能产生坏诗。普希金的意思在下面的一段文字里清晰地表达了出来:"不加修饰的美的魅力我们仍然不能理解,甚至于在散文里,我们还在追求褴褛卑俗的装饰品;我们仍然还不能欣赏剪截掉诗词的成了老套的装饰品的诗。我们不仅没有努力提高诗的风格到高尚的真纯的地步,而且还在企图把浮华给与散文。"(一八二八年)因此,对于诗,语言的真纯也是艺术成就的最高的规范。

取消浮华,取消外表上的成了老套的装饰品,连同真纯与简洁,这是与诗的真挚相关联着的。"在一个诗人,真挚是一种非常贵重的品质",普希金这样写着。

对于一个稍知文学史的人,以普希金这样的观点,不论是古典主义或者是浪漫主义,那些他幼年的时候被吸引过的流派都不能使他满意,这是很明显的事。他在童年时代倾向过这些流派,在他的初期作品中相当地受了它们的影响,但是当他快要成熟的时候,他毫不惋惜地抛弃了它们。

普希金反对古典主义和浪漫主义底抽象的定义。他以为一篇梦想家所写的带有"德国观念论"的特色的作品,可能是属于十七世纪、十八世纪所理解的那样"古典的样式"。反过来说,一篇在形式上极为古典的作品,可能仍然具有"浪漫派的矫揉造作"的特点。

同样,在诗里也没有唯一的支配一切的样式。诗人在一八二三年写道:"在现在,反对哀歌是顶时髦的,正如同从前人们对短歌(Ode)大肆嘲笑一样。"这不是一个诗的样式与种类的问题,也不是一个外表上诗的形式与趋向的问题。主要的是诗决不能是矫揉造作的、胆怯的、灰色的。诗人在他的《波里斯·戈杜诺夫》序言的草稿里写道:"我必需承认,在文学上我是一个怀疑者(不说别的吧),文学上所有的宗派对于我都是一样的,每一个宗派有它好的一方面,也有它坏的一方面。难道应该让格律和形式来束缚文学的自觉吗?"

那么,什么是普希金底文学的自觉的箴言呢?

他说到"古代古典作品的正确和完成,以及那些古典作品的模仿者底灰色的千篇一律的作品",在普希金的意见,以为时间、地点和行动的一致的规律是艺术发展上的因袭的人为的障碍物。他特别猛烈地反对"风格的一致——这个法国悲剧的第四个条规",按照这个条规,一切的人物,不管他们在社会里占的是什么位置,都得说上流社会的语言,一种一律的"自称为文学的"语言。他也同样强力地反对假古典的诗剧,因为它的"向国王和英雄们卑躬屈节的作风"。

在通常的字义上是一个流派的浪漫主义,也是一个范围,诗人很快地就超越了这个范围。当他还是个十七岁的青年的时候,他已经经历过了"悲戚的哀歌""孤独的森林的黑暗""雾沉沉的日子的别离"的阶段,已经歌唱过"寂寞的月亮""悲怆而单调的箫声""早开的希望之花",就悲悼过"因为受苦而枯萎了的"生命了;在一八一七年,我们看到他曾经这样说过,"一个轻浮的老人是和一个严肃的少年同样可笑的"。

普希金在他的主人翁(《吉卜西人》里的阿莱珂,《高加索的囚徒》)的描写里,以及在整个的他的文学方法的体系里,都舍弃了拜伦的浪漫主义。普希金在一八二七年写着:"拜伦所想象的所爱的仅仅只是一种人物……拜伦用一种片面的观点来看世界和人性,接着他转身离开了它们,沉溺进他自己里面去了。"

为俄国文学寻觅一条另外的新道路,这是绝对必要的。普希金在现实主义中,在人民的艺术作品中找到了这条道路。

普希金在《波里斯·戈杜诺夫》序言的草稿里写道:"感到厌倦的鉴赏力需要别的,需要那些更热烈的情感,这要在新的通俗诗底混沌的然而沸腾着的泉源中去寻找的。"这使普希金把"我们的父亲莎士比亚的体系"当做一个文学的模范。莎士比亚底"广阔的描写","不加雕琢的单纯的典型的刻画,以及他的挚爱人民的感情",使普希金向着莎士比亚走去了。普希金曾经写道:"莎士比亚的戏剧的通俗的规则,并不是拉辛底悲剧的宫廷的派头,而是适合于我们的舞台的。"

一篇悲剧中的人物必需是活的人,有爱情也有罪恶。这就是普希金的《贪婪的武士》中的人物。

普希金以为艺术的真并不在于用老套的梗概或者是偏重某一方面,而是在于逼真。逼真"不在于严格地力求服装、色调、时间、地点的符合",而是"在于热情的真,在于感情和预想的环境的逼真",在于人物的逼真。——这是多么接近恩格斯的描写"典型的环境中的典型的人物"的解释,这是很使人惊异的。

写作和灵感对于诗人具有同等的重要性。普希金说到《波里斯·戈杜诺夫》,说这是"不断地写作和谨慎地研究的果实"。普希金其实很可以说他的那些所谓的"小悲剧",和他的小说、故事,都是这种果实。"写作引起思想,而灵感是思想对印象的最生动的感受,对意象的理解,当然,还有对意象的解明的一种禀性。"这种灵感结果写成了《波里斯·戈杜诺夫》,并且,在事实上,写成了普希金的全部著作。

普希金向作家要求"哲学,客观,历史家所具有的政治家的想法,敏慧,活生的想象力,没有偏袒自己所赞成的思想的倾向,自由"。所有的这些特质都是他自己艺术创作底典型的特质。

照普希金的看法,悲剧的对象,伟大的艺术的整个的意义是在于"个人和民族,人的命运,民族的命运"。像这样,实在的,那又怎么能不向作家要求这些特质呢。

普希金的创作活动底这些基本原则,这种普希金的现实主义,这种普希金的艺术,形成了现代俄国文学的基础。当普希金摄取了俄国的民间传说和世界文学所有的成果之后,他成了现代俄国文学的巨树，从这棵树生长出了莱蒙托夫、果戈里、涅克拉梭夫、希柴德林、托尔斯泰、朵斯妥夫斯基、柴霍甫、高尔基。

五

这位民族诗人，他的作品代表一部俄国生活的百科全书，他在历史的法庭上出现是势所必然的，这历史法庭在一九一七年十月最后终于解决了关于俄国生活的命运的久悬的争讼。换句话说，当那些诉讼人提出了对于俄国生活的未来的要求的时候，他们也要求俄国的艺术的百科全书，普希金的创作遗产。这是一定如此的：普希金的遗产是和俄国的命运密切地联结着的，俄国的命运在十九世纪是占据了俄国社会思想、俄国哲学、俄国文学的中心的问题。

争执普希金的遗产的诉讼是在西欧派（Zapadnik）和斯拉夫派之间开始的，而在一八八〇年——当莫斯科的普希金纪念碑揭幕的时候，表现得最明显了。

在这个典礼上发表的两篇演说——屠格涅夫和朵斯妥夫斯基的——甚至于在今天还值得我们加以注意。这两个作家继拜林斯基之后，或者，更确切点说，继年青的果戈里之后，承认普希金是一个俄国民族诗人，是俄国文学语言的创造者。但是屠格涅夫和朵斯妥夫斯基是从不同的基本原则出发的，所以也达到了不同的结论。

在屠格涅夫看来，普希金的艺术是代表俄国民族的本质精神的具象。这种精神，正如同任何民族的精神一样，包含两种因素——容受性和自我表现性。照屠格涅夫的说法，这种俄国的，也就是普希金的精神，具有二元性的特质："它的容受性是二元的——它容受自己的生活，也容受其他的西方民族的生活，连着它的一切财富，有时还连着它的苦果。它的自我表现性是参差不齐的,强烈的,有时是天才的自我表现,这也是二元的;它必需和外来的种种纷扰争斗,并且和自己的种种矛盾斗争。"

屠格涅夫说:"我们不能同意那些断言俄国的文学语言,是和其他健康的机构一起由平民而来的意见。"屠格涅夫预先就看到了反对的异议:"假如一个诗人在他的作品里总不以他自己的人民为意,在人民之中看不见他的主要的对象,他永远不会成为他们的诗人。人民、平民们永不会去读他。"

但是这并没有困恼屠格涅夫,他继续发挥他的基本观念:"实在的,先生们,作品为我们所叫做的'平民'的人们阅读的伟大的诗人在什么地方呢?德国平民不读歌德,法国平民不读莫里哀,甚至于英国平民也不读莎士比亚。他们被他们的民族所阅读。一切的艺术都是生活升达理想的高擢。那些站在普通的日常生活的水准上的人们,是在这个水准之下的。"

结论是很明显的:民族和人民不是一回事,民族高于人民,民族是人民的峰巅,民族摒弃属于人民的事物。创作是自由的,创作的工作必需不受人民的羁绊,人民是一个沉湎在普通的日常生活中的有惰性的群众。人民不读歌德、莫里哀、莎士比亚、普希金,因为艺术的水准、艺术的理想,对人民是不可达到的。这是十分自然的、正常的,过去是如此,未来也将如此。在实际上,这正是那些自由党人布尔乔亚和地主们的观点,他们认为普希金是他们的,并且想象他们将领导人民,领导群众,领导全俄罗斯,沿着西方文化的道路,就是布尔乔亚资本主义的道路走去。至于在将来人民也不会读普希金,这是不用管它的——哪,在西方人民是不读莫里哀、歌德和莎士比亚的。

朵斯妥夫斯基看到了屠格涅夫的"民族"和人民的分离。他称它叫做"社会与人民的分离"。他认为社会把它自己的地位放在人民之上，这是非常不正常的。他以为普希金在《吉卜西人》里描写阿莱珂，在《欧根·奥涅金》里，首先指出了这种病症。按照朵斯妥夫斯基的说法，普希金指示过，这种"病症"的救药是人民的真理底生气充溢的泉源；普希金的艺术的特质是它具有俄罗斯的美，这种美是他由人民的精神得来的。屠格涅夫所叫做容受性的，朵斯妥夫斯基叫做世界的感受性，它的美点是广泛的协调性。这种中庸的协调是"俄罗斯人民的真理"，达到这个真理的第一步是在谦卑："谦卑你自己，骄傲的人，谦卑你在一切谦卑的人前面的骄傲。取得克服自己的胜利，抑制你自己，你就将自由了，这种自由的程度是你从来不敢想象的。"

朵斯妥夫斯基的结论也是很明白的：社会和人民不是一回事，社会把它自己的地位放在人民之上。这是不自然的，不正常的；过去是如此，但是它不能再如此继续下去了。人民是肩负真理的人，这真理以谦卑见长；谦卑和广泛的协调是人民的真理。一个人必需接受这种真理，于是抑制自己，毁裂自己，这是寻找自由。

在实际上，这是那些反动的"人民的爱者"的观点，他们断言普希金是他们的，他们要领导人民，领导大众，领导整个的俄国，沿着他们自己的一条原来的道路，就是布尔乔亚汜和富农们的道路走去。至于平民还是要和以前一样的赤贫，这是不用管它的——"作为一个奴隶的基督不是嘴里祝福着，在我们这贫穷的大地上游荡过吗。"

归根结底地说来，屠格涅夫和朵斯妥夫斯基虽然是出发点不同，可是他们的距离并不太远。一个是否认"健康的机构"会从"普通的人民"产生出来,另外一个则认为社会主义是一种病症,在俄国人民的精神里是不能允许它有合法地位的。

代替在真实的社会关系中寻找真实的自由,为真实的自由工作,屠格涅夫在艺术创作中寻找自由,而朵斯妥夫斯基在人的内心世界中寻找它。他们让社会生活照旧还是那样下去。但是,他们两个人实在共有的重要的一点就是他们都历史地犯了错误。

在一八八〇年,当纪念碑举行揭幕典礼的时候,普希金的遗产的争执是当诗人底唯一合法的继承人不在场的时候发生的。俄国命运的争论是在唯一的历史裁判官的背后争辩的。自由问题的讨论是当解放运动的领导力量没有出现的时候进行的。在那些自己想象自己,研究俄国人民精神的专家的争讼者们之中,没有一个是知道俄国人民的。一种人以为俄国人民的精神存在于永远的容受性和惰性,另外一种人以为存在于——谦卑和忍耐的长处,可是实际上俄国人民的天性正相反,是爱自由而且革命的。伟大的俄国诗人普希金在他那时候就把这种天性表现出来了。想想他所列举的组成普格乔夫的党徒的人物就很够说明了:俄国的农奴,在工厂里做工的农民,哥萨克人,鞑靼人,巴希吉尔人,卡尔姆克人,最后,作为一个总括:"所有的平民都拥戴普格乔夫,神父希望他好,录事和官吏虽然为数不多,也整个地站在平民这一边……只有贵族们公开拥护政府。"这样,那些运气不佳的人民精神的导师们是打错算盘了。

集中了力量的劳动阶级对俄国人的精神的理解,比他们深切得多,因为这是它自己的精神。这种精神在长期而艰苦的反抗布尔乔亚地主政权的斗争中教育它,锻炼它,唤醒劳苦大众反抗他们永久的敌人,并且在反抗地主布尔乔亚富农的最后的斗争中领导他们。

二十多年以前,在一九一七年十月,寄生虫的统治被永远推翻了，不可分解的兄弟关系的结连结起了所有的自由的苏联的人民。

俄国的路，很显然的，是普希金传留下来的路。虽然有屠格涅夫，劳动阶级为整个的人民争取到了自由。虽然有朵斯妥夫斯基，人民在社会主义中找到了内心的以及外在的自由。在以前，人民大众被剥夺了一切在文化世界中的地位，甚至于得不着最基本的教育方面的便利，没有达到普希金的门路，也不读他；可是现在，在约瑟夫宪法时代，他们找着了他们的伟大的诗人，这诗人永远是他们的。

在苏联，没有一个工厂、集体农庄、军队单位，或是学校，不在响着普希金的话，而且是像一个巨大的回声一样，在每个人的心中回响着。

朵斯妥夫斯基说过，"我们的贫穷而无秩序的国家"将要，"或者，最后终于找到一个新字告诉全世界"，将要指出"一条路来，为了俄罗斯精神中的欧洲的向往"，这一切是普希金底谦卑的睿智底艺术天才中固有的思想。是的，我们的国家已经找出了告诉全世界的那个新字，它现在正为欧洲底向往指出一条路来，但是它并不是朵斯妥夫斯基的"贫穷而无秩序"的国家，而是体力和精神都充溢着活力的、富足的、丰盛的苏联。它指出来的道路，并不在朵斯妥夫斯基的基督教里，也不在他的虔诚的"要谦卑呀！"的说教里，而是在约瑟夫宪法里，在这欢呼里："要骄傲，骄傲，劳动者，要知道你自己的尊严。"

在我们文学的黎明期，伟大的普希金告诉了我们这种人的骄傲，这种人的尊严的观念。而现在，伟大的约瑟夫在教给我们荣誉和勇敢，社会主义劳动底光荣和英勇，在这里面正存在着所有的我们人的骄傲，所有的我们人的尊严。

现代俄国文学的父亲

Ⅰ.莱兹涅夫

普希金的作品代表着在他以前的俄国诗的思潮的全部发展的一个总结。普希金过去是现在也是它向前发展的无尽的泉源。普希金的作品底纯洁而丰饶的泉源在整个的十九世纪里滋养了俄国文学，甚至于在今天，它还继续着同样的作用。对于俄国过去的以及现在的最伟大的作家们，普希金乃是出发的起点，他们常常地要想到他。

伊里奇用过"从普希金到高尔基"这几个字来确定现代俄国语言的界限。

普希金实在是俄国语言与文学发展上的伟大的界石。

普希金以他的天才底伟力压倒了十八世纪的古代的文学语言，破坏了旧诗的著名的"崇高的风格"，创造了一种新的文学语言。

在普希金以前的俄国的诗，用拜林斯基的活画的辞句来说，顶多只是一种"从外国来的移植品"。在俄国人民的生活还不能在艺术中获得表现的时候，创造一种诗的形式，这是第一项重要的事。普希金完成了这一任务。他为人民底信念、思想、感情的诗的表现，以及俄国文化的未来的发展创造了一切必需的条件。在这中间就存在着普希金的伟大和他的诗底无限的重要性。拜林斯基曾经写道："普希金被要求活生地揭露出在俄国诗的神秘。他注定了要为俄国征服诗，并且使俄国永远做一个作为一种艺术的诗的所有者。对于俄国社会，《欧根·奥涅金》这部诗是一个获得自觉的行动；它差不多只是它跨出的第一步,然而是向前跨出的多么大的一步啊!……这是巨人似的一步。在这之后,踏步就变成不可能的了。"

在俄国,文学的平民化不是从别人开始的,而是从普希金开始的。这一过程虽然要求更大的力量,然而是沿着普希金的作品所指示的路线发展的。普希金走向人民的造字的艺术,并且在他的革新俄国文学语言的著作里大大地摄取了这黄金的资源。和他那时代的传统正正相反,这位伟大的诗人冒险写述了平民的生活。他开始把平民的典型引进他的作品中,用毫无任何令人厌恶的或是浑浑噩噩的风味的格调把他们描写了出来。

"戏剧艺术,"普希金写道,"是为了人民的娱乐在市场中产生出来的。在一篇悲剧里应该展开的是什么呢?什么是它的对象呢?那是人和人民。人类的命运,人民的命运。那就是为什么虽然他的悲剧形式是狭隘的,拉辛是伟大的。那就是为什么虽然有他的不一律、不整洁而且粗拙的修饰,莎士比亚是伟大的。"

普希金在他的全部诗作里都以单纯和明晰为目的。在这方面他获得了极大的成功,所以每一个识字的人都能了解他的作品。普希金的同时代人证明:就是当他在世的时候,普希金已经就广大地被人民所阅读了。

但是这位伟大的诗人并不满足这个。他看到那些赞扬盗贼和流氓的庸俗的冒险故事的廉价版的书比较更为流行,在毁坏读者的赏鉴力。于是普希金,伟大的诗的大师,就写起散文来了。这又是这样,奠定俄国古典散文的伟大的巨厦的基石的不是别人,乃是普希金。任何一个稍知俄国文学史的人都知道,普希金是莱蒙托夫和果戈里的散文作品的直接的先导者。

应该记住,在普希金那时代,布尔加林、古里阿诺夫(Guryanov）等人的反动的庸俗的小说正受着广大的欢迎。这些赞扬无赖、流氓、恶棍的小说对普希金、拜林斯基、果戈里这方面提出了强烈的抗争。为着抵抗这种可恶的文学，普希金就蓄意想写一个面目逼真的无赖汉冒险的小说。果戈里的《死魂灵》（或《乞乞科夫游记》[1]）就是普希金的理想的进一步的发展。全都知道，当果戈里把《死魂灵》的第一章读给普希金听的时候，普希金表示非常热爱它。

萨尔蒂珂夫·希柴德林，另外一个伟大的讽刺作家，也从普希金袭用了不少的东西。我们把希柴德林的《格鲁波夫城的历史》的题目和结构与普希金的《郭鲁西诺村的历史》比较一下，就可以明白了。

普希金的明晰、简洁、精致的散文风格乃是伟大的托尔斯泰的典范。托尔斯泰，用伊里奇的话来说，代表着"全人类的艺术发展中向前迸发的一步"。

像普希金一样，L.托尔斯泰对民间传说、神话、民歌、通俗艺术作过一番深切的研究。托尔斯泰的小说底许多各种不同的草稿本和誊写本显示出这位伟大的大师的写作的方法。它们表现出他寻找那种最能表现而且接近人民的语言的形式时所费的苦心。

托尔斯泰左一次右一次地重写同一个插曲、场面或风景。他把他的作品写了又写，使每一个隐喻更确切，每一个辞句更简明，删去一切冗繁的文字，并且把每一个字都像一颗金刚石似的琢磨。最伟大的俄国作家，托尔斯泰和普希金，对于文字和辞句的这种处理，

---

[1] 这是《死魂灵》最初出版时的书的全名，"乞乞科夫游记"这个副名是当时的检查官给加上去，用来减弱"死魂灵"这三个字的力量的。

表现出他们在一个不可衡量的短时间内都在重复着凿伐，琢磨那些可以在对民歌作历史的研究中探索得到的语言的素材这一过程。民歌的字，就像是一个人在海滩上拾起来的光怪陆离的光滑的鹅卵石，乃是经过千百万次琢磨的结果。

俄国的民歌既赏心而且悦耳，普希金写下了多少民歌啊！这些歌写的是些什么呢？这些歌中间有一首——《小河沿着沙床流向妈妈莫斯科》，写的是阿拉克契叶夫。

你这位阿拉克契叶夫先生呀，
你毁灭了整个的俄罗斯，
你逼迫穷苦的人民，
你的眼色叫兵士们发抖。

普希金底创作上的通俗的风格是和他的艺术的社会倾向相联系着的。在他的《甲必丹的女儿》里，普希金使普格乔夫说着充满人民的智慧的最活生如画的语言，这决不是偶然的。

普希金在俄国艺术思潮的发展史上是一块伟大的界石。在普希金的作品里，我们看到在他逝世之后的一个世纪中各个时期里的，人所不能不认识的许多思想的根源。而且，几乎没有一个十九世纪俄国文学中的重大的问题，不被普希金辩解过或是指示过，差不多没有一个题旨，不可以在普希金的作品底多音的和乐中追踪到它的根源。苏联政府称普希金是"现代俄国文学的父亲"，这并不是没有原因的。

普希金常常在他对某种问题的分析上，证明了比他的后继者更严肃，更深刻，也更接近真实的解答，这是令人惊异的。

《欧根·奥涅金》是俄国文学中所描写的贵族的阶层的角色底第一次展览。这些角色都苦于烦闷，并且因为缺乏生活的目的颓唐起来。他们都为"好动"所困恼而且酷好"换个地方"。

莱蒙托夫的彼秋林[1]好像是奥涅金的暗影，而屠格涅夫的罗亭和拉夫莱茨基则是这同一类的"多余的人的典型"的较晚的样本。在这些文学上的人物之间无疑的是有一种差异的，但是，普希金对人物的处理和其他古典作家对人物的处理，这中间的差异格外显著。

普希金知道他的阿莱珂、奥涅金和赫尔曼都是不健全的人物，阿莱珂配不上柴姆菲拉，奥涅金配不上妲姬雅娜，赫尔曼（《铲形皇后》里的）也配不上一张幸运的纸牌。他深知道什么是他们的价值。

论到普希金的天才的创作的时候，拜林斯基说道："这是一部俄国生活的百科全书。"同样的，一个人也可以说普希金的作品是一部俄国语言的百科全书，是一部诗的题旨的百科全书。

读读下面这几行诗吧：

……一排肮脏的茅屋，
在远处——黑色的大地，山谷的徐缓的斜坡，
在上空——一排铅色的阴云。
欢乐的田野，幽荫的树林——它们在那里呢？
那小河在那里呢？低矮篱笆后面
只有两棵可怜的小树点缀这凄凉的景象
而只是那么两棵……

---

[1] 彼秋林（Pechorin），莱蒙托夫《当代英雄》中的主人翁。

……在院子里一只狗都没有。

那儿走着一个矮小的农民，两个女人跟在他背后。

他光着头，膀子底下夹着一口小孩子的棺材。

他催促那个慢吞吞的孩子上前去叫神父，

他的父亲，把教堂打开："快去！

不能耽搁了！我想这葬仪赶快完事！"

谁写下了这几行诗？涅克拉梭夫吗？不，这是普希金。

他的诗《寄西伯利亚》是普希金对俄国文学后来的发展所发生的惊人的影响的有力的证明。

在这首诗的第一节里，一个人可以看到涅克拉梭夫的先驱者。

在西伯利亚矿山的深处

以骄傲的轻蔑坚持着忍耐吧，

你们的高贵的思想的崇高的憧憬，

你们的悲痛和苦役，都决不致徒劳无功。

看这同一首诗的最后几行的意象与结构，不禁使人会想起亚历山大·布洛格[1]的风格来：

……于是自由

将在门口欢乐地迎接你们，

弟兄们将交还你们的刀剑。

---

[1] 亚历山大·布洛格（A. Blok），俄国革命诗人，名作有《十二个》等。

普希金对于他所奠定基础的现代俄国文学后来发展的影响，不仅限于提供了新的语汇，提供了许多诗的色彩、题旨和人物。他的影响既非局限于给与我们以在他的诗的谐和之中具现出来的艺术的范本，也非局限于他对世界与人民的广阔的现实主义的概念的艺术的体现。

普希金具有丰富的社会哲学的思想，这些思想整整有一个世纪培养、丰饶了俄国的文学。

远在一八一九年，普希金在他那首诗《乡村》里就显露出他的崇高的人的情感与精神的纯洁。这首诗显示出他对人道主义的如此深刻的理解，这只有那个时代的最前进的思想家才能具有的。

下面的几行诗就洋溢着雄伟的激昂和力量：

呵，如果我的声音，人民的心，只有觉醒！
那末，为什么在我的胸中燃烧着徒然的火，
为什么命运不赋与我以语言的惊人的天赋？

在这几行诗里一个人已经能听到，在普希金之后整整一个世纪中的，俄国作家们底最优秀的作品所渲染着的社会色彩的宏大的响声了。

在七年之后，普希金在他创作活动的顶点，写下了他的最有力的光辉的诗篇《先知者》。这实在是诗人遗赠给十九世纪的整个文学的遗嘱。在这里，诗人的悲伤的呼声——在他心里"燃烧着徒然的火"，以及"命运不赋与（他）以语言的惊人的天赋"，再听不到了。诗人现在知道，最需要的正是这种天赋。

在普希金的《先知者》之后七十多年，在一个不同的时代里，在不同的环境底下，高尔基的《暴风雨的海燕》出现了。这两篇作品的题旨的类似是很显然的。

高尔基热烈地推崇普希金。高尔基说到他对普希金的诗作的第一次印象：

> 我一下子把它们都读完了。我感到一种贪婪的感觉，就像一个人发现了一块非常美丽的地方——想马上一下子就把它走遍了的那种感觉。就像一个人在低湿的森林里沿着藓苔斑驳的丘陵走疲倦了，忽然走过一块长满鲜花而浴着阳光的干地时的那种感觉。他惊异地凝视着它一会儿，然后就喜悦地跑着，跑着，他的脚每一次踏到那肥沃的土地上的柔软的草，他的心里不是充满了恬静的欢乐么……？他的诗的响亮的诗行是那么容易记住；它们灿烂地彩饰着它们所讲到的一切。这使我非常快乐，它使我的生命光明而喜悦。他的诗像迎接新生命的钟声似的响着。

要真实理解普希金的作品的全般的意义，这首先要理解从普希金到高尔基，从一块伟大的界石到另外一块界石，更接近我们的界石，俄国文学和社会思想在这中间所经历的道路。

《欧根·奥涅金》①

A. 古尔斯坦

《欧根·奥涅金》无疑的是普希金最重要的一部著作。还在写作当中，普希金就觉得这是他的"最好的作品"，他在一八二四年和一八二五年所写的信里曾经这样说过。

普希金起意开始写他的"诗体的小说"，那时他大约二十四岁。伟大的诗人在写《欧根·奥涅金》的那些年里经历了太多的变故。一八二五年十二月十四日被沙皇炮火镇压下去的十二月党人的叛变，这是对普希金世界观的发展有极大影响的一条分界线，这条分界线划开了这个时期。普希金的世界观起了变化，跟着他的作品底整个的色调和心境也起了变化。《欧根·奥涅金》的前几章，正如普希金自己所承认的，"带有《罗士郎和卢德密拉》的作者初期作品中所有的愉快的特质"。但是这部小说的结尾却是些哀悼一个活过一番的生命的，忧郁悲伤的诗句。

他最初开始写《欧根·奥涅金》的时候，普希金就说这是一部"诗体的小说"。可是，诗里的人物底形象并不是一下子思构出来的。普希金自己说过，他最初看见他的奥涅金和妲姬雅娜：

> 那时候，这部小说的晶体还没有明确地

---

① 编者注：《欧根·奥涅金》是《叶甫盖尼·奥涅金》的另一译名。

在我的迷惑的视线中

现出这回荒唐的罗曼斯底景象。

"我在写一部浪漫诗底彩色最富丽的几节，并且还探讨纯粹的无神论"，诗人在一八二四年的一封信里这样写着。可是在《欧根·奥涅金》第一版第一章（一八二五）的序言里，普希金称这部诗作是"一部讽刺的小说"。

普希金底锐利的讽刺的文笔，交错着传奇故事和抒情的穿插——从这些穿插里，普希金的朋友们看出了诗人"自己，他自己说话的方式"——随着故事的进展，发展成了一幅那个时代俄国生活的现实的画图。普希金自己也承认他向现实主义方向的转变，向弗兰德斯派[1]方向的转变。

在《欧根·奥涅金》里我们看到有许多俗套的文学场面，许多传统的诗的格式。普希金自己也强调过他和拜伦的接近。他自觉地接受了他的先辈和同时代人底某些诗的格律。《欧根·奥涅金》是以那个时代的真实的俄国生活做基础的。普希金同时代人中的最优秀者是了解这个的。诗人巴拉丁斯基（Baratynsky）在一八二八年写到《欧根·奥涅金》说："……旧俄国和新俄国，它全部过去的盛衰期中的生活……都在你们眼前了。"伟大的批评家拜林斯基在《欧根·奥涅金》里，看见俄国社会发展过程中最使人发生兴趣的阶段之一的，俄国社会底诗的描写。

《欧根·奥涅金》写的是一八二〇年左右的事。这位主人翁奥涅

---

[1] 弗兰德斯派（The Franco-Flemish School），这是一个画派，包括从十五到十九世纪的许多弗兰德斯和比利时的名画家，这一派的特色是强有力的笔触，著重细节，逼肖自然，纯净的彩色。

金，他的出身、教育、生活方式，都属于"高等社会"，属于俄国贵族的精华。从他的小说底第一节诗起，普希金说到这"高等社会"的时候，都用最辛辣的词句。可是，普希金称奥涅金是他的"好朋友"，这是很重要的；因为奥涅金不仅仅是这位伟大的俄国诗人的同时代的人，而他首先是普希金底阶级中的一个人，是他的社会层、他的环境中的一个人。为什么后来诗人说到他的时候，又把他看做一个"奇怪的伴侣"呢？

因为普希金自己超越了把他教养成人的环境。如一个巍巍的巨人，他高升在他四周的事物之上，高升在他的同时代的俄国社会之上。而他在《欧根·奥涅金》里所安置的艺术课题，乃是制作一幅他那时代的图画；普希金同时也企图摆脱这位老是跟在他的脚跟后面的"奇怪的伴侣"。

奥涅金的形象并不是一下子就构思出来的。"纨绔子弟"的奥涅金最初一出现，就纯然是一个"上流社会"的婴儿——它的典型的代表，它的亲骨肉。A. 拜斯图冉夫（A. Bestuzhev）在一八二五年写信给普希金，说到奥涅金道："……这是一个我在现实生活中碰到过千万次的人，因为冷淡、愤世、奇特，现在正是梳妆台上的东西。"奥涅金底教育——"我们全都这样那样地读过一点什么"，他的整个的生活方式，对他那社会层的人们说来，是典型的。

当更接近他的主人翁的性格的时候，诗人显得有点犹疑不决。奥涅金底怀疑论和冷漠的态度主要地是根据他个人的生活经验而来的，它们并没有超出日常生活的范围之外。但是普希金首先却来扩大它们的范围，提高这种怀疑论成为一种世界观。他使奥涅金思想。

　　……那些权利和法律，

> 爱国，美德——这一切
> 都是老套子的空话而已。

我们在普希金的草稿里找到这几行诗。他没有把它们收进印刷本子里去——好像他害怕这会使奥涅金看起来太聪明了。不过，一个人只要想想奥涅金图书馆里的书目，就可以知道普希金的主人翁是跟着欧洲思想的动向走的。

怀疑爬进了妲姬雅娜的心，她被这个问题苦恼着：奥涅金是不是……

> 一个穿海罗德[1]大氅的莫斯科人
> 一个坏鬼，一个外国笑话
> 却有新的解说[2]，
> 一部势利和时髦的字典，
> 还是一首打油诗？

但是妲姬雅娜对这问题没有找到答案。

> 对这谜语她有答案吗
> 她已经找到了"那个字"？……

如果奥涅金结果只是一首"打油诗"，那是一件简单得多的事。

---

[1] 海罗德，拜伦的叙事诗《卡尔德·海罗德》（*Childe Harold*）中的主人翁。
[2] 这意思是说奥涅金像外国的海罗德，不过他却不是海罗德，另有"新的解说"。

不过一个人可以判断得出来,奥涅金在他的社会层里决不是一个普通的人。那些谈到他的人对他而发的议论和大笑可以用这件事实来解释:

> 仅仅只有中庸
> 对我们方才合适,并且是不觉得奇怪的。

在这里,我们不禁回想到这同一个社会层中的另一个不平常的人。奥涅金的一个同时的人:卡茨基,格里波叶多夫[1],不朽的喜剧《知识的不幸》中的主人翁。当普希金写《欧根·奥涅金》的时候,脑子里无疑地存着格里波叶多夫的人物的印象(普希金在一八二五年一月读的《知识的不幸》)。我们不仅仅在普希金的小说里找到格里波叶多夫的一句话的重复——"而那是舆论呀!"我们不仅仅看到一段直接提到卡茨基的,由格里波叶多夫而来的讽刺诗——"像卡茨基一样,下了船就一直到跳舞会去了"——而且可以看到,《欧根·奥涅金》中有些整个的诗节诗人写来嘲笑莫斯科贵族和各省地主的,完全是从卡茨基底讽刺的独白的风格中脱胎出来的。

> 在他的妻子,那个矮胖的迷人精旁边,
> 肥胖的布斯家珂夫慢慢地踏着沉重的阔步[2];
> 格俄兹金来了,他是一个头等的家主,
> 他的农夫过着乞丐一般的生活;

---

[1] 格里波叶多夫(Griboyedov,1795—1829),俄国作家,名著《知识的不幸》是和果戈里的《巡按》齐名的喜剧。
[2] 此句俄文原诗是:"肥胖的布斯家珂夫坐车子到了",英译文有改动。

那一对斯柯金尼，须发白得和圣人一样，

跟什么年纪都有的，

从两岁到三十岁的孩子们排成一行；

这是别杜希柯夫，一个乡下的花花公子；

这是我的本家兄弟，睡眼惺忪的布雅诺夫，

头发里满是家禽的绒毛[1]，戴着鸭舌帽子，

（我相信你们一定认识这个小家伙）

还有那个肥胖的老律师，弗略诺夫，

他是一个饶舌家，饕餮家，小丑，骗子，

他喜欢小好处和喜欢大肉一样。

又写着[2]：

常常的，在尼古拉叶夫娜的家里，

每天还老是那位朋友麦歇[3]弗乃木希，

还老是那条狒狒狗，还是那个男人；

他向来是俱乐部的一个从不迟到的会员，

还是那样的吊儿郎当，糊里糊涂，

常常吃喝两个人的东西。

但是奥涅金不是一个卡茨基，卡茨基的重公益心的气质是和他

---

[1] 此句俄文原诗是"浑身都是家禽的绒毛"。
[2] 这六行诗英文本缺，是参照法文本添上去的。这六行写的是莫斯科贵族，前十四行写的是省里的地主。
[3] 麦歇（Monsieur），法文，意即"先生"。

不相投的。不过，虽然在事实上他和卡茨基并不相似，奥涅金却和卡茨基一样，感到同样的悲哀——"知识的不幸"。实在的，这并不是一下子就看得出来的。奥涅金的形象是在小说的发展中成就起来的。

这部小说的开头，在第一章里，普希金称奥涅金是"第二个卡达叶夫"。但是，他这样称呼他，是嘲弄他的，因为奥涅金只穿得和卡达叶夫一样，而卡达叶夫后来变成他那时代的最进步的一个俄国人。奥涅金无论如何"是不和时代吵嘴的"，不像卡达叶夫那样，也不像卡茨基那样。奥涅金对围绕着他的污脏的环境的回答是抱一种怀疑的冷漠的态度的。不过这种冷漠并不能老使他得到解脱。

> 这样他变得好动起来，并且决定了
> 必需要换换环境。

像卡茨基一样，奥涅金各处地漫游，到处都让他感到同样的忿怒。

> 瘫软无力了，像那土拉（Tula）的律师一样，
> 为什么我不躺在床上？

我们和奥涅金分手，那是一个不利的时际，正如诗人所说，"他的不吉之兆显露出来了"。我们不知道他后来的命运。不过普希金起先是想继续他的主人翁的故事的。

这部小说在实际上另外还有一章（第十章），它被普希金烧掉了。现在只剩下这一章的一些零散的残篇，是用很特别的章法写出

来的；它们直到一九一〇年，才由一位研究普希金的学者莫罗佐夫（P. O. Morozov）阐释明白。这些残篇有很大的价值。它们表明烧掉了的那一章的内容是富于社会性、政治性的。

在这部小说里面遍布着许多政治性的暗示；但是这些仅仅只是暗示而已，因为沙皇的检查官，甚至于连这样的诗句都要禁止的——普希金在这些诗句里说到妲姬雅娜和奥尔伽的母亲知道：

怎样专制地
处理一个人的婚姻大事……

在《奥涅金》的第十章里，普希金明白地指出人物的本名来。这是他对亚历山大一世性格的描写：

一个懦怯而狡猾的统治者，
一个不中用的花花公子，劳苦的仇敌，
意外地托天之福戴上了皇冠。

这第十章，看起来好像是从一八一二年的拿破仑战争起，到十二月党人叛变止，这一个时期中最重大的事件的一篇年表。我们不知道奥涅金在这些事件中演个什么角色。但是，在这部小说中述及十二月党人，这正相当地扩深了它的社会的远景。

奥涅金底社会性、政治性的行为，就这部小说的正文看来，普希金是用讽刺的笔来描写的。我们看到在我们面前有一个典型的扮演自由党的脚色的贵族地主：

>他用轻的免役税……
>代替了强制徭役。

奥涅金的疏懒,他对日常生活和公众生活的冷漠态度,断绝了他参预任何事务的意志。普希金把他的主人翁写得和他同时代的欧洲文学作品中的人物十分相像。

>那些传奇,每一页上
>都表现着现在的时代,
>揭露出现代人的真正的灵魂:
>一个枯燥的,冷淡的,无意识的生物,
>不管别人的快乐和痛苦,
>沉溺在无尽的幻梦里,
>一个觉得什么事都没有兴趣,
>可是却从不能安定下来的心灵受苦的人。

但是同时,普希金又说他和他的主人翁是朋友,说奥涅金有使他喜欢的特性。奥涅金的"冷淡而又懒惰"的灵魂有时也觉悟到友谊和爱的真情,但是奥涅金是命定了不能成就什么事情的。拜林斯基写道:"这个生性禀有天赋的人的才能并没有用出来,他的生命毫无意义……。"伟大的民主主义者批评家在社会条件里看出了这件事实的道理。拜林斯基认为奥涅金"必然地是一个自私自利者……在这里有命运在","这命运是在现实生活中决定的"。

普希金把他的"奇怪的伴侣"奥涅金来和他称为"真正的理想"的姐姬雅娜对照。姐姬雅娜,和奥涅金正正相反的形象,她是单纯与真挚的化身,她的感情强烈而且直接。在妲姬雅娜身上,普希金希望加强和人民的亲近——真的,这亲近是习惯上的;光是这个名字——妲姬雅娜——对于普希金的同时的人,乃是一个"平民的"声音[1]。

什么是妲姬雅娜底精神的高贵的本质呢,什么是她性格底力量的根源呢?妲姬雅娜,像托尔斯泰《战争与和平》里的娜塔霞·罗斯陀瓦一样,经历了一个改变她整个心理的变化。社会环境把妲姬雅娜变成一个交际场中的女人,一个"正派"的模范。妲姬雅娜落进了虚伪的、俗套的"社会"道德观的掌握之中,这种道德观用结婚的"圣礼"使全不相称的人们的结合神圣化了:

> 但是我已经做了别人的妻子;
> 我要终生对他忠实。

当然,妲姬雅娜的力量并不在于这种对假神圣的,私有道德的"忠实"。朵斯妥夫斯基在一八八〇年,在那篇有名的,当普希金纪念碑举行揭幕礼时所发表的演说里,赞美妲姬雅娜,赞美她使她自己负担起来的苦痛的重负,赞美奴隶性的"温顺";朵斯妥夫斯基自己就宣讲这种"温顺",他以为这是俄国人民的基本的特质。

对温顺的接受、苦痛的崇拜,这对普希金是全不相容的,因为他找不出任何为奴隶制度辩护的理由。妲姬雅娜的力量并不在她的"温顺",而是在她的感情底忠实与刚毅;她的力量,正如拜林斯基

---

[1] 普希金写《欧根·涅奥金》的时候,贵族女子多不用"妲姬雅娜"做名字,反而女仆们有叫这个名字的,所以这是一个"平民的"声音。

所说的，在于"诚挚与纯真的结合"，在于她的性格的"刚毅"。普希金拿来和奥涅金底脆弱不堪的、毫无成果的、怀疑的个人主义对照的，正是这种"刚毅"。奥涅金只知道一种坚决——对冷漠的坚决。妲姬雅娜拒绝了奥涅金的爱。这是普希金对这种"多余的人"——奥涅金底社会的劣根性加以历史的果报的思想，这在妲姬雅娜底真纯的人性的果断里具现出来了。

在普希金对连斯基[1]的描写里，我们首先感觉到的是讽刺的笔调。但是这种感觉，无疑的是片面的。我们不能忽视这件事实——莱蒙托夫在他的悼普希金的死的诗里，把在一场决斗中死亡的诗人底命运，和"那个不出名的但是为人所爱的诗人"连斯基的命运相比。

连斯基是一个浪漫主义者，单是这件事实就足够断定普希金对他的态度了。普希金带讽刺地说到他的浪漫的心情的空漠，说到他的缺乏根本思想。但是同时，也可以这么说，普希金概括了在他之前不久的过去的浪漫主义，并且怀着感谢的心情，提示出了它的比较好的方面。

在后来的历史的发展中，那些连斯基们堕落了。在十九世纪五十年代，拜林斯基嘲笑他那时代的连斯基们，在这些连斯基们的身上，他直接看到了"一切进步力量的敌人……永远地一心在打自己的算盘，想象着他们自己就是宇宙的中心，他们泰然自若把着悠然自得的态度，来看围绕着他们在世界上发生的每一件事，并且总是重复地说，幸福是在我们内心之中的，我们应该为天堂的美梦而奋斗，停止去想那人间的浮华吧，在这人间，饥饿和需要总是存在着的……"

普希金的连斯基直到现在还是受推崇的。他的浪漫的真挚，对照

---

[1] 连斯基（Lensky），《欧根·奥涅金》里的一个诗人，也是决斗死的。

着"愚蠢的社会"——以及它的"少不了的傻瓜"（或者用普希金在别的地方给他们的称呼，"光辉的傻瓜"）——的整个的背景，使我们对他觉得亲近起来。在普希金的时代，连斯基的命运是可能有种种不同的形态的；在其他种种可能性之中，普希金也预先看到这种命运：

像雷莱叶夫似的被绞死。

连斯基的"那些爱自由的梦想"对普希金是特别亲切的。

普希金时时藉连斯基的声音来表现他自己最内心的思想。连斯基相信：

……有些被命运之神所选定的
献身给神圣的友情的人们，
这个高贵的，永生的种族
将要领导我们到一个美美的世界，
而那难以形容的灿烂的光芒
于是就照耀着我们的日子

这几行说述光明——就是人道主义——的最后胜利的诗句，对于苏联的公民们，有特别湛深的意义。

在《欧根·奥涅金》里的人民——用普希金的话说来——是"无言的"。但是伟大的诗人在小说里提醒我们，在奴隶制度束缚之下的人民是"被奴役的"。这些话和普希金《乡村》（一八一九）里的含有谴责性的诗句是一致的：

在那里,瘦削的奴隶
在一个铁石心肠的主人的鞭子底下枯萎了。

普希金在《欧根·奥涅金》里详细地叙述了那些"穷光蛋的农夫",他描写那些"勉强支持着在踯躅"的疲惫的劣马的主人——那些农民们的简陋得可怜的"典礼"。诗人写到农奴的女孩子,她们在摘果子的时候,命令她们要唱歌的。——

在那里,婢女们歌唱着,
这样她们就不会欺骗收获果子的主人
她们不敢让她们的歌声停止:
因为她们唱着,就没法去吃果子。

主人的责罚是在等着这些女孩子的。女地主拉林娜[1]常常"暴怒地鞭打她的婢女"。

在《欧根·奥涅金》里,除去妲姬雅娜的老乳母和奥涅金的管家的而外,普希金没有直接描写平民。不过《欧根·奥涅金》里说到"平民"的那几章,证明普希金是完全公正的。他对"下等人"的描写有一种人民的气息。"农奴的儿童"的雪橇和马车夫的羊皮上衣,是有机地交织在普希金的风景画里的。

我们随处都找得到和人民命运有关的历史的回忆。在《奥涅金的旅行》中,诗人讲到了"布拉克们"(伏尔加河的纤夫们),他们"用一种悲伤的声音唱着":

---

[1] 妲姬雅娜的母亲。

>往年的斯坦卡·拉金[1]是怎样
>用血染红了伏尔加的波涛。

《欧根·奥涅金》的人民的素质,当然,并不是由诗人直接描写到平民的那些诗句全般表现出来的。这素质是在小说里间接显露出来的,它们赋与这部小说底整个的意象以它们的彩色,渗透进了这部小说底整个的艺术结构和诗的语言之中。拜林斯基说过,《奥涅金》"可以称为一部俄国生活的百科全书"。

普希金有许多最深的内心思想都在《欧根·奥涅金》中表现出来了。在这部小说里,也表现着窒息在他那时代俄国生活的困厄中的诗人的痛心。他在一八二四年的一封信里就写道:"神圣的俄罗斯变得不能忍耐了!"

卡尔曾经读过俄文,为的是想能读原文的文学作品,他对普希金评价很高。他不仅仅读了《欧根·奥涅金》,并且在他的名著《政治经济学批判》里用它来做引证。卡尔在说到亚丹·斯密士[2]和政治经济学的时候,引用了普希金这部小说的名句。后来恩格斯在一八九一年写给《资本论》第一个俄文译者丹涅尔森(H. Danielson)的信里,也引过这几行诗[3]。

---

[1] 斯坦卡·拉金(Stanka Razin),十七世纪俄国农民暴动的领袖,暴动后来被平复,处死刑。普希金写过一首《斯坦卡·拉金之歌》赞美他。

[2] 亚丹·斯密士(Adam Smith, 1723—1790),苏格兰人,资本主义古典派经济学家,名著有《原富》等。

[3] 卡尔和恩格斯引用的大概是这样几行诗中的最后的几行:"他(奥涅金——作者注)骂荷马,骂谢俄克里特斯;可是他阅读亚丹·斯密士,他是一个渊博的经济学家,就是,他能论断一个国家怎样才会富起来,它靠什么而生存,为什么它有天然物产的时候,它就不要黄金。"

普希金的抒情诗

N. 吉摩菲叶夫

一

有些作家，他们的作品仅仅只是作为某一时代遗留下来的纪念品而使人发生兴趣。不过又有另外一种的作家，他们的声音，保持着温暖与新鲜，亘越许多世纪直接地向我们倾诉着。在这种作家战胜时间的特殊的战争中，抒情诗也许是最难长存的一种式样了。

一个小说家所创造的有个性的人物，某一位故事大家所叙述的故事情节的错综复合，不论这些被描写的人物和事件距离我们今天的生活是多么遥远，我们可能仍然感到兴趣。但是，抒情诗要来战胜时间，那是更加无比困难的。它要不顾我们和作家相隔离的历史的距离，渗透进我们的意识，触动我们的心弦，使它应合着它的音符而震颤，在我们内心之中唤起一种生命的应和，这是更加困难的。

普希金就是那种经过时间试炼的具有世界的声名的少数抒情诗人中的一人。他越着百年的时间向我们倾诉着，"好像是一个说着活话的活人一样"。

在普希金的作品里，特别是在他的抒情诗里，那种形式的众多的变化，那种由最内心的爱的情感到重大的政治问题，由诙谐的恋歌到愤怒的讽刺的、人类思想与情感的稀有的广阔，是使一个人惊异的。在他的一首诗里，普希金把诗人的工作比拟做"回声"，那反响一切事物的"回声"。

普希金有一种惊人的艺术手法，他把最复杂的社会生活的事件好像是他自己个人的经历一样陈述出来，把一个时代化成自己的传记。而同时，他以如此的深度写出他个人的经历，所以它们取得了社会的意义，于是诗人的传记变成了一个时代的历史。诗人的苦难，他的愤怒和悲哀，他的快乐和忧伤，都具有社会性的事件的意义。

普希金的抒情诗的毫不褪色的清新是从他的天才底深度的崇高的人性与进步性中流泻出来的。普希金以伟大的魄力绘写思想崇高的、和谐的人物。在他的诗里具现出他那一时代中的最优秀的人们底思想与感情。它们是以如此的力量表现出来的，虽然它们保持着历史的彩色，同时却使我们获得一种亲切的感印，深深地激动我们的情感。

普希金的诗充满了深刻的社会的内容。对专制的憎恨，对人民大众的温暖的同情，这都是他的抒情诗底有机的要素。

> 在丰饶的田野和山陵中
> 人民的友人伤心地看着
> 到处都是愚昧的极顶的屈辱……
> 残酷的地主们，用残暴专横的法规，
> 用鞭子和桦条
> 掠夺农民的劳力和时间。

"人民的友人"这一用语，这是法国大革命时代特殊的用语，这正加强地表现出普希金的理知与法国大革命的理想的血缘关系。在普希金的抒情诗以及他的一般的作品中的主导的主题之一——自由的人和一个自由的国家——这主题是和法国大革命的理想密切地联系着的。

> 当自由照耀着我们的时候，我的朋友，
> 当光荣召唤着我们，我们听到了它的时候，
> 来吧：让我们将智慧者的豪勇的激励
> 奉献给我们的国家。

一种广阔的社会的透视，一种尽可能地展开潜藏在人类天性中的所有的才智的希望，那种在一个自由的国家里做一个自由的人的梦想——这一切乃是普希金抒情诗的本质的因素。

在他的诗里，普希金以同等的力量和真挚来写他那时代主要的政治问题以及最内容的情感。他的爱情抒情诗甚至于在今天仍然保持着它们的魅人的美，因为普希金用人性——在这两个字最美的意义上——浸透了它们。

普希金的抒情诗，以他所表现的爱的情感丰富与生动，最亲密的人的关系的描写的纯洁，对女子的尊重为特色；它包括人的情感的整个的范围。

卡拉姆金，当普希金的天才正在成熟的时期，卡拉姆金的意见很占势力，他警戒诗人不要作"自然界恐怖景象的夸张的描写"。他写道："缪斯[1]的年青的养子最好是用诗来抒写爱的初恋的感印，友谊，自然界的幽美。"（一七九七年）

普希金没有遵从卡拉姆金的反动的训词。他不规避世界；他不

---

[1] 缪斯（Muse），希腊神话中的文艺女神。

以"自然界的幽美"来掩蔽那个世界的种种矛盾。他勇敢地同社会的不公作战。他带着深深的痛苦绘写生活的画图，勇敢地面对着现实底悲苦的真相。

普希金的抒情诗是有社会性的力量的现实主义底诗。与他那时代的前进思想的密切的接触，对当代的重要问题的即刻的反应——这一切乃是普希金的诗作的典型的特色。伟大的俄国诗人的际遇正证明着歌德的话的真实："谁忘记了今天，谁就要被明天所忘记。"

二

在俄国的诗里无比卓越的普希金底诗的伟大的造诣，乃是在于他以完全契合所描写的情感的性质的，人的语言底生动的音调为基底来构成他的诗行的才能。在这一方面，他的抒情诗的形式正如它的内容一样，是现实主义的。契合着普希金底抒情诗的多方面的内容，诗章像活人的语言一样地响亮着悲伤与欣喜，愤怒与欢乐的真实的音调，这在俄国诗的历史上还是初次。

普希金的诗章充满了有力的内容，因为他给予它们的特别的形式（音调、韵律等）是完全与他在它们之中所抒写的情感相和谐的。我们只来引证一个表现普希金处理"断续"[1]的例子。在这个例子里，普希金将一个密结的句子拆裂开来，获得了一种非常动人情感的顿挫。

他写给因为参加一八二五年十二月叛乱而被沙皇流放的十二月党人的诗《寄西伯利亚》，拿十二月党人的悲惨的命运来和他们未来

---

[1]〔原注〕断续（Enjambment）：一个文句在第一行的末尾起头而在第二行完了。

的胜利对照着。在这首诗里只有一处"断续"，一处拆裂，当我们仔细研究这个拆裂的时候，我们能够更清楚地了解普希金的诗的性质。他写着：

沉重的铁链将要脱落，
牢狱将要崩毁——而自由（断续）
将要在门口欢迎你们
你们的兄弟也将要归还你们的刀剑。

在这里，在最高度的激昂的一瞬间，在这个最感动的字——"自由"——上面，诗人的声音似乎在震颤着，在感情的重压之下迸发了出来。这句诗用一种情绪上的顿挫而急转直下，这顿挫表现出压倒诗人的种种情感，同时也使诗句震响着深沉的诗人的感情的声音。普希金的诗的艺术的基础正是这种人的情感。

他的诗作《青铜骑士》包含着数目非常之多的拆裂。对这些拆裂细心地加以研究，一个人可以看到在它们的分配上所用的非常精细的艺术的审慎。关于彼得一世，普希金是用庄严的修辞学上的语调来叙述的；关于叶夫盖尼，则用深深的人的同情的心地来叙述。说到彼得的诗句中几乎没有什么拆裂。实际上所有的拆裂都分配在叙写叶夫盖尼的诗句里了。

这样，普希金底诗的人性决定了它的情感颤动的人性——它的活生的情绪的色彩。这正是创造了诗的表现的新形式，来契合他的作品底有力的内容的诗人普希金所创始的一种革新。

三

沙皇尼古拉一世的黑暗的反动沉重地压在普希金的身上。虽然他耗费了许多精力来克服他的环境的阻碍，普希金却创造出了他的和谐的人的形式。普希金对他的环境所进行的艰苦的斗争，这不得不影响到他的抒情诗。

当开始他的诗的写作之初，普希金就怀着这种信念：他要到他死的那一天都保持着年青。可是在一八三〇年他却说出这句话来："地球上没有幸福，只有自由与安息。"这并不是说，将到他的生命的末年普希金已经失去了早先的力量。正正相反，他在四十年代所写的史诗作品，显示出他的创作力的进一步的发展，他的观点的一种扩大。同时，他对社会问题的处理显然带有更大的锐敏性。无论如何，普希金被他的迫害重重的环境所引起的心情，宫廷方面的窘迫，以及诗人的孤寂，这在他的抒情诗里，比在其他样式的作品中更多地反映出来。诗人对自由的憧憬以及对和谐的人的憧憬，更为尖锐地和他的环境的现实冲突起来。

四

普希金曾经询问他的朋友，诗人戴尔微格，请他解答这个谜："谁在铁的时代里认识黄金的时代？"

我们说普希金用他自己的作品解答了这个谜，这个说法是完全公正的。在尼古拉一世的反动时代，在以盲目的愚蠢来迫害窘困他的社会圈子里活动着，这位命定多难的诗人在他的抒情诗里关于未来比关于现在更说得多些。在那个受奴隶制度的锁链的束缚的俄国，他就用他的慧眼看到了他将要受人民敬重的时代，那些人民在他那时代，因为屈服在殖民化的专制政治的桎梏之下，是太落后了。在那个人被征服、被压迫的社会里，普希金就在憧憬着自由的、和谐的、有理性的、思想崇高的人的性格。

"一个思想崇高的人在一个自由的国家里发展他的才能"——这乃是普希金底突破了那个时代历史环境所布置下来挡住它的道路的所有的障碍物的抒情诗底主调的音符，这乃是一座高大的桥梁，将普希金带过年代的洪流，带到我们这里，带到那个正在实现他的自由与真正人道主义的梦想的国度底岸边。

讲到托尔斯泰的时候，伊里奇说过：他的著作的宝藏只有人民中的微乎其微的少数人知道，只有社会主义革命才会使他的作品成为整个人民的世袭的财产。

这两句话也同样适用于普希金，他的作品现在为苏联的每一个受过教育的人所亲切。

只有在苏联，普希金才能变成一个真正众所景仰的民族的诗人。因为只有在现在，他的诗才变为人民大众的所有物。只有在现在，他的抒情诗的真实内容的丰富方才真能为人所欣赏，才成为苏联的自由，人民的意识和行为的一部分。

普希金的叙事诗

W. 赫拉普琴珂

普希金，文学的大师，一个伟大的情感与理想的人，以他对生活的惊人的多感而深情的感受，他的意向是在写作包含着对于世界的广阔的理解的作品。这是可以看得出来的。他是一个无比的抒情诗人，同时又是著名的叙事诗的作者。在普希金看来，抒情诗和叙事诗并不是不相合致的。在他的叙事诗里，他希望依然做一个用少量的话来表现多量的内容的诗人，努力达到紧张和尖锐的最高度。这些普希金文学天才的显著的特质，使叙事诗成了他所喜爱的文学样式，在他的文学道路的不同阶段上，他都写过叙事诗。

《罗士郎和卢德密拉》（一八二〇）是第一部印刷出来的普希金的重要作品。这部叙事诗是以青春的热情写出来的，在俄国文学史上占一个很重要的位置。

在这部诗里普希金抛弃了古典主义的那些原则，古典主义是那个时代的主导的文学潮流；普希金也和古典风格的堆砌与华美断绝了关系。诗人不能再以"捧得高高的"诗底贫血的苍白和枯燥为满足；富丽堂皇歌功颂德的宫廷文学底庸俗性与狭窄性对于诗人是全不合致的。流畅的诗的抒写，描绘的笔触底浮雕性与血色的红润，这是《罗士郎和卢德密拉》的主要的因素。

《罗士郎和卢德密拉》把读者带到古代的俄国。乌拉吉密尔亲王把他的女儿嫁给一个叫做罗士郎的武士。在举行婚礼的这天晚上，美丽的新娘卢德密拉被魔术家车尔奴摩尔（Chernomor）诱拐去了。四个武士就出发去找这位失踪的公主，武士们的"英勇的"冒险的描写是用优美的诙谐来渲染的，并且是用一种愉快的戏谑的笔调陈述出来的。普希金用嘲弄来对待这些"大"武士们：在他们的风度里几乎全没有什么"骑士的"慷慨与高贵，在他们的品德之中也没有勇敢。

《罗士郎和卢德密拉》充满了关于魔术世界的滑稽的描写。在那个时期，神秘派的诗正和俄国文学接枝。茹珂夫斯基为在俄国发展玄妙的神秘的文学，卖了很大力气。在他的诗篇里，普希金把茹珂夫斯基的短诗《十二个睡着的女郎》和那些恐怖的故事，都戏谑化了。魔术家车尔奴摩尔是一个滑稽的人物。那些"恐怖"只能引人发笑。反动的浪漫主义者们底典型的两个世界的理想，受到了普希金的严厉的斥责。在人底现实世界的经历之前，在人的情感的魄力之前，对英雄和神秘的歌咏都失色了。在诙谐的叙事中，常常穿插进狂放地享受生活的乐趣的场面。

《罗士郎和卢德密拉》里有许多生活的赞歌底强烈的色调：

> 一大群快乐的年青的女郎
> 拥围着汗[1]。
> 一个女郎用嫩绿的甜香的桦树枝
> 替这个武士掌扇
> 空气中香味就飘荡起来。
> 另一个女郎用春玫瑰的香油

---

[1] 汗（Khan），中亚细亚一带民族的国王或酋长，都称"汗"。

> 徐舒他的疲乏的四肢
> 又在他的鬈曲的黑发上
> 浓浓地搽上馨香的香水。
> 在这极乐的销魂世界里,
> 武士忘记了那位被俘的公主。
> 在昨天,他把她还看得那样的珍贵。
> 种种甜蜜的渴望困扰着他,
> 昏迷的眼睛闪闪地发亮;
> 放荡的欲望紧张着
> 他的心在融化了,情火在烧灼着他。

这种叙写的风格与诗篇中的诗的语言,都具有大胆和新颖的特质。在这部诗作里,普希金充分地运用了通俗的语言和通俗的故事、传说。这部诗作所开创的诗底通俗的风格和新的道路,引起了激烈的论争,甚至于被当做猛烈攻击老派作家的根据。这部诗作是年青的诗人在假古典派的作品和新文学潮流之间,开始划分界线的时候打出手的第一记重击。

普希金主张肯定的人生。他歌唱生活的欢乐。在《加布里尔传奇》(*Gavriliada*)里,普希金甚至于使天上的众神也参与享受人间的欢乐的节目。普希金写上帝和天使长加布里尔(Gabriel)和撒旦[1]对处女玛丽(Mary)的爱情,写他们之间的竞争、斗争和爱的私通。伏尔泰底《奥里安女郎》的影响在这里显然是可以看得出

---

[1] 撒旦(Satan),据犹太经传说,他原来是天使长,后来因为谋叛,被上帝打入地狱;现在都说撒旦是恶魔。

来的。不过，普希金底《加布里尔传奇》的特殊的特点就是它的"主人翁们"都是天上的神，因此，这也是这部诗作特别动人、特别热切的地方。诗人用迷人的诙谐写天上的众神怎样成了一个人的情绪、感情、情欲的俘虏。

让我们说说那些爱情的奇事吧：

…………

你呵，上帝，也知道它的悸动了，

你呵，上帝，像凡人一样，也知道它的火焰了。

上帝，唯一的创造者，他倦于创造了，

他厌烦了天上的公务和祈祷仪式——

他开始唱深情的爱的赞美诗

他高声唱道："我爱你呵，玛丽，

这不朽的日子我捱够了……

我的羽翼在什么地方？我要飞到玛丽那里去

在她的胸上我将找到舒息……"

等等……他所能想出来的一切……

……注意到这位天使的才能和智慧，

万神之主大大地赏识他

就派他做心腹的专使，

在黄昏之后急忙赶到玛丽那里去。

天神的行为和凡人的行为是毫无分别的。反过来，斗争和欺骗在天上也层出不穷，正如人们在地上所做的一样。普希金在他的

《加布里尔传奇》里宣示无神论的思想，他拆毁了那些天上的偶像。

普希金的《加布里尔传奇》的出版是连想也不要想的。在一八二八年，这篇诗作草稿的抄本开始流转的时候，沙皇政府就直接推断这诗的作者不可能是别的人，一定是普希金，命令诗人去受审问。又一次地，这是第三次了，诗人又受流放的恐吓，这次就是遥远的西伯利亚了。普希金只好否认他是这诗的作者。直到一九一七年革命之后，《加布里尔传奇》方才全部出版；在以前印刷出来的只是这篇诗作的一些片断。

因为人和人间生活的原故，普希金取消天神，攻击天堂。诗人受了人的完满的发展的理想的鼓舞。就他的整个的性格看来，普希金是一个最广义的最崇高的人道主义者。普希金受过西欧文化最高水准的教育，与十二月党人运动发生过有机的联系，他以他的全心灵为人类生活底新社会制度而斗争。

专制政府狂热地维护农奴制度的传统政制。自由思想受压迫。封建的教会政治的制度窒息着俄国的社会生活。判断一个人，不以他的品德才智为标准，而看他的出身、血统和社会地位。"大礼服，只有大礼服"凌驾一切之上。亚洲的惰性和停滞性握着至高的支配权，毁坏了社会的一切优秀分子。正在这种尼古拉一世的反动时代底黯淡的氛围中，普希金唱出了他的人底赞美诗。人是他的诗篇中的主人翁，那解放了一切教会政治与社会阶级的束缚的人。

在他一八二一年写的《高加索的囚徒》里，普希金绘写出一个骄傲的超然卓立的个人与一个不容忍任何新事物的社会之间的对照。

> 他知道了世界与人的真实，
> 他知道了虚伪的生活的价值。

在朋友们的心里发现了负义的出卖
　　在爱情的梦里见了使人梦魇的恶魔，
　　不再愿意做他向来蔑视的人间浮华的牺牲者，
　　不再愿意做口蜜腹剑的狠毒
　　做存心不良的中伤底牺牲者，
　　世界的逃亡者，大自然的友人，
　　受自由底欢乐的幻象的诱惑
　　离开他的家乡，
　　逃到了遥远的地方。
　　呵自由，只有你是
　　他在这荒野的世界中所寻找的。

《高加索的囚徒》中的主人翁逃到了高加索，在那里仍然保存着原始的自然生活底粗野的自由。诗人给与他这敢于叛逆的主人翁以内心的伟大和特别的魄力。

　　在一座孤耸于雷电交集的云层之上的山巅上，
　　俘虏等待着太阳的重升，
　　在愤怒的暴风雨的袭击之外，
　　他以欢乐的战栗在倾听
　　狂风暴雨的霹雳和怒号。

对人民感到失望的《高加索的囚徒》中的主人翁，在这里也不能安心。他对在他四周所进行的一切都感到漠然，甚至于高加索的伟大和美丽，给他的感印也只是乏味而已。

普希金在他的《强盗兄弟》里绘写了"匪徒"的世界，那些对社会转过他们的背脊去的人民的世界。他们是不向政府当局和法律屈服的人民。有很多这样的人：

在这里你可以找到
一个来自顿河上叛徒崛起的两岸的逃亡者，
黑玉色头发的犹太人，
以及一些草原上的野孩子——
一个残废的卡尔美克人或是巴希吉尔人，
红头发的芬兰人，
一些游牧的吉卜西部落的
懒家伙。

被颠掷出他们的生活轨道之外，被抛弃，受迫害，这些人民都渴望着血的复仇。他们的生活里充满了可怕的抢劫，非凡的冒险。他们渴求自由，准备不顾一切地来保卫它。

有一天经过街上，带着链子，
我们彳亍着，沿着那些募集来的
补充监狱的财源的捐赠品；
我们低声地商榷，
决定了奔逃，好获得渴望的自由：
河紧靠着我们的旁边在奔流着，
我们转身向他跑去，从那峭峻的岸上
拍通！于是在深水里游泳起来了。

……在我们背后

起来了一阵呐喊和呼叫:"抓住!抓住!"

两个看守从远处乘船赶来,

但是我们已经到了岛上,

我们用石头敲镣铐,

互相帮忙撕下了完全湿透的

几乎把我们坠到水里去的破衣……

我们看见在我们人后面的追捕者,

但是勇敢地,充满了燃烧的希望

我们坐下来等待。在那里,一个人淹死了……

另外一个游过了比较深的地方,

他的手拿着枪,现在开始涉水了……

瞄得真准——两块石头飞落在他身上

血在波浪上涌流起来,

他沉下去了——我们又跳下水里游泳,

这一次没有一个人敢来追赶我们,

我们安全地到了对面的岸上

于是进了森林!……

  普希金看见他在那时代整个的社会状况之下,人民怎样被抛掷在生活的垃圾堆上;他深切地感到了在这些人民心中燃烧着的憎恨。普希金深深地悲伤那些被社会无情地毁损了,变成人中的废物的人们。

  许多强的性格,具有强烈的激情的人,吸引了诗人的注意。《巴赫齐沙拉喷泉》是一篇描写尖锐的冲突与伟大的人物性格的诗。这篇诗中的主人翁——吉莱（Ghirey）、沙莱玛（Zarema）、玛丽（Mary），都有炽热的激情的气息。玛丽被安插在回教徒的闺阁之中。她尽她所有的力量避免做小老婆的可怕的命运。吉莱对玛丽的爱引起了狂热的沙莱玛底嫉妒。她企图重得她在吉莱心中的地位，但是一无所成，吉莱对她取一种漠然的态度。沙莱玛受嫉妒的苦痛，终于杀死玛丽，也毁灭了自己。普希金用了不起的艺术手法表现出了这些主人翁底活跃如生的感情。

用东方做主题，用那些"自由的"民族做主题，这是所有描写非常人物的带浪漫色彩的诗篇底一个主要的成分。东方底朴素的纯真与挚情正好拿来和上流社会底淫佚和虚伪作对照。

> 一切都是不够格的，粗野的，并且是如此刺耳，
> 但是却如此的生动，充满了激动的力，
> 对于我们的死气沉沉的欢乐
> 对于我们的懒惰的生活方式
> 是这样的全不相投，
> 正如同奴隶们的讨厌的小调一样。

在普希金的浪漫色彩的诗里，一个人能感到拜伦的影响。不过，这些诗篇决不是模仿的作品，普希金的真正的天才在这些诗篇里强力地显露了出来。拜伦底无边际的悲观主义以及十分典型的沮丧，在普希金的诗里是看不见的。普希金有比拜伦不知广阔多少的世界观，这也正是为什么拜伦影响普希金为期不长的原因。在他的《吉卜西人》（一八二四年）里普希金抛弃了拜伦风的主人翁。在这篇诗里，可以这么说，普希金已经进入一个与拜伦对立的领域。

《吉卜西人》这篇诗,是以不接受一个建立在虚伪上的社会——这思想为基础的。

> 他们那使人窒息的城市的污脏呵!
> 在那里,人们成群地聚在一堆,既呼吸不到
> 早晨的清新,也呼吸不到山野的自由,
> 还有那些甜香的草原上的春底芬芳;
> 人们都以为爱是可耻的,摒弃了思想,
> 情愿出卖他们的宝贵的自由,
> 向迷信的偶像拜下他们的头,
> 追求金钱,紧抱住他们的锁链。
> 我舍弃了些什么?那骗子的谎话,
> 一脸假笑的迷信者的偏狭的信条,
> 愚昧的群众底无意识的憎恨,
> 那些用廉耻买来的官级、勋章和头衔。

《吉卜西人》中的主人翁阿莱珂,受到社会环境的压迫,就离开了它。他向往吉卜西人的自由生活。可是,他忽视了社会的缚结,就把他自己的志愿和希望放在他们上面了。以个人为中心的自我奋斗在他是重于一切的。他完全不顾吉卜西人露营的传统习俗,不顾别种人民底希望和欲求。柴姆菲拉(Zemfira),一个自由的吉卜西女郎,爱上了他。但是后来她对他的爱消逝了,她又爱上了别人。阿莱珂被柴姆菲拉底"放任"所激怒,他把她和她的爱人,两个人都杀死了。老吉卜西人就对他说:

去吧，现在离开我们吧，你这骄横的人！

我们是粗野的人，没有什么法律的约束，

也没有拷问，也不处罚人；

我们不需要犯罪人的血，或是他的呻吟，

可是我们也不能和一个杀人犯一起生活。

你不是为这种粗野的自由意志而生的，

你只有你一个人是自由的；

你的声音在这里只能使人恐怖，

在这些心地良善而且自由的人们之中；

你既残暴而又鲁莽：这样，离开我们吧！

别了，祝你平安！

普希金歌唱赞美人的个性的诗，但是同时，他极端反对自私的利己主义。

在阿莱珂这个人物中，诗人在事实上赤裸裸地揭露出布尔乔亚个人主义的矛盾性。一个在布尔乔亚社会环境中生长大的人预备反抗社会的迫害，但是却把他自己的自私自利的目的当做世界的中心。普希金对这种主人翁变得一天比一天疏远起来。从描写个人主义的叛逆者，普希金走向描写社会，走向创造真实的人物。

在《欧根·奥涅金》里，普希金的这种创造的态度具体表现了出来。在这部诗里，普希金的现实主义的方法才完全确立。这一艺术方法的根源，可以追踪到普希金的那些叙事的诗作，在那些诗里，他从没有脱离过现实。他的浪漫色彩的诗作是以现实世界的活生的理知为基础的。虽然在他的诗里，普希金是以抽象的、俗套的文学样式来表现现实的矛盾的。他藉个人与社会间的关系来描写真正的关系。普希金的浪漫色彩的诗代表走向现实主义道路上的一个阶段，或者可以说是现实主义胚胎期中的文学样式。普希金的现实主义再进一步地发展，要求把生活底各种样的体相整个地包含进他的诗里去。

在九月底的时候
（请原谅这种粗俗的散文的句法）
在乡村里的生活是多么讨厌呵——
寒冷的风，薄片的雪花，污泥，雨，
狼群的嚎声。但它是如何地
使那个猎人心喜呵。他不知道休息，
他骑在马上满田野里奔驰，
他不论什么地方都有法子睡觉，
淋湿了雨，他就诅咒，
他尽情放纵搜捕蹂躏的欢乐。
在这时，他的妻子做些什么呢？
她的丈夫出去了，只剩她一个人在家，
可是，她要做的事可不够多的吗？
腌菌子，喂鹅，
预备饭菜，
看看厢屋和厨房。
一个女主人的眼睛总要忙得痛苦起来
直到一切的事都如意了的时候。

诗人描写了那些生性多少有点偏好粗俗的浪漫主义的寻常的庸

俗的平民。

在《努林伯爵》里，普希金描写了一个俄国采邑上的卢克里希亚[1]。

"在一八二五年底，"普希金写道，"我住在乡下，当我读过莎士比亚的比较□的诗作《节妇》[2]之后，我就想：如果卢克里希亚给塔垦王[3]一个耳光，那也许会使他的神志镇静下来，强迫他蒙羞退出。卢克里希亚那就可以不自杀，公民也就不会愤怒，执政官们也不至于被逐出去，那世界和历史也许就会大不相同了。"

卢克里希亚被普希金变成一个住在乡下无聊得要死的女人，而塔垦王变成一个偶然经过这个乡间的努林伯爵。这篇诗中的"主人翁们"都没有什么显著的特性，他们以他们所有的简单的感情与行为出现在我们眼前。这篇悲剧被遗失了，保留下来的只是一回以非凡的才智、清朗、光彩，用艺术的手法描写出来的平凡的事件。

那时的反动批评家们要求诗人使人民受"保守的"精神的教育。他的反驳就是避免道德的说教，这是《努林伯爵》和《珂罗姆娜的小屋》这两篇诗作的典型的特点。虽然有检查官，普希金还是完成了他所要表现的意旨。他写着：

> 这样一个人是幸福的，他能随心所欲地发挥议论，
> 他紧紧保持住他的最内心的思想，
> 他在心里平静下，和缓下

---

[1] 古罗马时的节妇。
[2] 莎士比亚除写剧本之外，还写过两篇诗作：《强奸节妇》《维纳斯与阿朵尼斯》，都是他早年的作品，艺术上的成就远不及他的剧本。
[3] 塔垦王（Tarquin），罗马稗史中传说的一个国王。

在那里回响着的突然而来的蛇的鸣声的窒息……
我的医生最严厉的嘱咐是"不要忧郁":
所以,如果你愿意,我宁愿取消这个题目!

《珂罗姆娜的小屋》这篇诗的有趣,是因为在这篇诗里,普希金描写了一个新社会环境。从采邑上的地主和流氓之类的人物,普希金走向社会底民主势力的分子。普希金从住在城市郊外的"贫民"中采取他的主人翁。诗人向往一个过劳动生活的平常的女孩子的典型。

帕拉霞(我们的快乐的女郎就叫这个名字)
能够洒扫,洗熨衣服,播种,编麦秆。

诗人拿这个贫苦的女孩子和一位伯爵夫人,一个一无所能、举止傲慢的美人来比较。

在这里我常常想起那位伯爵夫人来
拿她(她的名字我现在不记得了)
……来跟她比较
帕拉霞实在是一个可怜,可怜的东西。

可是,普希金是全心偏爱那个有自然的美,举止质朴,性情温和的帕拉霞的;他把她放在伯爵夫人之上。

但是她要快乐百倍以上,

> 对于她，我的读者，你们已经认识了；
> 就是我的心地纯真的，亲爱的好人儿，帕拉霞。

《珂罗姆娜的小屋》和别的诗篇，特别是和《努林伯爵》不同的本质的特点就是平民典型的具现，劳动者生活的绘写。

当写诗的小说《欧根·奥涅金》以及表现社会生活的历史小说《彼得大帝的黑奴》的时候，普希金同时也写他的叙事诗《波尔塔瓦》。这篇诗的中心思想是国家的统一和分裂割据的反叛企图的对照。这篇诗描写俄国史上最有兴趣的阶段之一，这就是厉行改革，巩固国家的权力与统一的彼得一世的时期。这篇诗的中心人物是乌克兰的大将玛柴巴。玛柴巴着手反抗彼得一世，就和瑞典的查理十二世订立同盟。普希金谴责这个背叛祖国的卖国者。玛柴巴的行为是受他的贪得无厌的野心以及复仇的欲望的鼓舞的。玛柴巴策动战争，既不是为自由的理想，也不是为有关人民幸福的理想，而是由于单纯的自私自利的动机。

> 也许没有多少人知道：
> 他是一个野心勃勃的人。
> 他准备了种种的诡计，
> 使他的敌人落下陷阱，
> 对于曾经轻视过他一次的敌人，
> 他至死也怀恨在心；
> 他的性格中没有感谢，
> 他不知道什么东西是神圣不可侵犯的，
> 在他的心里没有爱，

他看人流的血像水一样，

他藐视而且嘲笑自由，

"祖国"对于他是等于零。

玛柴巴为他个人的野心，牺牲了国家的利益以及他左右的亲友。玛丽是玛柴巴的朋友珂秋拜的女儿，她偷偷地离开父母的家，去和这个勇猛的老人玛柴巴共享无比的爱和猛烈的战争中的危险。但是玛柴巴是一个卑鄙而且奸诈的人。他毫不迟疑地下令杀掉她的父亲珂秋拜，珂秋拜完全明白这个命令正暗示着那个为了他而离开父母的玛丽的命运。这样，这个背叛祖国的卖国者的形象是如此令人憎恶，毕露无遗地站在我们面前了。

对照着这个狡猾的卖国者玛柴巴的典型，普希金把彼得一世描写为国家统一的理想的化身。

普希金在《青铜骑士》里也描写了彼得一世，不过在这篇诗里所展开的是一种性质全不相同的冲突。

在《青铜骑士》里，普希金歌赞使人类生活发生变动的文化：

在那里有过一个时期，靠近那低浅的岸边，

芬兰的渔人，孤零零的人类，

在没有人知道的海里

被继母自然所遗弃，困苦而孤单，

抛撒那破烂的网——而在今天，

沿着那些海岸，生命与活动在喧跃，

可以望见密集的各式各样的宫殿和高塔：

从各处的海岸上，

从世界的尽头，舟舶飞驰而来，
最后到这装载货物的码头。

人类的劳动使没有生命的地方有了生命。创造的工作把荒野与不毛之地都改变了。在人与自然的坚忍的斗争中，创造出了许多惊人的事物。在这篇诗里，彼得堡被拿来当作征服一切的文化的象征。

一个世纪——于是那年青的城市
北国世界的珠玑，令人惊异的，
从那幽暗的林木和沼泽上腾跃起来，
在堂皇与富丽的光辉之中升起了。

在这一种关系上，彼得一世个人，彼得堡的建立者，是用非常的善意表现出来的。

不过无论如何，由于专制君王的意志而移植到这个国家来的文化，只是对上层阶级有益，而下层阶级不得不遭受一切的掠夺，忍受一切的牺牲。对于这些阶级，这个文化乃是无穷的苦痛的根源。

《青铜骑士》的主人翁是叶夫盖尼，一个平民。他在有点自暴自弃的无望的情形中工作着，"远远地躲开大人物的面"，"不管死了的腐烂了的祖宗，或者是早已遗忘了的往事"。生活没有给他任何好处，"他必需用他自己的劳动力去争取自立和光荣"。心里怀着痛苦，叶夫盖尼想到那些"舒适而淫佚地生活着"的"懒惰的人物"。他不求什么幸福，只希望为他自己获得一点点的快乐。可是，现实粉碎了他的一切希望。当可怕的洪水淹了彼得堡的时候，跟他亲近的人都死掉了，他所爱的女郎也在内。快乐显然是不可能的了。叶夫盖尼失去了他所爱的一切，这可以看得出来是象征着一次又一次地为专制君王的光荣而加在人民身上的牺牲，受这些命运攸关的事件的打击叶夫盖尼疯了。但是，当他偶然经过彼得一世的铜像的时候，他的神志清醒过来了。叶夫盖尼认识这位"元首"，"命运的主"。在他的心灵里就起了抗议的感触；叶夫盖尼充满了激愤和憎恨。叶夫盖尼责备彼得一世，因为人民被迫在这冠着他的名字的城市里过着悲惨的生活，而这城市是他为富有的人们建立的。在叶夫盖尼的控诉里，一个人可以明明白白地听见下层阶级的声音，被掠夺的人们的声音。

普希金看见城市的矛盾；他感觉到平民的增长的愤怒以及将来的反抗社会不平等的斗争。

> 你跳到什么地方去？在什么地方，在谁的身上，
> 你将放下你的蹄子？——啊，命运的主，
> 元首，原来是这样的
> 现身在太空之上，在你的手里握着
> 铁的马勒，你高踞在古老的
> 俄罗斯之上，矗立在她的腰上！

诗人以叶夫盖尼介绍了一个新主人翁进了俄国文学。叶夫盖尼是一个平民，一个劳动为生的人，社会上民主势力的一个代表者。他对专制政治，对国家和文化的态度，都在这篇诗里表露出来了。新的民主势力的主人翁是这样对他自己的力量，以及对他的抗议的正当性缺乏自信。彼得一世的伟大压倒了叶夫盖尼。不过，当他的神志苏醒过来之后，他开始了解社会上种种罪恶的原因。普希金预

示了一场尖锐的斗争的必然性。

在《青铜骑士》里，普希金不大注意他的新主人翁的生活外貌，而注重他的内心世界，注重抗议精神的觉醒，普希金以非常辉煌的手法表现出了这种觉醒。深深的同情使他的描写新民主势力的主人翁的文笔温暖起来。社会的上层集团只把下层阶级当做历史的建筑材料看。普希金是被这种剥削者的野蛮的态度激怒了，他表现出了他的深挚的人道主义的态度。在《青铜骑士》里的一个人能听见普希金其他作品的回声，例如《驿站站长》《甲必丹的女儿》，在这些作品里，他谴责奴隶制度和残酷的行为。

这篇诗在普希金的作品中是特出的，它以非常的深度与简洁的手法描写出社会梯级上下级的人民底富于戏剧性的命运。

《青铜骑士》对俄国文学的发展的影响非常之大。我们的文学中累累滋生的"穷"人的典型都是由《青铜骑士》中的主人翁而来的。

诗人的调色板的色彩是非常丰富的。普希金具有非凡的讽刺的抒写的艺术。他在诗的故事中引入抒情的因素，并且用他的强烈的热情来渲染它，普希金创作了许多具有伟大的感动力的诗篇。一个人读他的《波尔塔瓦》，会被它的朴实的悲愤的情绪与肃穆的壮丽所感动。在《青铜骑士》里，精巧的心理的速写与史诗场面的纪念碑风，令人不得不为之倾倒。

通过他的全部著作，普希金作为一个跟人民紧紧结合在一起的诗人出现在我们面前。他的作品非常流行的原因，这要在他所绘写的社会以及社会中的下层阶级的真实图画里，在他的全部著作中所渲染的伟大的解放运动者的理想中去寻找。他的思想家的深澈的思想以及诗的天才创造出来的图画和形象，也将激动遥远的未来的人们的感情，因为它们反映着生活底伟大的真实。

普希金的散文

V. 希克罗夫斯基

一

俄国的散文作品在普希金那时候主要的是模仿。在一八三四年普希金写过一篇论文。单是它的题目《俄国文学的卑微》——这就足以表明实际的情形是什么样子了。在这篇论文里面他写道:

> 伏尔泰尔之类的巨人在俄国没有一个门徒,只有那些在橡树脚下长起来的菌蕨,那些天赋不足的侏儒:朵拉(Dorat),弗罗良(Florian),玛尔蒙泰(Marmontel),纪卡(Gnichard),杨里斯夫人(Madame de Genlis)[1],除去和卡拉姆金而外,和我们是全不相投的。

普希金竭力想做一个全国的哲学和文学的权威。他为他的读者们写作,而他并不以单单写诗为满足。在《现代人》(Sovremennik)[2]第三期上发表的一篇匿名的论文里,普希金以"特维尔城的读者"的名义写道:

---

[1] 都是法国的小说家。
[2] 普希金在一八三六年至一八三七年编辑的一个文学杂志。

你说：近来公众方面对于诗的冷淡，和对于小说故事之类的喜好，已经很显明了。但是，诗不是一向就是少数选民们的享乐，而故事和小说是到处的各式各样的人们的读物么？

普希金以一篇历史小说开始他的散文的写作。准备写作《彼得大帝的黑奴》的第一次札记是在一八二七年写录下来的。

那时是斯考特的伟大的历史小说的时代，也是关于历史的新思想的时代。在拿破仑战争[1]时代，许多不同的国家在它们彼此的战争中开始自觉到民族国家的意识。这伟大的斗争引起了注重历史的情绪。

"在我们这时代，"普希金写道，"'小说'这两个字意味着以想象的传奇的形式展开的一个历史的时代。W. 斯考特引起了成群的模仿者。"

拜斯图冉夫（Bestuzhev）、波列伟（Polevoi）、查果斯金（Zagoskin）全部写了些小说。

普希金未完成的历史小说《彼得大帝的黑奴》是以普希金的一个祖先的传记做基础的。彼得一世买了一个叫做汉尼巴尔（Hannibal）的黑奴。这孩子是从阿比西尼亚北部来的。彼得把他送到巴黎去，这个年青人就在那里读书，并且在工兵队里做一个军官。沙皇很赏识他，而且想在势利的贵族阶层中间为他建立一个地位。在他的小说的残稿里，普希金把他的曾祖父在巴黎的生活描写得像是一个交际场中的青年。在事实上，汉尼巴尔在法国的时期，过的是一

---

[1] 拿破仑战争（The Napoleonic Wars），指一八〇三年到一八一五年间英奥普等国对拿破仑的战争。

个穷军官的困苦的生活。普希金想拿这个题材来写一个颇不平凡的故事。事实上,普希金的外高祖父也是一个姓普希金的,而在这部小说里他似乎是想把他的两位曾祖父,一个黑奴和一个俄国人,为了一个俄国女人而起的竞争表现出来。

这部小说十分现实地写了出来。普希金避免了写出一幅过去底俗套的图画的危险。相反地,他拿古老的俄国的生活和彼得的半欧化的宫廷相对照,精密地描写了彼得时代的上流社会的"种种集会"。

在《彼得大帝的黑奴》里普希金努力想对历史作一个新的理解。可以说,他使历史成为他自己的传记的一部分,这样使历史更接近他自己和他的读者。

普希金底沉静的客观的艺术常常是非常个人的。

《贝尔金故事集》开头有一篇引言,写到一个想象中的人物伊凡·彼得罗维奇·贝尔金(Ivan Petrovich Belkin)的传记,贝尔金被写做一个没有受过多少教育的谦逊的人,他只从一个乡下的教会执事得到点知识。贝尔金的所有的小说都是普希金在一八三〇年秋天写的,其中包括《驿站站长》《假农女》《射击》《风雪》《棺材商人》。在这一集小说里,本来还有另外一篇小说叫做《一个年青人的手记》。在这篇没有写出来的小说里,普希金想写一幅一八二五年裘尼果夫(Chernigov)部队的哗变的图画。但是他却不得不选择那些比较更不违禁的题材。

这个《故事集》批评家对它很冷淡。人们甚至于说是普希金的衰落。然而,那篇叫做《驿站站长》的故事影响了果戈里和朵斯妥夫斯基。

普希金不告诉读者他对驿站站长所抱的态度。他没有将他写成一个英雄也不乞求眼泪。被骠骑兵诱奸了的驿站站长的女儿并没有陷于悲伤。可是读者的同情是整个的在这位老人身上，而不是那个骠骑兵。

普希金竭力设法不用怜悯来屈辱他的主人翁，正因为这原因，朵斯妥夫斯基才把《驿站站长》看得比果戈里的《外套》还高。

属于这一个集子里的《风雪》和《射击》是比较传统的，不过因为它们的巧妙的情节，也是非凡的。

《郭鲁西诺村的历史》的作者，正像伊凡·彼得罗维奇·贝尔金一样，就是这个村子的人。

用一个地主所写的这个村庄的历史的样式，普希金把卡拉姆金的《俄国史》化成游戏的文章。

因为缩小了历史的范围，他十分自然地描写了农民。农夫的现实的表现破坏了通常的国家的表现的老套子。普希金努力想写出一幅图画，写一个乡村被那受了主人的命令的总管所毁灭了的图画。这"历史"是这样结尾的：

> 农民们的会议取消了。他（总管）一年到头分许多短的期限来征收积欠的地租。此外他还征收一些从未见过的赋税。农民们要纳的租税似乎并不比从前更多，但是不管他们怎样劳苦，他们可不能赚到或是储蓄足够的金钱。三年之内郭鲁西诺村就变得完全贫穷了。

郭鲁西诺村景象凄惨，市场空虚了，秃头阿西勃的歌声再听不见了，孩子们都跑出去讨饭。一半的农民在田里忙碌着，另外的人都变成了雇农。守护神的节日按照记载的文字已经"不是一个欢乐的日子,而是不幸的祈祷者的一个悲哀的纪念日了"[1]。

老是说些这样的一类的话是不行的。对于检查官,这比军队里的哗变的故事还要不妥得多。

这篇作品被放弃了。许多年以后我们伟大的讽刺作家萨尔蒂珂夫·希柴德林写了《某城纪事》,这明显地是仿拟的普希金底《郭鲁西诺村的历史》。

在普希金所有的散文作品里,当他在世的时候最为人称颂的是一篇小说,叫做《铲形皇后》。

人们热烈地论述它,并且认为在这篇小说里,俄国文学的语言已经创造出来了。

这也许是普希金后期作品中唯一的得到赞赏的一篇作品。普希金写道:

> 我的《铲形皇后》是非常时髦的。玩纸牌的人都押三点,七点和一点。在宫中老伯爵夫人和公主娜妲丽亚·彼得罗夫娜之间也发觉过类似的赌法,而且似乎没有触怒谁。

这故事有一个精密的情节,并且,出色的是它的文字的经济以及它的剧情的安排。

无疑的,普希金写它的时候,他是知道斯汤达尔的《红与黑》的。到外面创业的年青人的典型,在那个时候,是和拿破仑的形象分不开的。

以为自己超越在善和恶之上的"拿破仑"的观念,我们在朵斯

---

[1] 使郭鲁西诺村毁灭了的那个总管,就是在三年前守护神的节日这天到临的。

妥夫斯基的《罪与罚》里拉斯考尔尼珂夫身上也可以看到。

在普希金那时代，作为对个人的成功的过分的渴望的"拿破仑主义"也是一种典型的现象。

普希金使赫尔曼类似拿破仑，同时又把他写成一个卑劣的人物。

《铲形皇后》是那时候关系欧洲艺术的许多问题的一个独立的解答。这些问题的解答以及解答它们的方法，和斯汤达尔、巴尔扎克所取的有极深的差异。

在《铲形皇后》里普希金达到了语言的最高的单纯。他用尽可能的最短的句子，并且几乎不大借助于形容词的运用。

底下就是这篇故事中的一段：

> 这是一个可怕的夜。风怒号着，潮湿的雪大片大片的落下来，街灯朦胧地亮着；街道是荒凉的。时而有一个驾雪橇的车夫赶着他的驽马，缓缓地走过，想找一个晚归的乘客。赫尔曼在那里站着，没有穿大衣，也不觉得风和雪。终于伯爵夫人的马车拖来了。他看见那个老妇人穿着黑貂皮的外套，两个仆人把她扶进车子；接着是李莎维妲，穿一件轻盈的斗蓬，头发上戴着鲜花，很快地走过去了。车门关上了。马车在潮湿的雪上沉重地滚着。守门的把门关上了。窗子里面的灯光熄灭了。

二

写《甲必丹的女儿》时的情形是非常困难的：普希金在四个检查官的监视之下写作。

这个故事的地点是一个偏僻的炮垒,大约在离现在苏联的玛克尼朵高斯克城不远的草原上。

雅伊克河上的那些炮垒从军事上的观点看来,是完全不重要的。管辖它们的那些军官们,正如凯撒林自己说过的,都是用他们驻军的劳力来耕种土地的大地主。

这些军官里有一个名叫斯徒辟辛(Stupishin)的军官,他管辖伏赫纳雅茨克炮垒。当巴希吉尔人叛乱的时候,他写信给他们道:

巴希吉尔们,我晓得你们正在计划的一切。可是,要晓得,如果有任何传说传进我的耳朵,说你们——强盗跟流氓——在等待着另外的强盗到你们这里来,而你们用牲口、食物和武装的人来帮助他们;如果这样,我就要带我的人出去打你们,用大炮惩罚你们,要系住你们的腿和肋骨把你们吊起来,要烧掉你们的房屋、谷子、草堆,并且毁灭你们的牲口。今天在伏赫纳雅茨克附近捉到一个巴希吉尔人,身上带着从匪徒那里来的诡秘的鞑靼人的书信,这个巴希吉尔人带到我面前,我已经命令把这个巴希吉尔强盗的鼻子和耳朵割去,我现在就叫他把我这封信带给你们这班强盗。"

在普希金的札记里遗留下许多俄国殖民者底残酷的故事,但是由于检查制度,不能包括进正文里去。

那些当做材料呈献给尼古拉一世,普希金想出版而没有出版的札记,在里面有这么一段:"亲王乌鲁梭夫将军在巴希吉尔地方所施的刑罚是难以相信的。大约一百三十人被用各种毒刑处死了。"在这后面,普希金把只在草稿里保存着的下面的字划掉了:"有些用尖桩钉穿,另外有些用钩子吊住肋骨,又有些被崩了尸。"

"剩下的人,"普希金在誊清的稿子上继续写道,"大约有一千人的数目,都在割去了鼻子和耳朵之后赦免了。有许多这些在普格乔夫叛乱期间一定还是活着的。"

那个带匿名信到贝罗果尔斯克炮垒去的老巴希吉尔人就是这些被赦免的叛徒之一。

老人被捉住了。就来拷问他普格乔夫的实力。

"我们正要知道他们真正的实力,"指挥官说了,"华西里莎·叶果罗夫娜,把仓房的钥匙给我。伊凡·伊格纳吉奇,把巴希吉尔人带来,叫尤拉拿鞭子来。"

"等一下,伊凡·库兹密奇,"指挥官的妻子站了起来说,"让我把玛丽亚带出屋子去,她如果听到叫喊的声音,一定要吓着的,老实说,我自己对这个并不在乎。"

我们从这里可以看出在炮垒里是常常施用酷刑的。这显示出这些恐怖的顽意已经是日常的事了。

当指挥官命令拷打巴希吉尔的时候,说这故事的格里涅夫说道:"指挥官的命令并不使我奇异或者惊恐。"

普希金没有描写拷打的情景,但是他把这个巴希吉尔人作了一个精密的描写。这是普希金的作品里最细致的描写之一。

> 我看了他一眼并且战栗起来,我永不会忘掉那个人。他似乎过了七十了。他既没有鼻子也没有耳朵。他的头是剃光的;没有胡须,只长出一些稀疏的灰毛;他是矮小的,瘦而且驼背,但是他的细狭的眼睛里仍然还露着光芒。
>
> "哈!"指挥官由可怕的记号上认出这个在一七四一年被惩

罚过的叛徒，说道，"我看你是一个老狼，已经落在我们的网里了。从你头上这模样看来，造反在你一定是套老把戏。走近些：告诉我，谁叫你来的？"

虽然据说炮垒里是经常执行拷打和逼供的，可是这景象却没有写出来。文章里含有毒刑拷打的情景，这一定是不许可的。但是，不写它，普希金还是写出了一段无比有力的描写：

> 但是当老人的手被拿来抱住一个佣兵（Pensioner）的脖子，吊离了地面，尤拉就挥动鞭子；这个巴希吉尔人呻吟着一种微弱的恳求的呼声，点着他的头，张开了嘴，在他的嘴里看不到舌头，只看见一个短短的吞桩。
>
> 当我回忆到这些事是在我活着的时候发生的，并且，现在我又活着看到了亚历山大皇上的温和的统治，我又不能不惊异文明的进步和慈善的传播的迅速。年青的人啊，如果我的札记有一天落在你的手里，请记着：最好的最永久的变革是由于礼仪和道德的完美而来的，并不由于任何强暴的骚乱。

这番感触常常都被归之于普希金自己，但是这完全是假的。普希金对格里涅夫采取的是一种讽刺的态度。最后这一段自然是检查官要插进去的。它的意义，在拷刑还没有废止的他那时候，普希金的同时代人一定是看得很清楚的。

指挥官的故事是这样终结的，当他被带到绞架去了：

> 那个老巴希吉尔，我们昨天晚上拷问过的，他跨坐在交叉

的梁上。他紧抓住一根绳子，一分钟之后，我看见可怜的伊凡·库兹密奇在空中摇摆起来。

指挥官的处决由那个被拷打过的巴希吉尔人来执行，这事实正表现出了普希金底报复的观念。

这故事的主人翁青年贵族格里涅夫，是一个头脑简单的少年。普格乔夫在这故事中出现，他救了这个曾经帮过他一次忙的主人翁。这个帮忙是一桩很小的事。说得恰当些，并不是格里涅夫在大风雪中救了普格乔夫，而是普格乔夫救了格里涅夫。普格乔夫真诚地而且好意地感谢那位年青的中尉给他的兔皮短袄。

在这一章开头的题辞叫做《叛徒的营盘》，这是值得注意的：

狮子刚刚饱餐了一顿。
虽然他是那么残忍，可是他和蔼地问我道：
"什么把你带到了我的洞口？"

苏玛罗珂夫

事实上这并不是苏玛罗珂夫（Sumarokov）的文笔，而是普希金的。普希金自己所写的这几行诗。藉这几行诗，叶米良·普格乔夫就被称为一只狮子。在这一章里叶米良讲了一个关于他自己的故事，在这故事里他把他的命运比做一只苍鹰。普格乔夫被写得具有一个领袖的特质，而且是用民歌的意境描写出来的。普希金在他身上看到一个人民的领袖。他详细而且亲切地描写了他。在下面的情景里就写着一幅普格乔夫的图画：

只剩下我们两个人了。我们两人沉默了几分钟，普格乔夫凝神地望着我，时而带一种狡猾和嘲弄的非常的表情闭一闭他的左眼。我也盯盯地望着他，最后他就那样真正快乐地笑了起来，弄得我也不知为了什么地笑起来了。

普希金在这个故事里对普格乔夫没有发生任何讽刺的感情，也没有任何怜悯，因为他的普格乔夫本人是快乐的，而且还有一种幽默感。

普希金把普格乔夫在他自己非常喜欢的民歌的境界里写了出来。

在《普格乔夫叛乱史》里，普希金将叶米良·普格乔夫和斯节潘·拉金[1]结合起来，他自己称拉金是"俄国历史上唯一的诗的形象"。

普希金在他的历史里另外还有一处，把普格乔夫的叛乱和拉金的叛乱结合在一起，并且遭遇到了沙皇尼古拉的非难。

妻子和母亲们都站在河的岸上，想在他们中间认出自己的丈夫和儿子来。在奥柴纳雅有一个老哥萨克女人（拉金娜）沿着雅伊克河的岸上徘徊着，用一根船篙子在浮尸中推来推去，并且喃喃地说："你是我的孩子，我亲生的小儿子吗？你是我的斯节潘，我的斯节普希加吗？那新鲜的河水舐着的是你乌黑的鬈发吗？"她看见是一个陌生的脸的时候，就轻轻地把尸首推了开去。

----

[1] 斯节潘·拉金（Stepan Razin），又名斯坦卡·拉金，参看前文。

这个哥萨克起了一个斯节潘·拉金的名字，这显然不是偶然的。

尼古拉也知道他是什么意思，他在稿子边上写道："最好略去，与此事无关。"

在另外一处地方，普希金把三个名字结合在一起——就是拉金，普格乔夫和彼得一世。

这就是这奇怪的一段：

当普格乔夫坐在看守所（Exchange Court）里的时候，闲散的莫斯科人都在午后走来看看他，总来听些他说的话，然后好把它传遍全城去。有一天他坐着想些什么。参观的人默默地围站在那里，等他说点什么。

普格乔夫说道："据说彼得一世在征波斯的时候，知道斯节潘·拉金的坟墓距离不远，就特地旅行到那里去，并且命令把坟墓掘开来，想看看他的什么东西，哪怕就只是骨头也好……"大家都知道拉金是被崩了尸的，而且葬在莫斯科。然而，这都是一个了不起的故事，特别是普格乔夫讲的。

普希金在《甲必丹的女儿》里不能写出一幅普格乔夫的叛乱的完全的图画。他没有写出普格乔夫战争中的战略和巴希吉尔人的勇敢。关于巴希吉尔人，他在《普格乔夫叛乱史》中写道："在一次战争中他们都战死了，只有一个人被强制赦免了。"

但是普希金成功地描写了普格乔夫的党徒的性格。普格乔夫的头目中间有一个是矿工赫罗普夏，他被打过烙印，并且割掉了鼻孔。这个赫罗普夏在回答普格乔夫叫他下令将希瓦布林吊死的时候，提出了下面的抗议："以前你匆匆忙忙地叫希瓦布林去指挥炮垒，现在你又匆匆忙忙地叫吊死他。你已经因为叫一个绅士去统率他们而触怒了哥萨克，现在不要因为第一次犯罪就吊死他们，惊吓那些绅士们吧。"

为了满足检查官的要求，在这篇故事里是必需说到凯撒林的。普希金憎恶而且蔑视凯撒林。他熟读了很多关于她的文学作品。不过，在描写女皇的时候，他依照最官方的意向来描写她，这样便使检查官满意了。

应该记得：当密罗诺夫到圣彼得堡的时候差不多是九月中旬了（按照旧历），那时的天气是那么冷，所以和她住在一起的那个妇人，很怕那个年青的女孩子在初秋的散步之后会着了凉。

然而女皇却穿一件单薄的夏装在花园里作清晨的散步。

为什么她要去冒着凉的危险呢？因为她是完全照她的肖像描下来的，而普希金也不想去变换她的服装。

要写一个关于普格乔夫叛乱的时代的故事，而不把凯撒林放进去，这是不可能的，特别因为尼古拉非常敬重他的祖母的往事。雕刻家乌特金在一八二七年被送了一个贵重的刻着印记的指环，因为他雕刻的一幅波罗维柯夫斯基在一七九一年画的凯撒林肖像。

这个雕刻上的风景是柴斯金的作品。画上画着凯撒林和一条狗。这幅画还没有画好就送给英国艺术家斯考特，他修正了狗子的腿。

这幅画完全是一张官方的凯撒林的肖像，在那时候每一个人都知道的。

普希金描写凯撒林完全依照的这幅肖像，虽然在这幅画上画的是一七九一年的凯撒林，而假设的她和密罗诺夫的会晤应该大约是一七七四年发生的事。

在我看来，普希金是故意地不在这幅肖像上添点什么或是去掉些什么，并且他想把这点弄得很明显。

凯撒林，照普希金的描写是"穿一件白色的晨装，一件暖身的短衫，还戴一顶睡帽"，正和她的肖像一样。普希金只加了一点细节，那件暖身的短衫。

那件穿在衣服里面看不见的短衫，使普希金可以省得给她一件适合季节的衣服，因此就保持着她的描写还是那幅官方的肖像，并不是他自己创作出来的。

结果凯撒林只是一个肖像，而读者的所有的兴趣都集中在曾经来向女皇为她的爱人恳求恩赦的玛丽亚·伊凡诺夫娜身上。

甲必丹的女儿本人被写得非常魅人，但是她并不是这个故事的真正的中心。这故事以普格乔夫结尾。他从断头台上向格里涅夫点头告别。普格乔夫泰然地而且英勇地死了。

我们已经看到，在普希金的故事里凯撒林不过只是仿照柴斯金的官方的雕刻写出来的一个半面的暗影。但是顺着伏尔加河流淌下去的被吊死的人的浮尸却写得详细而且感人。这篇故事里思想的新的旨趣也在风格上呈现了出来。整个的故事都充满了歌谣。

这篇故事里的民歌都是以普格乔夫为中心的。炮垒是在一个老兵的歌里描写出来的。关于玛霞·密罗诺夫有许多悲伤的婚歌，还有一首新的民歌。这首民歌，正如普希金在他的草稿札记里正确地指出来的，它很受了一些人造的歌的影响，特别是苏玛罗珂夫的那些歌。

这样人民的每一个集团都具有它的歌的环境。普希金的单纯成为人民的单纯。这故事以格里涅夫家的兴旺的讽刺的描写终结。他们家的产业操在十个共同的主人的手里。这个乡村的这幅图画似乎正暗示着他的"郭鲁西诺村"的景象。

《甲必丹的女儿》在俄国已经成了一部通俗的古典作品。它普遍地为人所熟知。在这本书，普希金成功地使他的读者对它的主人翁们感到如他自己所感到的同样的感触，使普希金站在和他在社会关系上相联系着的那一群人之外，也正是由于这一点他的生命被迫夭折了。

剧作家的普希金

G. 维弩古尔

一

终他的一生,普希金总向往于戏剧的写作。不幸,没有一篇诗人在童年和少年时代所作的戏剧的尝试是被保留下来的。我们仅仅只能由和他同时的人的回忆里知道它们。

全都知道,甚至于在沙皇村[1]的中学里做学童的时候(一八一一——一八一七),普希金就密切地注意俄国戏剧文学。在一八一五年普希金写了一篇短评,《我对夏霍夫斯珂伊[2]的感想》,在这篇文章里,他使那时的伟大的俄国喜剧名家受了大胆的严厉的批评。在他中学毕业之后,被流放到俄国南部去之前,他在彼得堡的三年中间(一八一七——一八二〇),普希金常常到剧院里去,并且和那时候的一些优秀的剧作家结下了交谊。这三年戏剧的观感在普希金的作品中留下一个显著的迹痕,在他作为一个剧作家的发展上,在鼓舞他对戏剧艺术的向往上,都是极为重要的。

那时的俄国戏剧文学水准是很低的。特别是悲剧如此,在十九世纪初年,在俄国作家对拉辛作陈腐的模仿之后——十八世纪后半

---

[1] 〔原注〕一九三七年二月十日,伟大诗人悲剧的逝世的一百周年纪念日,以前的沙皇村,后来的儿童村,由苏联政府命令改名叫做"普希金"。
[2] 夏霍夫斯珂伊(Shakovskoy,1771—1846),俄国喜剧作家。

期所产生的这种作品可以开出一大张戏目单来——悲剧就开始剧烈地衰落下去,已经不再回答时代的需要了。十九世纪的头几十年中间产生的俄国的新悲剧很少。那时候最多产的悲剧作家是奥柴罗夫[1],他仿效伤感主义派的种种改革,企图将某种生命放进古典主义的濒死的传统里去。他的努力,无论如何,并没有什么重大的成果。

有一个时期,奥柴罗夫在他的同时的作家们中享着著名的成功的盛誉,但是普希金对这种平庸总是抱批评态度的。他完全正确地认为奥柴罗夫不能解除俄国戏剧的主要的缺点——模仿。普希金倒是比较称誉那些年里的喜剧,喜剧的创始人中就有格里波叶多夫,他后来以他的有名的喜剧《知识的不幸》而致不朽。

普希金第一次企图写作的戏剧,在他的文稿里已经找到了踪迹,是喜剧方面的。普希金当流放在吉西涅夫(Kishinev)的时候,在一八二一年动手写他的第一个剧本。不过,这剧本不久就被他放弃了。大约有三十行序诗和一个详细的计划,这就是我们所得到的这个喜剧的一切。这篇喜剧的主要人物是一个世俗的青年人,他酷好纸牌,以至于拿他的年老忠心的仆人来作赌注——他的仆人是一个农奴。很明显的,这篇喜剧想来是一篇暴露社会罪恶的戏剧。在这里,社会的动机要占一个很重要的位置,这与普希金的整个的政治历程是完全一致的。全都知道在他流放到南方去的头几年里,普希金发表过近似左翼的十二月党人的意见。

普希金在那几年里所得到的激烈的政治理想,在他另外又有一次戏剧的尝试里更要显著地反映了出来——这是那篇没有完成的悲

---

[1] 奥柴罗夫(Ozerov,1769—1816),俄国悲剧作家。

剧《瓦吉姆》（一八二二）。这篇悲剧的主题是传奇中第九世纪的诺夫果罗德城的叛乱，这叛乱是由瓦吉姆，民族共和的理想的战士所领导，反抗外国征服者卢力克[1]的。主题的选择本身就表现出十二月党人的理想对普希金所发生的巨大的影响。在十二月党人们，瓦吉姆是一个争取政治自由的斗争的历史的形象。这篇戏剧的尝试作的原文表明出普希金曾经想把他的悲剧写成一篇煽动的作品，因为它充满了对他那时代的政治情况的明显的隐射。原文讲到人民对政府的普遍的怨恨，讲到激愤骚动的"年青的公民们"。在另一方面，普希金在这篇片断里仍然沿用戏剧艺术的传统方法，这是值得注意的事。这篇片断的剧作的两个草稿，都是用古典的抑扬格六韵诗写出来的。

二

普希金的第一篇完稿的戏剧作品，有名的悲剧《波里斯·戈杜诺夫》[2]，显示出诗人是一个成熟的而且独创的剧作家。《波里斯·戈杜诺夫》是一八二五年在米哈伊罗夫斯基村写的，普希金从一八二四年就被流放到那里了。可是，因为检查上的留难拖延了好几年，《波里斯·戈杜诺夫》在一八三一年方才出版，而且删改过了，检查官并且强迫作者更动了好多地方。

---

[1] 卢力克（Rurik），法里阿吉人（Variagi）的一个王子，约生活于九到十世纪之间，侵入俄国，建立下最早的诺夫果罗德（Novgorod）城（当时所建的实为一堡垒）。
[2] 《波里斯·戈杜诺夫》，这剧写的是俄皇波里斯·戈杜诺夫（Boris Godunov，1598—1605在位），他即位时，谋害了皇位的合法继承人狄密特里。后来他死了，又有个假狄密特里出来夺了他儿子的皇位，造成俄国史上混乱时期的开端。

普希金从没有看到过他的悲剧的演出。在一八七〇年之前，沙皇的检查机关是不准演出这篇古典的俄国剧作的删节本的。许多部分被禁止发表，在原本上并且有好些更动是蛮不讲理的。

《波里斯·戈杜诺夫》是普希金寄托了重大的文学的社会的意义的一部作品。这篇戏剧是作者心中所亲爱的，这有两个原因：第一，作为对那些激动他的历史的和政治的重大问题的一个完全的答案；第二，作为决心推翻俄国戏剧传统，实行俄国戏剧文学彻底改革的，深思熟虑的决定的产物。

《波里斯·戈杜诺夫》的历史上的景况是和普希金对俄国历史的研究密切地结合着的，在俄国历史的史料里，普希金找到了他自己的时代和他自己的命运的历史意义这一问题的答案。《波里斯·戈杜诺夫》的历史的题旨和古典派的悲剧底历史的俗套是毫无共通之处的，在古典派的作家们，历史是重要的，这是因为它的装璜性以及它的主题的传统性。

对莎士比亚的研究在普希金实在是一个启发，在《波里斯·戈杜诺夫》里他就继续着莎士比亚的方式。"这个莎士比亚是个什么样的人呵！"普希金惊叹道，"我不能够制止我的惊异！拜伦，那位悲剧作家，和他比起来一看，是多么小呵！"莎士比亚的血色鲜润的现实主义，渗透了他的历史戏剧的历史的浮雕的生动性，终于帮助普希金解脱了年青时代的"拜仑风的"观念，同时也暗示给他作反对俄国戏剧中的法国古典主义传统的斗争的方法。

虽然保持着他对拉辛的诗的天才的所有的敬意，可是普希金坚决地转向莎士比亚了。莎士比亚不仅仅影响普希金的文学理想，而且也影响诗人的整个的世界观。在一八二六年二月，在十二月党人运动失败之后，普希金在巨大的激动中等待着和他的理想相同的朋友们的命运有关的消息的时候,写给戴尔微格道:"让我们不要像法国的悲剧作家,不是迷信就是偏执,让我们用莎士比亚的眼光来看这个悲剧吧。"

这种莎士比亚的历史的看法,把历史看做是受自然法则支配的一个客观的过程的努力,而这过程的内容乃是"人的命运,人民的命运",这是普希金的典型的特质。当一八二四年底,他详读那时刚才出版的卡拉姆金的《俄国史》的第十卷、第十一卷的时候,普希金也充满了同样的感觉。这两卷里讲到在十六、十七世纪在俄国发生的那些富有紧张的戏剧性的事件。普希金采取这个很有兴趣的材料,并且以俄国的命运这个重大的问题为中心,写了一部纪念碑型的巨作。普希金企图用沙皇波里斯的戏剧故事的形式来回答的,正是这个问题。

沙皇、贵族和人民被普希金在一种不可避免的敌对状态中描写了出来。并且,在这个历史上的冲突中,占决定地位的乃是人民的运动。人民、大众,在普希金的戏剧里并不是仅仅为了舞台效果才出场的;他们在事件中间是一个活跃的分子,而且对冲突的结果有直接的影响。在《波里斯·戈杜诺夫》里的人民大众,即群众的场面,在世界上所有的剧本中都是最独创的。无疑的,在这些场面里,普希金比莎士比亚向前走得更远。

普希金在《波里斯·戈杜诺夫》里作为他的目的的俄国戏剧风格的改革,是和普希金以如此伟大的诗的技巧在这篇戏剧的主要的人物身上具现出来的历史概念密切地联系着的。追随着莎士比亚,普希金放弃了"三一致"[1]的古典的法则,并且用五步句[2]的无韵诗来代替传统的亚历山大句法的诗。普希金在他的剧本里也插进一些散文的场面,并且用许多通俗语言的形式来丰富它的语言。无论如何,这些变化在普希金,比仅仅是形式的变化有更重大的意义。舞台监督与戏剧演出的各种各样的风格,这在普希金正意味着艺术与生活之间的关系这问题的各种各样的看法和各种各样的解答。

普希金在下面这段非常值得注意的话里表现出了这种思想:"我确切地相信适合于我们舞台的,是莎士比亚的通俗的规则,而不是拉辛悲剧的宫廷的习俗。"这样,普希金把戏剧的风格问题和想看戏剧演出的观众的性质联合起来了。普希金思考过到底通俗的悲剧在俄国是不是可能这个问题。他很想用否定来回答这个问题。大多数普希金的同时代人所给与《波里斯·戈杜诺夫》的不表欢迎的接待,这实在表现出在那个时候的俄国是和纯正的民主主义的戏剧艺术合不来的,这也表现出普希金是高高地巍然高出在他的读者和批评者之上的。

普希金有过一种预感:他的悲剧不会被他的同时代人所了解。他表示过他的《波里斯·戈杜诺夫》的失败可能延迟俄国戏剧的改革这种忧虑。在这点上,普希金的忧虑证明了是没有根据的——并没有回到过去去。但是,有一个长时期俄国戏剧没有产生出任何可以和普希金的《波里斯·戈杜诺夫》相比较的东西。无论如何,甚至于是在《波里斯·戈杜诺夫》第一版出版之前,普希金就已经开始在戏剧样式中寻找新的道路了。

---

[1] 三一致:时间、场所、情节的一致。
[2] 五步句(Pentameter),由一行十音节所构成的韵法。

三

在一八三〇年秋天，在一个短时期之内，普希金写了一套小悲剧。它们的长短是从二百到五百行诗，幕数从一幕到四幕。这一套悲剧是由这四篇合成的：《贪婪的武士》《摩沙特和沙列里》《石头客人》《瘟疫期中的宴会》。这些小悲剧，普希金的天才的最特别的创作，在作为一个戏剧家的普希金发展上构成了一个特别的阶段。

这些小悲剧的显著的特征是，首先，它们的主题都是从西欧生活和文学里借来的。普希金特别小心地给他的小悲剧以西欧的容貌。这些小悲剧的第一篇起了一个副题目：《几幕申斯顿[1]的悲喜剧——贪婪的武士》。普希金脑子里显然地存着申斯顿的印象，但是在申斯顿的作品里甚至于一点暗示《贪婪的武士》的事物都没有。

这篇悲剧里的领头的人物是一个叫菲力浦（Philip）的中古时代的男爵（他着了积蓄财宝的嗜好的迷）和他的儿子阿尔伯特（Albert）。男爵的贪婪在他和他儿子中间引起了一场尖锐的戏剧性的冲突。

普希金的第二篇小悲剧是以摩沙特被嫉妒他的天才的沙列里毒死的这个传奇为根据的。有一次普希金想把这个剧本叫做《嫉妒》，并且想把它写做一篇从德文翻译过来的作品……

《石头客人》是普希金笔下的堂·宦[2]的永有生趣的题旨的翻版。这篇悲剧的主题是普希金从莫里哀有名的悲剧以及从摩沙特的

---

[1] 申斯顿（William Shenstone，1714—1763），英国诗人。
[2] 堂·宦（Don Juan），拜伦所作的《堂·宦》中的主人翁。

歌剧里采取来的。

第四篇小悲剧的主题在题目里就说出来了。这是威尔森[1]的悲剧《瘟疫的城市》的移译，更恰当些，是它的部分的戏剧的改作。

普希金的小悲剧有几分是《波里斯·戈杜诺夫》的对照。在这些小悲剧里，通俗剧院的广阔的历史的题旨，让位给某一个特殊的伦理和心理的问题的诗的处理了。它们形成了一组关于贪婪、嫉妒、爱和死的非常精细的杰出的研究。

选择西欧的题材来做他的题旨，普希金无疑地是受着这个希望的指引的：提高他的作品达到世界文化传统的水准，并且解除掉这些题旨的国家的局限性的印迹。如果普希金的全部作品真的是代表着俄国文化中俄国的与欧洲的诸因素的最高的综合，那末，他的这些小悲剧应该被看做是这种综合的最浮雕的灿烂的表现。

从文学和戏剧的技巧的观点看来，这些小悲剧只能算是《波里斯·戈杜诺夫》的风格的几种特别场面的发展。《波里斯·戈杜诺夫》的那些迅速变动的场面（人物活动先在俄国，接着在波兰，接着在沙皇的寝室里，公共广场上，在寺院，接着在战场上）全然是具有独立性和内在的完整性的。这样的每一个场面都包含着，可以这么说，一篇独立的作品的核心。

大家都知道普希金曾经想写一些更小的悲剧，内中有两篇的题目叫《库尔布斯基》（*Kurbsky*），《狄米特里和玛丽娜》（*Dimitry and Marina*）。这些悲剧无疑地是《波里斯·戈杜诺夫》的各个人物和各个场面的一个发展。

心里已经存着试写小悲剧的新样式的思想，普希金偶然地读了

---

[1] 威尔森（John Wilson，1785—1854），苏格兰作家。

巴里·考思威尔[1]的《戏剧的场面》。这终于使他决定实行他的理想。普希金对这位英国诗人的杰出的独创性评价很高；但是在场面的结构上并不追随他。在普希金的小悲剧和考思威尔的作品中间的主要的差别，乃是普希金的戏剧效果丰富与完全不重修词，修词——甚至于世界文学上最伟大的戏剧作品也常常被它坠住的。

要找什么东西能比得上普希金的小悲剧的诗和语言的美，这是很难的。在这些小悲剧里，魅力，活力，音乐性的优美，光辉的热情的表现，结合成了一个和谐的整体。

可以列入普希金最伟大的成就之中的，是《瘟疫期中的宴会》里公共宴会的主席所唱的献给瘟疫的圣诗。在威尔森的悲剧里是没有这样的圣诗的。

在《贪婪的武士》里，当那个老男爵下到地窖子里去欣赏他的财宝，他打开所有的他的珠宝箱，灿烂的宝光照耀着地窖的时候他所说的独白，给人一个不能遗忘的印象。

在《摩沙特和沙列里》里，普希金对照两种艺术家的典型——那个不顾一切非难的"懒惰的浮浪□"摩沙特，他的嫉妒的对方对他说过："你，摩沙特，是一个神，你不知道它！"还有那个把"手艺当做一个艺术的台座"并且用"代数数字来试验和谐"的沙列里。《摩沙特和沙列里》是普希金的最深刻的诗的概括之一，也是俄国文化的一个不可分割的部分。

不过，这种样式的最辉煌的范本是《石头客人》，许多论普希金的权威都认为这是他所有的作品中最完成的作品。没有人能否认拜林斯基的名言的微妙，大意是说：按普希金的意思，在堂·宦对一

---

[1] 巴里·考思威尔（Barry Cornwall，1787—1874），原名 B. W. Procter，英国诗人。

个女人——朵娜·安娜,所怀的第一次真诚的热爱里正存在着堂·宦的奈米西斯[1]。这热爱,虽然没有什么还报,然而它是堂·宦的毁灭。在普希金的《石头客人》里堂·宦的死的场面,充满了强烈的惨苦的悲哀。

四

普希金有意思要写一些更小的悲剧,我们现在只知道它们的题目。除了前面提到的《库尔布斯基》《狄米特里和玛丽娜》之外,普希金还想写《罗姆拉斯和里姆斯》[2]《耶稣》《保罗一世》[3]以及其他,但是它们都放下了,没有写。在一八二九至一八三二年这过程中,当他写他的小悲剧的时候,普希金写了一篇诗剧《水神》,这诗剧没有写完也没有修饰就放下了。不过,我们在普希金的亲笔草稿里可以看到它的大部分。

由它的结构来看,《水神》使我们想起普希金的那些小悲剧,但是它以俄国民族的色彩而和它们不同。《水神》是普希金从俄国民间传说采取题材写出来的。这篇戏剧的女主人翁是一个磨坊主人的女儿,她受了一个王子的引诱。当怀着孩子的时候,她知道了王子正和别人结婚,于是就投身进了德聂伯河。老磨坊主人发了疯。水神的女儿就到岸边上把王子引诱到了河底。草稿在王子被某种"不可了解的力量"拖到德聂伯河岸上他所熟识的地方,并且遇见突然从

---

[1] 奈米西斯(Nemesis),希腊神话中果报的女神。
[2] 罗姆拉斯(Romulus),相传是罗马的创立者也是第一个君主,里姆斯(Remus)是他的孪生兄弟,他因为里姆斯以一种鄙弃的态度跃过他的新城(罗马)的城垣,就杀了里姆斯。
[3] 保罗一世(Paul,1754—1801),俄皇,被刺逝世。

水中出现的小女神，他在独白的时候，在这里就中断了。

有好些地方，《水神》里的民间传说的材料被普希金在戏剧对话里取消了，可是另外写成许多歌的形式，在这些歌里，民歌底所有的语言的和韵律的特性都保存下来了。到现在，到底《水神》的悲哀的歌（在王子的婚礼那一幕里）是一首真正的民歌呢，还是就是普希金的文笔呢，许多文学研究者对这个问题都不能得到一个最后的论断。

小悲剧和那应该包括在同一范畴里的《水神》，虽然具有它们的杰出的戏剧风格，然而只是形成普希金戏剧写作的历史上的一个阶段而已。普希金自己把这种风格看做是一个实验。在普希金想起给他的所有的这种样式的作品的各种各样的总题目中，有一个是《戏剧研究实验集》。戏剧的纪念碑型的形式仍然是普希金所向往的，在他逝世不久之前他又回到了这种形式。

在一八三五年普希金有好几次企图拿一个从封建制度后期的西欧历史上采取的主题，用纪念碑的风格来写一篇散文剧。普希金的早死阻止他的理想的完全实现。有一篇拿有名的女神父若安的传奇做主题的戏剧，除了一些零碎的草稿之外，还有一个大纲。普希金大约完成了一半的一篇伟大的戏剧，出版家同意把它叫做《骑士时代景象》。

这篇戏剧的主人翁是佛朗兹，一个织布匠的儿子。佛朗兹对他的卑下的工作感到压迫，并且怀着成为一个骑士的理想。他离开他的父亲，他父亲就剥夺了他的继承权。骑士阿尔伯特用佛朗兹做他的随从，但是后来没有多久就因为他的粗鲁把他赶走了。佛朗兹就做了一个反抗骑士的农民叛乱的首领，被捉住了，成了囚犯，等着上绞架了；不过，因为阿尔伯特妹妹克罗吉尔德的请求，佛朗兹的判决减成终身监禁。由普希金的札记来判断，在这篇戏剧的下半段，佛朗兹要得到自由而且达到他的目的。

农民反抗他们的封建主君的斗争与封建社会的崩解构成这篇戏剧的主体的历史背景。在普希金的情节里，有趣的细节是讲到火药和印刷的发明。普希金在这篇戏剧的大纲的结尾那部分写着："此剧以浮士德骑在魔鬼的尾巴上出现（印书和新炮的发明）告终。"

按普希金的意思，这种幻想的场面是象征着构成《骑士时代景象》的主题的西欧文化过程上的那些重大的变化。

这是毫无疑问的，普希金在这里是受了西欧历史与俄国历史的某些类似之处的指引。在一八三〇年代普希金可观地扩大了他的历史研究范围，并且经常地阅读所有的西欧历史文学的最近的出版物。作为这些研究的结果之一，我们看到各种各样的札记和片断的文章，在这些文字里普希金企图借西欧民族的历史来对俄国历史过程形成一种清晰的概念。贵族阶层的衰微，布尔乔亚阶级的兴起，地主与农奴之间的紧张的斗争——这一切都是由他周围的生活实体而来的题旨。

《骑士时代景象》没有写完。因此，要想评述普希金在这篇剧里会写出什么结论来，这是很困难的。不过，无疑的，有一点——按照自然规律的历史的客观性与发展的景象，在普希金的这篇最后的戏剧里，一定会比在他以前的那些历史作品里以更大的明晰性表现出来的。

至于普希金用散文来写他的《骑士时代景象》，这是很可注意的。这应该归之于他在最末几年所开展的整个的散文倾向，梅里美的《农民暴动》（*Jacquerie*），很久以前就被认为是普希金在写这篇戏剧的时候，可能受了指引的范本之一。但是，虽然它们的主题相似，然而要看这两个作家风格上的本质的不同，是很容易的。主要的差异是在于这一事实：在普希金的《骑士时代景象》里，作为所描写的事件以及整个戏剧的基础的历史的规律性的思想，是以非常远甚的明晰性表现出来的。普希金在这篇剧里，比较不及梅里美那么喜好某些插曲的栩栩如生的图画，以及那个时代的生活底特征的细节或是"地方色彩"。普希金的《骑士时代景象》里的情节，是以一个思想的集团为中心的，并且整个的全文是以普希金的散文底平淡的、含蓄的、简洁的、清丽的语言写出来的，仍然具有一种历史的概括底独创的风致。

这样，我们看到作为剧作家的普希金的创作活动是多才艺的，并且是丰富着内容的。

我们必需要承认，作为剧作家的普希金的发展并没有达到它的极顶。无疑的，我们可以这么说：普希金的早死从俄国戏剧夺去了许多重要的戏剧作品，如果普希金活得更长些，他会写出它们来的。但是，就是在他短短的生命中，他在戏剧的领域所完成的工作，这都绰绰有余地足够在世界的伟大剧作家的神殿中给他一个尊荣的地位。

普希金与民间传说

M. 阿沙朵夫斯基

从很小的儿童时代起,普希金就熟悉好多种样式的民间故事。在一八一六年,回忆到他的童年,他写道:

> 我怎么能止住不谈我的乳母,
> 也不谈那些神秘的夜晚的美妙呢,
> 在那样的夜里,她,穿着古装戴着帽子,
> 总要祷告一番,请走那些幽灵,
> 虔敬地在我身上划过十字,
> 然后低低地开始讲死鬼,
> 讲波瓦王子(Bova)的武艺……
> …………
> 我不禁神往于那些美妙的思想:
> 在姆罗姆[1]附近的丛林或是荒野里
> 我遇见了勇敢的朵布里涅们[2]和波尔岗们[3]——
> 我的年青的心就在遐想的境界中飞翔……

---

[1] 姆罗姆(Murom),在莫斯科东边的奥加(Oka)河附近。
[2] 朵布里涅(Dobrynya),俄国叙事诗体的民谣中的英雄。
[3] 波尔岗(Polkan),俄国民间传说中的半人半犬的怪物。

普希金家里有个传说，据说有个尼吉塔·吉摩菲叶维奇（Nikita Timofeyevich），他是普希金家的一个农奴，是个做小调的，曾经把大盗梭罗维（Solovei），宽胸巨人 E. 拉沙莱维奇（Eruslan Lazarevich），金发公主 M. 吉尔毕节夫娜（Militrissa Kirbityevna）这些神话改作成歌谣一类的东西。在很小很小的时候，普希金就读过廉价版的神话，又读过朱尔珂夫（Chukov）和波波夫（Popov）全集里的改作。这些作品的影响在普希金的《波瓦王子》里就反映了出来，《波瓦王子》可以看得出来是反映伏尔泰尔的《处女》而作的；这些作品的影响以及通俗的特色，特别是在他的第一部诗作《罗士郎和卢德密拉》里反映了出来。

《罗士郎和卢德密拉》可以跟那个时代的许多浪漫的神话诗归为一类，像卡拉姆金的《伊里亚·姆罗美茨》[1]，拉吉希柴夫的《波瓦王子》，还有茹珂夫斯基、巴杜希珂夫等人的诗作。不过，普希金在这部诗作里确实提供出了新的特色：他抛弃了既成的规律，并且用俗话来写作（正是敌对普希金的批评家所攻击的"俗语""乡巴佬的韵"）。可是，这部诗距离真正的通俗诗还很远。

普希金流放到了米哈伊罗夫斯基村，在那里，他有了和通俗的民间传说直接接触的机会，这个时期通常都认为是他在这方面的转变点。无论如何，我们很有理由相信，在那个时候，普希金对于民间传说的见解已经形成了，他所记录下来的民间歌谣和神话并不是无意中的发现，而是研究和搜集的成果。

当他流放在南方的时候，他觉得自己处在人种非常歧异的环境里，普希金就专心研究俄国的民间传说以及当地的各种民族的传说。

---

[1] 伊里亚·姆罗美茨（Ilya Muromets），俄国民间传说中代表的英雄。

他听过顿河哥萨克的歌谣，盗匪的歌，高加索地方的歌，吉卜西人的歌，还有别的许多歌谣。起初他只注意传统的浪漫的特点——探讨异国情调和地方色彩；但是，就在这个时期，对于民间传说的新观念与新态度已经奠定基础了。

流放大大地扩大了普希金的视野。他和小 N. N. 拉叶夫斯基（N. N. Rayevsky）、派斯泰尔（Pestel）、卡曼加的十二月党人、V. F. 拉叶夫斯基的聚会和谈话，使他学习了许许多多的东西，使他在他心里改变了对许多全新的问题的观念。在这一点上，伟大的俄国史和俄国史诗的权威 V. F. 拉叶夫斯基的影响特别重大。普希金在吉西涅夫（Kishinev）的时候对历史的研究以及写作历史剧的企图，大半是受了 V. F. 拉叶夫斯基的影响。在拉叶夫斯基影响之下，普希金对民间传说的探讨开始发生变化了：他现在不仅仅在民间传说中注意有趣的古老的神话，而且也留心那些足以解明俄国过去的历史的诗的材料。正是这个时期，普希金开始理解俄国通俗文学的历史的意义。

普希金开始觉得民族文学和民族语言的重要。他拿俄国文学和法国文学来比较，并且试着在民间传说之中寻找他在那个时代的文学中所不能发现的因素。

"我不能决定赞成什么样的语言，"普希金写道，"但是我们有我们自己的语言——风俗、历史、歌谣、神话。"差不多正在同时，很明显的是受了他和派斯泰尔闲谈的影响，普希金简单地表示过他对俄国语言的态度："能爱俄国的，只有像 M. 奥尔罗夫和派斯泰尔那样的革命人物，这正像能爱俄国语言的，只有作家一样。我们必需在这个俄国，用这个俄国的语言，来完成我们一切的作品。"

普希金对民间传说的见解是和他对语言的见解，对自己的祖国的挚爱,对"民族的气质"以及"民族的气质"的表现样式的挚爱,密切地结合着的。在米哈伊罗夫斯基村的时候,诗人对歌唱斯节潘·拉金的歌谣特别发生兴趣,他称斯节潘·拉金是"俄国历史上唯一的诗的形象"。普希金记录下许多拿拉金做题目的民歌,并且请他的兄弟供给他关于拉金的"史料"。最后他自己就动手研究那些关于拉金的歌谣。

在这个时候,普希金对于民间故事发生很大的兴趣。普希金写给他的兄弟道:"我听民间故事,我想这样来矫正我所受的该诅咒的教育的缺陷。"诗人埋头研究民间传说,这是一个新的世界,当他在米哈伊罗夫斯基村的时候,在他面前显露出来的一个新世界。他把他的乳母以及别人对他描述的神话都记录下来;他听修道院里的瞎乞丐讲的故事,他在市镇上乡场上收集民歌,并且把它们写下来。就在这个时期,普希金开始精心改作他的民间传说的材料。

普希金在他的《欧根·奥涅金》里引用了民间传说的材料。《妲姬雅娜的梦》就是以这种材料做根底的。他写了些短歌《新郎》《淹死的人》,最后是《罗士郎和卢德密拉》的序诗。在这篇序诗里,俄国神话的各种各样的主题被用惊人的巧妙集合在一起。《罗士郎和卢德密拉》新的一版出来的时候,就有这篇序诗。普希金把他的这部诗作以前所缺乏的主题音给了它。藉这篇序诗,普希金使以前在诗中被压下去的民间传说的音调更高声地响了出来。在《波里斯·戈杜诺夫》里,民间传说的题旨也是很明显的。

普希金对民间传说的兴趣是和他对通俗的语言——在那个时候叫做"普通话"——的兴趣平行发展的。普希金给《莫斯科电讯报》

写过一篇论文，论莱蒙特（Lemonte）给克垒罗夫[1]寓言集法译本所写的序言。在这篇论文里，普希金简单地陈述出他对俄国语言底历史的发展的概念："平民的土语不得不和书本上的语言分开来了，不过后来它们彼此接近起来：而'这正是给与我们用来沟通我们的思想的因素'。"（普希金用''号表示加重语气）

将近一八二〇年底，普希金记下了一些反驳批评《欧根·奥涅金》的评论的札记。这些札记实实在在是一篇为通俗的语言和民间传说辩护的文章："研究古代歌谣、神话等，这对精通俄国语言是必需的。我们的批评家却来嘲笑它们，这是错误。"他接着在下面又写道："青年作家们，读读通俗神话吧，这样你们才可以领悟俄国语言的本质。"

在这同一个时期，普希金决心着手对俄国民歌作一种科学的研究。在一八三〇年初诗人雅儒珂夫（Yazykov）写信给他的兄弟说："普希金把所有印行的民歌拿来比较，把它们分成类，因为在以前，那些民歌完全是乱七八糟地出版出来的。"P.吉莱叶夫斯基（P. Kireyevsky）证实了普希金有出版民歌的企图。一八三二年吉莱叶夫斯基在一封给雅儒珂夫的信里说："普希金已经聚积了实在够多的民歌，他想尽可能地赶快把这些俄国民歌印刷出来。"不过，普希金并没有印刷他的收集物，因为在那个时候，吉莱叶夫斯基的大规模出版俄国民歌的计划已经成熟了，普希金就把他的收集转让给吉莱叶夫斯基。在普希金的文稿中，曾经找到一篇出版俄国历史上的民歌的计划；并且还找到一篇序言的草稿，这篇序言很有兴趣地，深入地讲解了结婚的喜歌的特质。

普希金创作活动的最后一个时期实在可以称做他的民间传说时

---

[1] 克垒罗夫（Krylov，1769—1844），俄国著名的童话和寓言诗的作家。

期。民间传说不仅成了他诗里的一个因素,而且开始在他的创作中占了上风。于是,一八三一年他写了《苏丹皇的故事》《神父和他的工人巴尔达的故事》。一八三二年他写了《西方的奴隶之歌》。一八三三年他写了《渔夫和小鱼的故事》《死公主》。第二年又写了《金鸡的故事》。在那个时期,普希金还写了《骠骑兵》,神话《母熊》的开头,一篇叫做《媒人伊凡》的诙谐剧,一些没有写完的片断,其中包括民间小说《伊里亚·姆罗美茨》(即《在威风赫赫的姆罗姆国》)的开头,以及没有完篇的《水神》,《水神》是一篇试作的通俗剧。这个时期以带有民间传说的色彩的小说《甲必丹的女儿》和《骑士时代景象》告一结束。

　　普希金从俄国和西欧的民间传说这两方面都采取题材。近几年来考证的结果,知道这些来源的范围是很广大的。格里姆兄弟[1]的集子里的一篇法译的德国故事,这是普希金的诗《渔夫和小鱼的故事》的来源之一。《死公主》也是由格里姆而写的。《金鸡的故事》是欧文[2]的一篇小说的改作。《苏丹皇的故事》是用许多口传的笔录的材料而来的,这些材料有俄国的,也有西欧的。

　　所以,在普希金的创作中,这一个时期的特点是在广大地采用了俄国的以及西欧的民间传说。在他的《西方的奴隶之歌》和《水神》里,采用西欧的民间传说是很显然的。《水神》的题材就采自德国作家汉斯勒尔(Hensler)底喜剧的浪漫的神话(克拉斯诺波尔斯基用俄文改作的)。《骑士时代景象》中的玛尔丁(Martin)的歌是

---

[1] 格里姆兄弟(The Brothers Grimm),兄弟二人:Jacob Grimm(1785—1863),Wilhelm Grimm(1786—1859),都是德国的历史家,学者,曾经编过一部《格里姆童话集》,甚为著名,中译名叫《格林童话集》。
[2] 欧文(W. Irving, 1783—1859),美国作家。

从一篇苏格兰民歌而来的,这是另外一个例子。

如此广大地采用西欧的民间传说,这反映出了和普希金的诗作底整个气质——民族的气质相联系着的他的民间传说的倾向底本质的一面。

民族气质(俄文是 Narodnost)的问题是十九世纪二十年代、三十年代中讨论的中心。甚至于布尔加林也认为他自己是一个"民族气质"的战士。那时关于这个题目的讨论,在实质上讨论的是文学上的种种倾向,讨论那些应该当做一个民族底文学的基础的主要因素。

普希金参加了这些讨论好几次。在一八二六年写的一篇没有发表的札记里,普希金写着:

> 讲"民族气质",要求"民族气质",埋怨文学作品里没有"民族气质",近来已经成了我们的习惯了;但是没有一个人想来解释"民族气质"是什么意思。

我们的批评家中有一个人似乎相信从俄国历史上采取主题,这就有了"民族气质"。另外的人认为"民族气质"存在在字汇里,这就是说,要像他们那样地来说俄文,像他们那样地运用俄文的种种语法,他们方才高兴。

但是,要来否认莎士比亚《奥塞罗》《哈姆莱特》《计对计》以及其他的剧本里的伟大的"民族气质"的价值,这是愚昧的。魏嘉[1]和卡尔德伦[2]时时把我们带到世界各地去,他们在各国的文

---

[1] 魏嘉(Lope de Vega,1562—1635),西班牙诗人,剧作家。
[2] 卡尔德龙(Pedro Calderon,1600—1681),西班牙诗人,剧作家。

学作品中采用意大利和法兰西的传奇来做他们的悲剧的题材。阿里奥斯妥[1]歌唱夏里曼大帝（Charlemagne）、法国武士们，还歌唱过一个中国的美女；而拉辛的悲剧是从上古的历史中取材的。

无论如何，要来否认这些作家中任何一个人底伟大的"民族气质"的价值，这是愚昧的。在另一方面，在俄国的悲剧里，或是在奥柴罗夫的《西尼亚》里有没有一点"民族气质"呢，那位西尼亚，他在狄密特里[2]的营帐里，用抑扬格的六韵诗和一个女知己讨论父母的权力。节尔沙文[3]注意到这一点，这是完全对的。

一个作家的"民族的气质"，这种价值只有他的本国人能充分地估量；对于别的国家的人们，不是完全感觉不到它，就会甚至觉得这是缺点：有学问的德国人对拉辛的主人翁底斯文多礼颇表不满，法国人就笑卡尔德龙的考雷兰路斯（Coriolanus）向他的敌手挑战决斗，而这一切都各有它的"民族气质"的标记。

一个民族自有它特有的各种各样的思想和感情，特有的种种传统、信仰和习惯。气候，政府的制度，宗教，使一个民族有它的独特的特点，这些特点是在诗的镜子里或多或少地反映出来的。

从这篇札记看起来，好像普希金仅仅只由文学意义这方面来论说"民族气质"的问题。不过，这篇札记的范围比那更深广得多。这是对官方的爱国公式，对所有的假"民族气质"的表现的一个打击。在这篇札记里，一个人能辨认出他的带讽刺的"不敬的行为的例子"的相似的地方。"不敬的行为的例子"可以说是这篇札记的补充。在许多"不敬的行为"的例子里，普希金也引证了对爱国心的

---

[1] 阿里奥斯妥（Ludovico Ariosto，1474—1533），意大利诗人。
[2] 西尼亚（Xenia），狄密特里（Dimitri），都是俄国历史上的人物。
[3] 节尔沙文（G. R. Derzhavin，1743—1816），俄国作家。

"不敬"的例子。他写道:"有些人对他们祖国的光荣或是降临到祖国身上的灾难完全漠不关心;他们所知道的祖国的历史是从波台姆金亲王[1]时代起的,他们还知道一些他们的产业所在的省份的统计;他们之所以把自己当做爱国者,是因为他们都喜欢冷菜甜汤,他们的孩子都穿着红的罩衫四处乱跑。"

普希金好几次重提"民族气质"这个题目。后来,在一八三〇年和达尔(Dal)的谈话里,他重复地说"民族的气质"不在于"从祖国的历史上选择主题",也不在于"字汇、辞句、语法"。他反对把"民族的气质"的意义限制在民族的主题底狭小的圈子里,他并且援引莎士比亚、卡尔德龙、拉辛的伟大的作品,他们都打破了这些民族的界限,而始终是伟大的民族作家。

普希金这些话,和在前面援引过的他的关于民间传说与通俗语言的评论并列起来,它的重要的意义就完全显露出来了。在一方面,他的民间传说和"普通话"的倾向,在另一方面,他对作为模范来看的伟大的西欧作家的意见,这两方面是有机地不可分离地在他的意识中结合着的。他把"民族的气质"首先看做是一个历史的范畴,看做是俄国人民俄国文学的全部历史发展的结果。按照他的意见,俄国文学的发展必需循着西欧的教育与精通本国文化这样的广阔的路线前进。民族形式应当表现出国际的思想的财富。世界文学底前进的思想应当变成一切民族的财产。因此,普希金拥护简洁的倾向。

普希金的运用通俗语言和民间传说,这表示他是把广大的人民大众看做他的读者的,这是俄国文学民主主义化的道路上的一个驿站。而在这里正存在着普希金底民间传说的倾向的基本意义与重要性。

---

[1] 波台姆金亲王(Prince Potemkin, 1739—1791),俄国十八世纪的一个名将。

高尔基论普希金

S. 巴鲁哈第

一

普希金是 M. 高尔基的终生的友伴。在他写的许多论文、回忆、书信，甚至于在他的一些文学作品里，高尔基总是不倦地写到普希金的诗底非凡的美妙，诗人的生气跃然的思想以及普希金在俄国文学史上和俄国文学语言上的特殊的重要性。

在十二岁的时候，高尔基就开始读普希金了。大约也在那个时候，他读了诗人的传记。从此高尔基总把具有深刻的内容和形式的单纯的，普希金底灿烂愉快的诗，认为是无比权威的作品。

在他的自传小说《在人间》第十章里，高尔基如绘地描写他和普希金的诗第一次的交往。

"我被普希金的诗的简明和音乐性如此的感动了，有一个长时间，散文对我好像很不自然，并且似乎很不好读。《罗士郎和卢德密拉》的序诗使我回忆起我祖母的那些顶优美的故事；它们被奇妙地凝合成一个故事，并且，有些诗句的明确的逼真性真令我惊叹：

在那里，在那些隐僻的道路上，
密布着人所不知的野兽的足迹。

"我在心里重复着这些奇妙的诗句,并且看见了这些虽然对我是如此熟识然而却难以辨认的道路;我看见了在被践踏的草丛中的那些神话的足迹,那凝在被践踏的草上的,像水银一样沉重的露珠,也凝在它们上面……

"普希金的令人惊叹的神话很中我的心意。读过它们好几次之后,我就把它们记在心里了。在上床睡觉的时候,我总要闭上眼睛低声背诵几段诗,直到我睡着了的时候。我常常要对男仆人讲这些故事。他们总是倾听着,笑了,愉快地咒骂起来。西朵罗夫(Sidorov)会轻轻地拍拍我的头,静静地说:'很好,嗳?呵,天呵……'

"我的心神不宁的状态被我的主人和主妇注意到了。老女人就开始咒骂起来:'你这小光棍,你只欢喜你的书,但是暖茶壶已经四天没有擦了!我要用辗面棍来对付你!'

'什么?用辗面棍?'于是我就用诗来抵抗她,保卫我自己:有乖戾的脾气和邪恶的嗜好,那个年老的巫婆……"

在他的回忆里,高尔基又进一步写到他对普希金的热爱,引起他想得到一小本普希金的诗,拿来和他已经有了的拜郎叶[1]和海涅的小本放在并排的希望。但是他的希望没有能实现,因为"镇上唯一的旧书铺老板,一个存心不良的老头子,对普希金要了一个太高的价钱"。

当高尔基是一个孩子的时候,他就背诵普希金的诗,并且用心地把他顶喜爱的诗写在一个抄本上。《罗士郎和卢德密拉》就在他抄上本子的那些诗作之中。

当高尔基是一个青年的时候,他学着写诗。普希金就是他的模

---

[1] 拜郎叶(Beranger,1780—1857),法国诗人。

范。在他的回忆里高尔基写道:"我轻轻易易地写起诗来了,但是我觉得我的产品是丑陋不堪的,并且轻视我自己,因为我缺乏技巧和才能。我读过普希金、莱蒙托夫、涅克拉梭夫和库罗契金(Kurochkin)的拜郎叶的翻译,我完全觉得我没有法子能和这些诗人里的任何一个人相像。"

后来,直到他的晚年,高尔基在他的文学作品和传记里再三地回到普希金身上,并且讨论普希金的作品和人格底种种价值。

高尔基把普希金评价得非常之高。他说过,"没有什么对我们比普希金和托尔斯泰更伟大更亲切了"。他称普希金是"世界上最伟大的大师""我们的伟大的诗人""我们的巨人"。他又写着:"普希金在我们国家里是一切开始的开始""普希金以最伟大的力量与广阔性,最美地表现出了人民的精神。"

当论及普希金的诗底更为杰出的方面,高尔基首先提出了诗人的天才底非凡的广阔性,甚至于在伟大的诗人们中也是不平常的。高尔基写道:"看,他的生活的兴趣的界限是多么广阔,他的人间事物的范围是多么广大。他以同等的功力写出俄国神话和《贪婪的武士》《波里斯·戈杜诺夫》《工人巴尔达》——生活是怎样的被把握了呵。"高尔基常常讲到普希金的非常之高的教育水准以及他对世界文化的深湛的造诣。高尔基称普希金是"一个欧洲人"。

高尔基也因为普希金对过去俄国生活的光明面和黑暗面的卓越的学识而尊重普希金,而且这种学识毫不阻碍诗人对它保持一种严正的态度。"普希金知道他的国家的过去,但是并没有受它的毒害。"

因为诗人底非凡的多方面的学识以及敏锐的感触,高尔基称普希金为"全知的"。因为他的思想的深处包含在奇妙的精美如画的文学形式之上,高尔基称诗人是一个"魔术家"。"我在一小本普希金的诗或是弗罗贝尔写的小说里，会发现更伟大的智慧和生气跃然的美，"高尔基写道，"比之在那星群底寒冷的闪烁里，在波浪底有规律的波动里，在树林的低语里，或是在荒漠的静寂里。"

具有伟大的思想，不屈不挠的生活意志，健康的心理和无穷的创作力的普希金，在高尔基的评价中，乃是一个完人的具象。高尔基说过："狄孚[1]、罗摩奴梭夫、卢骚、普希金、拜伦、曼节莱叶夫[2]、莱赛普斯[3]，以及几百个和他们一样高度的——这是天生的人。"

在许多论文里，高尔基都很尊重普希金底历史上的文学价值。他特别指出普希金是最先注意民间故事与民歌的俄国作家之一；普希金采纳了俄国神话的材料，并且是一个整理它们的模范。高尔基区分过"湖畔诗人"[4]的浪漫派对民间传说和民歌的处理，与严肃的批评的现实主义者普希金对它们的处理。"湖畔诗人"从没有接触过这种题旨，例如《神父和他的工人巴尔达的故事》。普希金从不歪曲一个神话的真实意义，而渥茨华斯和他那一群却喜好从民间故事里采取一切带来超感官的、神奇不可思议的性质的——假仁假义的教会引进健康的、不信宗教的创作艺术之中的，那些想象和迷信。

普希金以通俗语言为基础建树了俄国文学的语言。在这一关联上，高尔基写道："必需要记住：语言是由人民创造出来的。一切文学语言和通俗的区分，这意思是说：这里有一种可以说是语言的原

---

[1] 狄孚（Daniel Defoe, 1660—1731），英国作家，名作有《鲁滨孙漂流记》等。
[2] 曼节莱叶夫（Mendeleyev, 1834—1907），一位闻名世界的俄国化学家。
[3] 莱赛普斯（Lesseps, 1805—1894），法国，苏彝士运河工程师。
[4] "湖畔诗人"（Lake Poets），英国十八世纪诗人渥茨华斯（Wordsworth），珂勒律治（Coleridge），苏赛（Southey）等，住在英国风景如画山湖交映的"湖区"，作风相近，所以有这个称呼。

料,还有一种作家们已经处理过的语言。第一个了解这个的就是普希金,他是第一个人,表现出人民的语言的原料是如何被运用了,以及应该如何来处理它。"

强调着普希金在俄国文学语言的历史上所占的重要的地位,高尔基写道:"以普希金开始,我们的古典作家们从语言的混乱中采选出了最精确、简明、有力的字,并且创造了'伟大的辉煌的语言'。正为着这种语言的进一步的发展,屠格涅夫请求过托尔斯泰贡献出他的能力。"并且,在一九〇〇年,当他开始写批评的文章,高尔基在分析俄国古典作家的作品的时候说:"当未来的文学史家研究俄国文学语言的发展时,他将会说这语言是由普希金、屠格涅夫和柴霍甫建树起来的。"

高尔基看到普希金的文学作品的巨大的重要性,是因为在事实上,正像其他的伟大的文学大师一样,他对他那时代的生活提供出了锐利的批判,并且以伟大的真诚,明察和严正,裸露出了以压迫人民为基础的社会制度的丑恶。高尔基写道:"斯韦夫特[1]、拉拜莱、伏尔泰尔、勒沙琪[2]、拜伦、萨克莱[3]、海涅、魏尔哈仑[4]、A.法郎士和少数其他的人们——他们全都以无可指责的真诚和严正,揭露出统治阶级的罪恶。在我们国家里,这由格里波叶多夫、果戈里、L.托尔斯泰、S.希柴德林和具有惊人才智的 A.普希金做了出来。"

在高尔基看来,普希金创造了艺术的杰出的范本——并不仅仅

---

[1] 斯韦夫特(Jonathan Swift, 1667—1745),英国讽刺作家。
[2] 勒沙琪(Le Sage, 1668—1747),法国小说家,剧作家。
[3] 萨克莱(Thackeray, 1811—1863),英国小说家。
[4] 魏尔哈仑(Emile Verhaeren, 1855—1916),比利时诗人。

是一种观察性质的、繁琐的现实主义性质的范本，而是那种给人以概括的综合图书的范本。高尔基说普希金是"文学创作的艺术"的大师，这种"文学创作的艺术"使他能以最使人信服的风度来描写生活，并且引导他创造出了这样的一些作品，像《贪婪的武士》和《欧根·奥涅金》。

"艺术，"高尔基写道，"总是以表现典型形象为特质的——那就是说，它夸张——它采取许多人的典型的特点，并且集中在一个人的身上，这样就给了我们种种典型，例如，一个守财奴的典型——巴尔扎克的父亲葛郎代[1]，普希金的贪婪的武士，果戈里的泼留希金[2]。"

高尔基劝学习文学大师们，特别是学习普希金所创造的典型与人物的人们，要去注意它们在文学上的继承关系："这些连续的被采取的典型，一定会表现出不同的各个时代对人物构成上的影响，也表现出每一个作家所具有的绘写的力量和种种培养文学的思想的继承。"拿普希金作品中所表现的人类创造出来的最优秀的思想的连续关系当做例子，高尔基解释在俄国和世界文学之间的密切的联系："一个人必需要知道外国文学的历史，因为文学作品本质上在所有的国家在所有的民族中间都是一回事。这不仅仅是一个形式上的关联的问题。普希金给了果戈里《死魂灵》的题旨，也许这题旨是普希金自己从斯特恩的《一个伤感的旅行》借来的，这都是无关紧要的……重要的是要去理解：从很久以前，到处都织好了一张网，并且是正在织着'来捕捉人类的心灵'，过去和现在，总是到处有那种

---

[1] 巴尔扎克小说《葛郎代》中的人物。
[2] 果戈里小说《死魂灵》中的一个地主。

要把人从迷信和偏见中解放出来，拿这个作为他们的目的的人们。"

除了在高尔基的众多的批评的时论的文章里所找得到的关于普希金的简略的评注和意见之外，高尔基在他的文学作品，他的小说和故事底结构里，织进了许多段说述普希金的文字。高尔基使他的主人翁们讲到普希金，讲到他的作品的通俗；他使他们引用一些普希金的诗，或者讲到某一个普希金作品中的人物。这样述及普希金的文字，我们在他的这些小说和故事里都可以看到：《书》《完全一样》《隐秘的爱》《英雄的故事》《演习》《阿尔塔摩诺夫的事业》《蟑螂》；这也就是说，主要的是在他描写各种各样的知识分子的典型的那些作品里面。

例如，这就是高尔基的《英雄的故事》中的人物之一——诺瓦克（Novak）。讲到普希金的话，诺瓦克是一个卡莱尔[1]的《论英雄和英雄崇拜》的赞美者，他拥护个人高于集体的优越："没有恐怖的伊凡[2]和彼得大帝，没有德国公主凯撒林，没有普希金、果戈里、朵斯妥夫斯基，世界是不会知道也不会感到俄国的。历史总是个人的功业，英雄的行为的结果。意大利是由但丁和彼特拉克创造出来的；英国是由密尔顿、休谟[3]、霍布斯[4]。"

高尔基关于普希金的思想在他的许多文学作品里都反映着，不过特别引人注意的是在他的小说《克林·萨姆金的一生》（英译作《旁观者》）里讲到普希金的那几段。在这部小说里高尔基描写了一大群知识分子，他们在谈话之中就讲到世界文学的各种典型。普希

---

[1] 卡莱尔（Thomas Carlyle，1795—1881），苏格兰作家，历史学家。
[2] 恐怖的伊凡（Ivan the Terrible，1533—1584在位），俄皇，西伯利亚的征服者。
[3] 休谟（David Hume，1711—1776），苏格兰历史学家，哲学家。
[4] 霍布斯（Thomas Hobbes，1588—1679），英国哲学家。

金在这些谈话里占一个很重要的地位。我们可以引几个例子。

布拉金（Bragin）和节普沙姆斯（Depsames）两人进行的谈话（第三卷）：

> 在帮助巴尔巴拉（Barbara）从碗橱里把碟子和瓶子拿到桌上来的时候，布拉金断然地说知识阶级是不能组织暗杀团的。
>
> "不能，你说？但是你们的虚无主义者们怎样呢，你们的那些辟沙莱夫[1]派，他们不是曾经组织过一个暗杀团来对付普希金吗？可是，这真无异于向太阳吐唾沫。"
>
> "沙哈尔·波里梭维奇（Zakhar Borisovich）是个普希金的无限度的赞美者。"布拉金说，这回有点羞惭了。

这是一段瓦连廷·比兹比朵夫和萨姆金的说话（第三卷）：

> "或者，她许不会走，假如我晓得使她对些活的东西发生兴趣的话——像小鸡呀、母牛呀、狗呀！"比兹比朵夫说，于是又毅然地接下去，"好吧，你看，我已经在打鸽子上找到我的职务了，我已经偶然碰到了我命该歌唱的歌。生活的本质确实就是这么一支每个人应该用全心来歌唱的歌，普希金，卡珂夫斯基[2]，M. 玛克莱（Miklukha Maklay），他们全体，都为了献身给他们所爱好的事业而生活的——可不是的吗？"

---

[1] 辟沙莱夫（Pisarev, 1840—1868），俄国文学批评家。
[2] 卡珂夫斯基（Tchaikovsky, 1840—1893），俄国大音乐家，作曲家。

这是萨姆金和巴尔巴拉沿着乔治亚军用公路走到阿拉格瓦（Aragva）山谷去，在路上的一段谈话（第二卷）：

"就是在这里的不知什么地方，"巴尔巴拉说，"普希金赞美□阿拉格瓦。你还记得，《在乔治亚的山上》吗？"

"'你，你孤独的'，"他喃喃地说了。

巴尔巴拉紧紧地握住他的手："不可想象的，诗人在这四个字里可能含有多么重大的意义呵！"

"是的。"萨姆金说。

高尔基在他的传说和回忆里写下了各种人物关于普希金的话。这，例如，高尔基引用过 L.安德列夫的话——有一次和他谈话的时候所说的：

书之于你正如同物神之于野蛮人。这是因为你的裤子没有在高等学校的凳子上磨破过，你也没有接触过大学的讲习的缘故。但是在我，《伊里亚德》[1]，普希金，以及所有其他的人，都是已经被教师们的唾沫弄脏过而且被官僚们作践过的。

高尔基也引用了托尔斯泰在谈话中所说的："一个人必需从普希金学习怎样去写诗。"

---

[1]《伊里亚德》(*Iliad*)，荷马的二大史诗之一。

二

我们已经把散见于高尔基在他的文学活动四十五年的过程中所写下的许多作品中的,关于作为一个人和作为一个诗人的普希金的最重要的意见,都写出来了。

不过,这并不是一切,这位伟大的普罗作家曾经思考过整个的普希金的创作活动以及它的主要的特质,并且,他把他自己研究普希金结果所得到的见解,在一九〇九年在卡普里岛上的学校[1]里的一次演讲里,分给了一批无产阶级的听众。这篇演说完全是论述普希金的,这是他所讲的俄国文学史的一部分。

在这篇演说里,高尔基特别指出这个事实:普希金的出现,是俄国文学史上的一件非常重大的事,这并不是那样突然而来的;这出现是由以前的俄国文学的发展准备下来的,这决不是减低普希金的非凡的崇高的特质。高尔基说道:

> 普希金比茹珂夫斯基更广阔,更智慧,更富于才能——他之更富于才能,这正是因为他更广阔,他更智慧,而且更富于才能,因为他感染了广大的学识,他是一个诗的大师,在诗的艺术上超越过所有的他的前辈;他之所以是这样的一个大师,因为他有那些用各人自己的方法完成他们的艺术的先辈,而他,普希金,在他的诗里完美地糅合了这种艺术底一切的独创性和浮雕性。

---

[1] 一九〇九年,高尔基在意大利卡普里岛上养病,在那里办过一个党校。

高尔基往下又说：

> 许多普希金的同时代人都准备做一个像普希金一样的伟大的语言支配者，但是，他们没有一个人在他们的诗里把语言的简明清丽和它的音乐性相糅合，他的前辈和同时代人没有一个人在他们的诗里升到普希金的《先知者》那样的高度。

述到普希金的社会的原理，高尔基表明普希金是高度地意识着他的人的、公民的、诗人的地位的。普希金是一个贵族，但是在他的诗《我的家系》里，正如高尔基说的，有些什么新的东西的响声；那就是，那种确信人的权利的响声，他所引以为荣的，并不是他的祖先的功勋，而是他自己个人服务社会的成绩。在为德国人所包围，排斥俄国人的亚历山大一世时代一般的情况之下，"贵族"这两个字对于普希金有"自我尊重，一个人底人的价值与真实的自由的自觉"的意义。

在普希金之前，文学被认为是一种上流社会的消遣，而作家们被看做可怜的小书记，这，例如冯维新[1]和雷莱叶夫；最好也不过是做做朝臣，这，例如节尔沙文和茹珂夫斯基。"普希金是第一个人，他首先理解文学是有第一等的全国意义的。文学工作比一个官吏的工作或是服务宫廷更为高超。普希金是第一个人，把作家的呼声提高到前所未达的高度。在普希金的意见，诗人是被要求着来表现人民的思想和感情，来理解来绘写生活底一切的事件。"

高尔基论及普希金的反对政府，反对尼古拉一世和他那时代的

---

[1] 冯维新（Fonvizin, 1745—1792），俄国作家。

宫廷贵族政治。高尔基说，普希金对政府的关系是十分正直的，面对上层社会的有权势的代表者们，诗人用轻蔑和嘲笑来对付他们。

高尔基特别注意普希金的轻蔑"暴徒"的问题。这是大家都知道的，因为普希金的轻蔑"暴徒"，反动派就把普希金列入他们自己的一伙，而过激派像辟沙莱夫就宣称他是一个毫无意义的诗人。高尔基表示：对于"暴徒"，对于人民的轻蔑的态度，在一切浪漫主义者这是很普通的，他们以为诗人是一个比较高等的人，绝对地自由而且独立于国家和人民之外的。普希金的浪漫主义的前辈们没有意识过人民的存在，对他们的命运毫无兴趣，也难得写到他们。

普希金对人民的态度可以说是十分不同的。这是真的，像浪漫派的诗人们一样，他在许多诗里讲到诗人的不顾"呆子的评判和冷漠无情的群众的哄哭"的独立性，他甚至于用最轻蔑的词句说出他自己关于"暴徒"的意见；但是高尔基坚持着说普希金用的"暴徒"这两个字，并不是指的人民，俄国的农民。高尔基说："普希金是第一个注意民间传说的俄国作家，也是第一个把这种传记引进文学的……普希金把他的才能的光辉给了俄国民歌与神话，却完整地保留着它们的意义和力量……譬如《神父和他的工人巴尔达的故事》《金鸡的故事》《苏丹皇的故事》，等等——在这些故事里普希金从没有隐藏或是粉饰人民对僧侣和沙皇的不敬的、嘲弄的态度，而是正正相反，他用全力来强调它。"普希金从西伯利亚语译过一些片断的民间传说。在他旅行的时候，他写下了好些神话和歌谣，收集关于S.拉金的民歌，研究人民的生活和语言，在他的《郭鲁西诺村的历史》里描写了乡村的生活。高尔基很注意这些事实：普希金"从克垒罗夫，还从他的乳母，从马车夫、街贩、酒馆和客栈里的兵士学习俄国语言"，以及普希金常常"要离开首都到乡下去，在那里去

'享受'民间游戏的思想和语言的单纯性"。于是高尔基结论说:"这样的一个人,当他说到暴徒的时候,他不可能指着人民说的。普希金敬重人民,并且他的内心理解它的力量。"

"那末诗人如此厌恶的那个'暴徒'是谁呢?"高尔基问了,并且回答了,"无疑的,普希金用'暴徒'这两个字说的是上流社会,他在首都在那中间生活的那个社会。"高尔基,研究过普希金之后,他追溯诗人对他那时代上流社会的态度,并且从普希金的传记追溯上流社会对诗人的敌意的态度,这终于产生了他的悲剧的死亡。高尔基说:"他的命运是和为历史的意志所逼迫而生活在渺小、庸俗、自私自利的人群中间的,那些一切伟大的人物的命运完全相合的。想想莱奥挪多·达·文西和米开郎基罗吧。"

高尔基用下面的话总结他对普希金的意见:"没有一个生活的方面没有被普希金的才能所照耀;他的兴趣的范围,他的学识的广博,甚至于在今天还是不可超越的。他给了我们文学作品的所有的形式的模范:戏剧、小说、诗、神话、十四行诗,以及其他。"又有:"普希金在俄国文学中的重要,正如莱奥挪多·达·文西在欧洲艺术上的崇高的地位相等。"

高尔基用肯定普希金的作品对我们的价值来结束他的那篇论普希金的文章。高尔基说:"在普希金身上,我们必需分开那些偶然性的一切,那些要以他那时代的实况和他个人的遗传的特性来解释的一切——那些由贵族阶层而来的一切,那一切是暂时的,并不是我们的,是和我们不相合的,而且是我们不需要的。但是,当我们把这一切抛弃在一边的时候,那位伟大的俄罗斯人民的诗人,就将在我们面前出现了,但给了我们具有迷人的美丽和才智的神话,他是第一部现实主义的小说《欧根·奥涅金》的作者,我们最好的历史戏剧《波里斯·戈杜诺夫》的作者——这位诗人，他以他的诗章底美，思想和感情的表现力，直到今天仍然是无比的——这位诗人是伟大的俄国文学的父亲。"

高尔基了解着普希金的作品对我们的重要，他写了下面的话：

> 在普希金作品的楷模上，我们在他的文学作品的概括的具象里，看到一个具有生活的丰富知识，超越过阶级心理的种种限制的作家，他高升在他的阶级底倾向之上，给与我们这个阶级的客观的描写……无疑的，普希金是一个贵族；但是对于我们重要的是要知道：甚至于是一个青年的时候，普希金就感到贵族传统底令人窒息的气息，他深知他的阶级的知识的贫乏与文化的贫弱，他写出了一幅整个的生活、贵族的罪恶和弱点的惊人真实的图画。普希金让我们看到一位洋溢着生活的意象的作家，他努力以最大的忠实，最真的现实主义把它们用诗和散文表现出来，并且天才地完成了他的目的。他的作品代表一个智慧的、博学的、真实的人对于一个特定的时代底特征、风习、思想的可贵的见证——它们都是俄国历史的灿烂的插画。

普希金的伟大的功绩是他"真挚地热切地爱着自由"。实在的，"在那个时候他并不是唯一的等待着'光明的自由'底黎明终于会有一天升在他的祖国之上的人，可是他以一种在他以前从未有人经历过的，这样的渴望和热情等待着它"。

上面所引的几段把高尔基对人和诗人的普希金的最重要的意见完全写出来了。在这些意见中值得注意的是，在以社会主义者的眼光对普希金所留下的伟大的、复杂而多样的文学遗产的分析之下，高尔基，伟大的无产作家，革命意识的光辉的代表者，劳动人民的富有才智的儿子，以非常的明晰、生动、精确，表现出了而且解释了现代最伟大的诗人之一，对俄国文学与世界文学的客观的意义。以一个革命者的确信，以一个无限的热爱文学艺术的艺术家的实感，高尔基显示给我们，普希金的丰富的诗底那些方面将永远为我们所亲爱。

高尔基写道："不断地读普希金，他是我们的诗的创始者，而常常也是我们全体的教师。不要相信那些喊叫普希金是过了时的诗人——形式也许是会过了时的，但是普希金的诗底精神是永远不朽的。"

当讲到布尔乔亚西方对另外一个俄国作家，对朵斯妥夫斯基所表示的热情的时候，高尔基说道："我倒觉得'文化世界'必需以普希金来联结，而不应该以朵斯妥夫斯基，因为普希金底伟大而无限的天才在心理上是健康的，而且是健康的心智的丰饶的果实。"

普希金与西方文学

V. 吉尔明斯基

一

普希金是新俄国文学的父亲。在俄国的历史里以及在俄国人民的创造天才里都可以找到他的文学作品的根源。然而，俄国的发展不是孤立的，它是和整个的欧洲的发展相结合着的，并且，俄国文学是作为世界文学的一枝而发展的，所以普希金，伟大的俄国诗人，同时也正是参与在西方文学生活中的一个活跃的人物。他的文学创作正和欧洲的以及俄国的文学发展相联系着。

普希金在他的文学创作不同的阶段上，也对西方的作家们怀抱着不同的态度。伏尔泰尔、拜伦、莎士比亚、斯考特，这些名字标志着普希金所受的连续的文学影响的路程碑，普希金融会了他们，并且在诗里变化了他们的式体。他在中学里所倾倒的法国文学的种种影响，直到他流放到南方去的时候（一八二〇），他的吸收它们，大半是被动的。在南方的那些年里（一八二〇——一八二四），普希金对拜伦的兴趣很快地就发展成和这位英国诗人角力的竞赛，作为这竞赛的结果之一，他成功地超越在拜伦底浪漫的个人主义的限制之上。从他流放在米哈伊罗夫斯基村的时期起，他对莎士比亚和斯考特的影响的反应就是来解决类似莎士比亚和斯考特所曾经遭遇的与生活底真实的绘写相联系着的那些文学上的问题，是以这种创作上的争衡的形式表现出来的。

但是，普希金不仅仅从西方的作家们学习，他也参加了和他同时代的西方的作家们一同发扬了欧洲的文学。普希金的"拜伦主义"，他的戏剧中的"莎士比亚化"，还有他的斯考特型的历史小说的实验，这在其他的欧洲文学中都有类似的例子。不过这些类似的例子和普希金都有极深的差异，并不亚于在普希金的作品和法国浪漫主义者的作品之间所能找到的那种差异。普希金主要的是趋向他那时代浪漫主义中的现实主义的倾向。所以这才有他和"古怪而粗野的"雨果的争辩，这才有他对拉玛丁[1]底虔敬的梦想的显著的反感，他描写这种梦想是"贫弱而且单调的""软弱而且无色的"。普希金对现实主义的偏向可以说明他之所以对 J. 戴罗尔姆（S. 波乎[2]的笔名）的初期诗作加以称许，他赞美它们的"感情体验的现实的处理""真挚的灵感"和语言表现的单纯。普希金的现实主义的倾向也可以说明他之所以赞赏梅里美[3]和斯汤达尔[4]（《红与黑》）的叙事的散文作品——梅里美和斯汤达尔，虽然属于浪漫主义的一派，可是在他们的古典的现实主义上，是和普希金同一血缘的。梅里美本人是西欧的最大的普希金说明人之一。他把普希金的作品译成法文，并且在《卡尔曼》[5]里模仿了普希金的《吉卜西人》。

普希金底另外一个同样显著的特质，就是他对德国哲学诗的理

---

[1] 拉玛丁（Lamartine，1790—1869），法国诗人，政治家。
[2] S. 波乎（Sainte-Beuve，1804—1869），法国文学批评家。
[3] 梅里美（Prosper Merimee，1803—1870），法国小说家。
[4] 斯汤达尔（Stendhal，1783—1842），法国小说家，他是十九世纪初期以写实主义者的风貌在法国文学界出现的第一个人。
[5] 《卡尔曼》（Carmen），梅里美的一部小说，写一个西班牙的吉卜西女子卡尔曼的悲剧的故事。

想主义的批评态度,他对他所称为"幻想和德国的理想主义"的批评态度。普希金发表的关于歌德的批评论,显出一种冷冷的敬重的态度,而没有任何艺术的血缘关系上的感情。普希金的《〈浮士德〉的一幕》并不能算是一篇模仿歌德的作品,这在普希金说来,倒是想表现他自己对《浮士德》的解释的一个企图。

普希金诙谐地说过他自己是俄国文学底巴拿什斯山[1]上的"外交部长"。十九世纪的俄国文学,在年代上,是欧洲各民族文学中出现得最晚的一个,它在过去人类累积起来的所有的文化财富的继承者普希金个人的身上显现了出来。这样,普希金的诗底宇宙性以及他的文化视野的异常的广阔性是有它的道理的,他的文化视野包括上古世界和东方各国,中世纪和当时的欧洲,以及民间艺术的宝藏,不仅仅是俄国的民间艺术,而且是整个欧洲的民间艺术。

普希金翻译过阿挪克里翁、色诺芬[2]、荷拉斯、卡塔勒斯[3]以及其他的人,这代表普希金作品中的古代的遗产。普希金在"真正希腊的,古典主义者中之古典主义者"A.解尼叶底法国哀歌中,在V.奥莱略斯[4]的关于克洛佩特拉[5]的轶事中,都得到了启发,奥莱略斯的轶事给予普希金以"埃及之夜"的意象。通过改作《圣经》和《可兰经》中的题材,普希金和古代希伯莱与阿拉伯的诗都

---

[1] 巴拿什斯山(Parnassus),希腊中部的一座山,是古来祭文艺女神缪斯(Muse)的地方。在这里用作文艺世界的代名词。
[2] 阿挪克里翁(Anacreon, 570? BC—480? BC),希腊抒情诗人。色诺芬(Xenophon, 430? BC—355? BC),希腊历史学家。
[3] 荷拉斯(Horace, 65BC—8BC),罗马诗人。卡塔勒斯(Catullus, 87? BC—54? BC),罗马诗人。
[4] V.奥莱略斯(Victor Aurelius),法国作家。
[5] 克洛佩特拉(Cleopatra, 69BC—30BC),埃及女王,用美色迷惑过凯撒,后来又迷惑罗马大将安东尼,终为奥大维逼迫自杀。

接触过，而且不仅仅是宗教的诗，也有爱情的诗（如《最美的歌》）。在《贪婪的武士》和《骑士时代景象》里，现出了一幅封建关系衰微期中的中古的西方的图画。

在模仿但丁的作品以及阿里奥斯妥的翻译中，文艺复兴时期的意大利再现出来了。在那篇以莎士比亚的眼光写出来的，具有意大利短篇小说的情节的诗作《安吉罗》里，也是一样的情形。西班牙的主题，在普希金的浪漫诗（像《我在这儿，伊尼西雅》《夜晚的微风》）里，在《石头客人》里，都可以看到；斯拉夫民族的主题，在米开维支[1]的短诗集，他翻译的米开维支底《珂纳德·瓦兰罗德》（Conard Wallenald）里，以及在《西方的奴隶之歌》里，都可以看到；在《西方的奴隶之歌》里，普希金成功地再现出了塞尔维亚叙事诗底民族的气质，这气质他是由符库·卡拉德吉茨[2]的诗歌而熟知的，这在许多方面很近似俄国传统的短歌。

在他的改作和翻译里，普希金常常间接袭取一些情节或是抒情的题旨，普希金从他的前辈们那里仅仅只采取主题上的事物，然后就和他们作一种文学的竞赛，看看谁能最完美地写出意向着的艺术的意象。这正说明了他处理从世界文学中采取题材（《堂·宦》《贪婪的武士》《安吉罗》《浮士德》等）时的，非凡的智慧的明察与客观。因此，作为一个作家的普希金底伟大的成熟的时期，是他最广大地运用世界文学底艺术遗产的时候，这是不足惊异的。

---

[1] 米开维支（Mickiewicz，1798—1855），波兰诗人。
[2] 符库·卡拉德吉茨（Wuku Karadzic），塞尔维亚诗人。

二

像他那时代大多数的青年贵族一样，普希金受的是法文的教育。孩子的普希金第一次尝试写作用的是法文：喜剧《骗子》模仿的莫里哀，《朵丽亚德》是一篇想仿作伏尔泰尔的叙事诗《昂丽亚德》的游戏文字。普希金在中学时代所写的抒情诗中，有些法文的诗被保存了下来。普希金有许多信札都是用法文写的（像给拉叶夫斯基、卡达叶夫、А. Р. 凯思）。普希金第一次读英国和德国的作家，熟识他们，主要的是通过法文的译本。十八世纪的俄国文学在质上是比较贫弱的，而且主要的是模仿。法国文学在诗人普希金的发展中占有特别重要的地位，它是构成他的教育基础的文学与文化的传统，但是在以后普希金扬弃了它。

十九世纪初期的法国文学教育是以十七世纪底"伟大的古典主义者"为基础的，这就是说，是以那些还没有受到关于浪漫主义的文学论争的骚扰的，法国民族的文学的创造者们为基础的。拉辛的悲剧，莫里哀的喜剧，波发罗[1]的诗学和讽刺，这都是古典的风致的典范。伏尔泰尔作为"一个十八世纪的古典主义者"，也算是他们的一群。年青的普希金对这些名字都怀着巨大的敬意，甚至于后来当他叛逆了古典的法国诗底贵族的狭隘性，而且和它对立的时候，普希金仍然承认拉辛是伟大的，虽然他的悲剧的形式是狭隘的。普希金曾经准备呼吁波发罗来反对法国浪漫主义者的"乱七八糟"，并且赞美莫里哀的"独创的果敢"。对莫里哀的戏剧，他特别高价地评

---

[1] 波发罗（Boileau，1636—1711），法国诗人，讽刺家，批评家。

论那篇暴露宗教的假仁假义与虚伪的礼教的《伪君子》(*Tartuffe*)，这也正是普希金的特质。

十八世纪的文化分两个方向影响了年青的普希金。一方面，他吸收了仍有生机的古老的政制之下的贵族的客厅文化底传统，虽然这文化保持着它的所有的独特性与过度的精美，然而内在地看来，它是在布尔乔亚批评思想的影响之下形成的。这使他接受了十八世纪的"软性诗"(light poetry)，连带着也接受了它的客厅的精美主义，它的游戏的恋爱主义，怀疑的放任主义，这是当时俄国贵族文学一个特征。在另一方面，普希金从十八世纪继承了布尔乔亚启蒙运动的"自由思想"，还有理性主义，还有唯物主义，这在紧接着法国革命之前的那一个时期就深深地生下了根。

> 奥尔巴克男爵、摩莱勒、加里亚尼、狄德罗[1]以及一切怀疑的，百科全书派的人物……

这是普希金弃绝传统的宗教，神圣同盟[2]时代的官方的以及非官方的神秘论的根源。大家都知道，在一八二五年的十二月叛乱中达到极点的，亚历山大一世治下的俄国自由主义运动，是渲染着法

---

[1] 奥尔巴克男爵 (Baron D'Holbach, 1723—1789)，法国哲学家。摩莱勒 (Andre Morellet, 1727—1819)，法国经济学家。加里亚尼 (Ferdinando Galiani, 1728—1787)，意大利经济学家。狄德罗 (Denis Diderot, 1713—1784)，法国《百科全书》主编者。这部全书共三十五巨册，于一七五一至一七七六年间出版，书中发表了前进的哲学思想。参加过这部全书的编纂工作的人，有"百科全书派"之称。
[2] 神圣同盟 (Holy Alliance)，这是一八一五年九月俄皇亚历山大一世发起，与奥普二国帝王依据基督教的神圣主义为原则缔结的一个宗教性十分浓厚的盟约，后来被利用做宣传精神反动的工具。

国"自由思想"的理想的。也正是这些理想在十八世纪末期影响了拉吉希柴夫的革命理念。正如深切地研究过十二月党人运动的 V. 塞米夫斯基所说的,"在十八世纪的作家们中,拜沙里亚[1]、伏尔泰尔、爱尔维西斯[2]、奥尔巴克和莱诺[3]在秘密结社的各种人物底社会的与宗教的理想的形成上,占有很重要的地位"。必需要知道:拜伦的自由浪漫主义同样也是受十八世纪的"自由思想"养育的。而同样,普希金的浪漫主义也是继续法国布尔乔亚革命传统的。

在十八世纪所有的作家中,伏尔泰尔对普希金的影响最大。伏尔泰尔的名字,常常在普希金中学生时代的诗里作为他的教师之一而出现。"那个超然卓立的人""诗人中的第一个大诗人",伏尔泰尔,在普希金看来,"比任何人更广地为人所阅读,并且比任何人更少令人厌倦"。普希金把他看做一个古典的悲剧家(尤里皮达斯[4]的劲敌)和抒情的哀歌的作者("爱拉陀[5]的挚友"),"昂丽亚德"的歌人("塔梭[6]的孙子"),哲学家和讽刺家("摩玛斯[7]和密纳瓦[8]的儿子"),哲理小说的作者("戆第德[9]的父亲")。而伏尔泰尔的《奥里安女郎》给了普希金一个更为深刻的印象——"一本灿烂的,辉煌的,忘记不了的书,一册智慧底问答……女神们[10]的圣经"。

---

[1] 拜沙里亚(Beccaria,1738—1794),意大利政论家。
[2] 爱尔维西斯(Helvetius,1715—1771),法国哲学家,作家。
[3] 莱诺(Raynal,1713—1796),法国作家。
[4] 尤里皮达斯(Euripides,480BC—406BC),希腊悲剧诗人。
[5] 爱拉陀(Erato),古典神话中抒情诗和恋诗的女神。
[6] 塔梭(Tasso,1544—1595),意大利诗人。
[7] 摩玛斯(Momus),希腊神话中的嘲弄与非难之神。
[8] 密纳瓦(Minerva),意大利的神话中古代的艺术女神。
[9] 戆第德(Candide),伏尔泰尔所作小说《戆第德》中的主人翁。
[10] 原文是 Graces,指的是希腊神话中美、优雅、喜三女神之一。

普希金离开中学之后，参加了一个叫做"绿灯社"的友谊的团体，在这个团体里，在他的中学时代的朋友们中间，享乐主义的恋爱的倾向不可避免地随着宗教上和政治上的自由思想而来了。在这一意义上，那位十八岁的伏尔泰尔的追随者于是同时是"一个哲学家又是一个无赖"，正如同普希金在一首给果尔卡珂夫（Gorchakov）的诗里描写他自己一样。

普希金仔细读过法国的放荡派的诗作，这派诗作最初是作为十八世纪古典文学中的一种反对倾向而出现的，在法国大革命期间就终结了。伏尔泰尔的《奥里安女郎》是这一派的中心。普希金对拉·丰旦的那些琐碎的故事评价很高，他后来指出它们也含有首先反抗路易十四的朝廷底官派的虚伪的神圣性的意义。"这位可怜的贵族（不顾当代的虔敬），在荷兰出版了他的关于尼姑的风流的故事"……"但是拉·丰旦死的时候领不到恩俸"。普希金读过《背教的背教者》（Vert Vert），因为宗教上的广教主义而受神父们迫害的格莱赛神父（Gresset）所做的一首幽默的爱情诗。他也读过巴尔尼（Parny）在法国大革命期间所写的反宗教的诗，这些诗用《奥里安女郎》的冒险精神来戏谑化《圣经》上的及基督教的神话（如《神的战争》《勇敢的冒险》等等）。

普希金最初起意写叙事的史诗，是在读了《奥里安女郎》以及其他同一类型的作品之后。法国放荡派诗作所灌输的宗教上的自由思想特别明显地表现在普希金的"神秘"诗里。在他的第一首诗《和尚》（作于一八一三年，直到最近方才找到）里，在这首诗里，希腊正教的圣人们的生活被用一篇诗体的恋爱的"神话"的形式来戏谑化了，这也表现在他后来的诗作《加布里尔传奇》（一八二一）里。这部诗作近似巴尔尼的反宗教诗，不过具有他在同时所写的那些"拜仑风的"诗作的同样的抒情的热烈的情愫。

伏尔泰尔的影响,在由拉吉希柴夫的暗示而来的没有写完的诗作《波瓦王子》里,以及在《罗士郎和卢德密拉》里,只能在普希金所选择的文学样式底形式的性质上探索出来——带有许多平行的主题、闲话、插曲的广阔的史诗的故事,保持着情节与主人翁的讽刺性的处理的,叙事底幽默的繁琐的爱情的情调。在这两篇诗里,特别是在《罗士郎和卢德密拉》里,主题的选择就代表着反对十八世纪古典派特有的选择主题的贵族的狭隘性的第一次叛逆,并且还代表着把俄国的歌咏英雄的史诗与神话的民间色彩引进文学之中的企图。

在以后,当他澈底精通了欧洲浪漫主义的时候,普希金在他向艺术要求的新品质的见地上,修改了他对十七和十八世纪法国文学的态度,这种新品质就是广阔的艺术的现实主义与通俗的要求。在一八二〇年之后,普希金非常地注意法国古典主义的批评以及十八世纪中它对俄国诗的影响。

在普希金看来,法国古典文学的最坏的缺点就是它的贵族的狭隘性,它的典雅的"客厅"性。"法国文学,"普希金曾经说过,"它生于前厅之中,而且从没有走得比客厅更远些"。"谁给拉辛的梅尔波美恩(Melpomene)甚至于老高尼叶[1]的花边端庄的诗灵打上了粉,涂上了胭脂?那是路易十四的朝臣们。什么东西把礼仪和机智的冰冷的装饰品加在十八世纪作家们的作品上?那是那些讨人喜爱的,有学问的女人,德芬(Deffand),波甫勒尔(Boufflers),爱辟

---

[1] 高尼叶(Corneille,1606—1684),法国诗剧作家。

纳（D. Epinay）夫人们的上流社会。但是密尔顿[1]和但丁是不为博得女性的嘉许的一笑而写作的"。由于这，就产生了法国诗的"羞缩与矫饰"，以及法国古典理论家的"胆怯的法则"。"这结果就是一种文雅的精致的文学，漂亮的贵族的文学，有点装模做样的文学，但是正为了这个原因，它才能为欧洲所有的宫廷了解——因为贵族社会，正如一位最近代的作家所公正地观察到的，形成了一个遍及全欧的大家族"。

和当时欧洲其他各国文学相反，法国古典主义没有在人民中的根。在普希金看来，这说明了它的摹仿的特性。"在意大利和西班牙，通俗的诗在天才诗人出场露面之前就存在着了。这些天才们追踪着一条已经践踏出来的道路"。"德国早就有了它的尼伯龙金[2]……"，"法国启蒙运动的降临，发现了法国的诗还在没有任何意向任何原动的力量的童年时代。路易十四时代的有学问的思想家们十分正当地蔑视它的渺小，于是转向古代的典范。波发罗发表了他的《可兰经》，于是法国向他拜倒了。"

从三十年代起，普希金反对法国诗的影响，他以为法国诗有"窒息我们年青的文学"的危险。"和德国人、英国人站在一起！"他在一八二三年写给甫雅柴姆斯基[3]道，"消灭古典诗的那些王侯。"

虽然有这样凶狠的攻击，普希金的后来的发展在许多方面是受了法国十八世纪文化之赐的。普希金始终都保持着启蒙运动时期的批评的自由思想的某些特点。因此，他也具有它的智力的明晰与清醒，并且，这使他反对茹珂夫斯基作品中的空幻的想入非非的因素，

---

[1] 密尔顿（Milton, 1608—1674），英国诗人。
[2] 尼伯龙金（Nibelungen），指德国中古时代著名的史诗《尼伯龙金之歌》。这部史诗集德国民间通俗的神话传说的大成，可是作者不详。
[3] 甫雅柴姆斯基（Vyazemsky, 1792—1878），俄国浪漫派诗人。

以及德国"哲理家"的诗的理想主义。当他弃绝法国百科全书编纂者们在宗教方面的狭隘的唯理主义的时候，他在心里依然是一个无神论者。他把宗教看做是一种历史的现象，并且拿《圣经》来和荷马比较，正如荷马的作品一样，《圣经》乃是古代文化的一个遗迹。他也为基督新教辩护而反对卡达叶夫（在一八三一年写的一封信里），他的观点以为，在历史的过程当中，君主政体的机构必定要被共和政体所代替。在他的写作中，普希金并不弃却法国十七、十八世纪古典主义的遗产，而是高升在它的限制之上。普希金的现实主义是融合着古典主义的，它保存着古典风格的单纯、明快、客观性、和谐的匀称，以及语言表现的精确与具体性。

在这一意义上，我们来注意一下普希金关于风致的意见，这是很有意思的，在古典主义的时期，风致是一个热烈讨论过的题目。"真正的风致"，在他的意见，含有"匀称的意思与恰当的意思"。它是"一个否定的美点而不能算是一个肯定的美点，它不容许一个人感情中的任何紧张的事物，一个人理想中任何朦胧的或是深奥的事物，以及一个人的描写中任何不自然的事物"。"美底必需条件"不是诗的"狂乱"（那就是说，并不是像浪漫主义所宣讲的那种盲目的无意识的灵感），而是"那种就全体来安排局部的智力"。从这一观点看来，拉辛——"那个古典诗的王侯"是令人赞叹的，因为他的诗里"充满了力味，精确与和谐"。

十八世纪的法国散文作家，以伏尔泰尔为首的一派，对普希金散文的发展有非常之大的影响。"散文的主要的成就是明确与简洁，它需要思想，更丰富的思想，因为没有思想，词句上的漂亮的花样是毫无价值的。"在这一意义上，伏尔泰尔的散文总是作为普希金的一个典范的，并且被普希金认为是"理性是风格的最好的例子"。古典派使普希金与梅里美、斯汤达尔接近了,他们两人在法国浪漫主义者之中,站立在同一个古典的现实主义的立足点上,正和他一样。

三

当他流放在俄国南部的期间,在普希金的世界观和他的文学作品上,都发生了一个重大的变化。在流放期间,他的反对现存政治制度的意向更加加强了。这大半是由于他和"南方派"(十二月党人的左派)的人物的接触,由于西欧的革命运动,以及在西班牙、意大利,更近一点,在希腊的争取自由的斗争给与这位诗人的印象。

被流放的诗人和那放逐他的社会于是处在一种敌对的状态中。高加索和克里米的荒野的南方的风景,以及俄国殖民地的东方的民族底五光十色的不熟悉的生活,开阔了他的视野。十八世纪法国的客厅的书本气的诗对他失去了魅力。这块土地布置下了年青的普希金作品中的浪漫主义的革命。他抓住了拜伦。

从一八二〇年起,拜伦的影响传遍了全欧洲。拜伦变成了欧洲自由主义文学的领袖。他宣言拥护西班牙、意大利、希腊的争取民族自由的斗争(《卡尔德·海罗德》和《东方诗草》)。他的半志愿的离开他的祖国的流放,他的参加烧炭党[1]运动,后来又参加希腊革命,以他在米梭龙基[2]的英豪的死亡终结,这一切在拜伦四周铺张开了一种反抗胜利的反动势力的政治斗争者所具有的魔力。拜伦在流放中所写的最后的那些诗作(《堂·宦》及政治讽刺诗《青铜时

---

[1] 烧炭党(Carbonari),十九世纪初叶意大利南部那不勒斯(Napels)王国中革命党人所组织的秘密结社,以推翻王政建立共和为目的。
[2] 米梭龙基(Mesolongion),希腊的一个城市,拜伦病死在那里。

代》和《世界末日的幻影》),都充满了反对当时欧洲统治者们的最凶猛的攻击,攻击神圣同盟的政治家们,梅特涅、卡什莱、威灵吞、亚历山大一世以及一切给与他们理论上的声援或大或小的小人物。

拜伦的诗,正如被十八世纪布尔乔亚思想底观念的遗产所养育的,年青的普希金的诗一样,也就是说,是被"自由思想"与布尔乔亚革命理论家底批评所养育的,它创造了叛逆的英雄底浪漫主义的形象,悲观的以及幻灭的个人主义者,觉得他自己和现代社会不能相容的背叛的英雄,这样的英雄,依照当时一般的道德标准看来,这是一个罪人。拜伦的全部诗作代表着这样的英雄底抒情诗的自白。

普希金最初读拜伦是在圣彼得堡,刚在他的放逐不久以前,但是直到他到南方的时候,拜伦才变成他所喜爱的诗人。普希金吸收拜伦的叛逆的诗,那是当着欧洲被革命所动摇的一个时期,而因为它,诗人被一个自由的先驱者底全部魔力所包围了。

普希金诗中的拜伦的影响的最初的征兆,可以在哀歌《白日的光辉消逝了》(一八二〇)里看出来,这首诗是他从西俄朵西亚到古尔苏夫的路上,在船上写的。在这首诗里,年青的流放者认为他自己和那乘船离开他的故乡的卡尔德·海罗德是一样的。拜伦的《东方诗草》对普希金有更为显著的影响,这只要看他在流放期间(一八二〇——八二四)所写的"南方的"诗就可以明白了。这些诗是《高加索的囚徒》《强盗兄弟》《巴赫齐沙拉喷泉》《吉卜西人》。普希金自己同意《高加索的囚徒》和《巴赫齐沙拉喷泉》,是在拜伦的影响之下写作的,关于拜伦,正如他所说的,"我变得完全疯狂了"。

在年青的普希金的"南方的"诗里,个人与社会之间的冲突第一次在俄国文学中形象化地表现出来,在这些诗里,十二月党人叛乱前夕具有前进的革命思想的年青的贵族与农奴制度之下的俄国社会制度的实在的冲突,被用浪漫主义的形式绘写了出来。普希金拿自然的"自由"和文明的"奴隶制度","空气不足的城市的桎梏"来作对照,这种以卢骚的哲学的主旨为基调的拜伦风的变化,在《吉卜西人》里如此清晰地通过阿莱珂的控诉的话响了出来,这也是这一冲突的一个诗的表现。

所以,普希金底俄国的拜伦风的英雄的典型,那个"穿海罗德大氅的莫斯科人"[1],在俄国的土地中,在普希金自己的性格中,却生着他的根,虽然他是在一个已经展现出来的欧洲的典型之下创造出来的。

普希金,和拜伦一样,把他自己和他的作品中的主人翁看成同一个人,主观地来绘写他,并且共有他的感情生命与生活的经历。不过无论如何,一个人能在普希金的作品中看出一种想要克服浪漫的主观主义的企图。一个人可以看到怎样在与拜伦的传统奋斗中,这位伟大的俄国诗人准备下了一条对个人与社会间的冲突作全新的现实主义的处理的道路。这可以看看《高加索的囚徒》的主人翁,并且,还有那《吉卜西人》的主人翁在与现实相冲突中陷于可悲的境地。他的原始的"自由"的理想只是一个浪漫的幻想,而所有的他的个人主义的限制都表现了出来。阿莱珂是不可能归依原始生活的法律的,他把私有财产的所有者的自负与一个文明人的"致命的激情"带进了族长社会之中。因为这,他被族长集团驱逐出来,而老吉卜西人在宣告判决时对他说:"你只有你一个人是自由的。"

因此,对于文明人,是没有倒车可开的,他没有法子逃避他在那里面养育成长的社会。

---

[1] 指奥涅金。

这位主人翁不仅仅在道德上被取消了地位，就是在美学上他也被取消了地位，这意义就是：诗中的结构上的诸因素从直接从属于主人翁的雕塑的地位解放了出来，并且艺术地独立了起来。乡村和人民生活的描写在诗的结构中不再只是一个从属的地位，他们有完全独立的艺术的旨趣。在《高加索的囚徒》里，自然与山居的人民的描写几乎完全遮盖下了那位幻灭的主人翁底传统生活的形象。

"那些塞尔卡西亚人[1]，他们的风俗和道德，"普希金承认道，"占了我这个故事中比较大的也是比较好的部分。"

在《巴赫齐沙拉喷泉》里，完全没有平常的抒情诗中的主人翁。他被克里米的汗所代替了，这位汗虽然带有某些拜伦风的特性，不过他自己是属于鞑靼诗中的人种学的环境中的人物。必需要注意的是：在普希金的这些诗里的"地方色彩"正是他的成熟的作品底世界性的一种表现。我们在这里也可以找到对具有历史性的以及民族性的细节的生活作客观的现实主义的处理的萌芽，这在普希金更成熟的时期乃是他的特质。

在另一方面，和主要的主人翁并列，我们在这里看到次要人物的独立的感情生活。特别是那位女主人翁，在这个故事中成了一个重要性并不稍减的活跃的形象。由于这，产生了给与那些同等重要的以及互相对照的玛丽、沙莱玛[2]、柴姆菲拉、老吉卜西人[3]等个人以客观的描写的必要，这些个人在故事里都有他自己的地位和他自己的命运。在《吉卜西人》里，这种获取戏剧的客观性的努力破裂了抒情诗的狭隘的形式，结果就是普希金后来在他的"小"剧

---

[1] 高加索南部的一个地方的人。
[2] 玛丽，沙莱玛，是《巴赫齐沙拉喷泉》中的人物。
[3] 柴姆菲拉、老吉卜西人，是《吉卜西人》中的人物。

本中以简缩的形式展开的人物绘写的"莎士比亚化"。

在普希金底接近浪漫诗的传统的后来的作品中，可以提出《波尔塔瓦》（一八二八）来。《波尔塔瓦》中的爱情故事（玛柴巴—玛丽—珂秋拜）使人想起拜伦的《东方诗草》来。玛丽和玛柴巴都保存着那种拜伦风的英雄与美人底性格的特点和外表的容貌。但是情节变开阔了，包含着一个新的民族历史的主题，那就是争取俄国的统一与民族独立的斗争。玛柴巴和珂秋拜之间的个人的会战被彼得一世和查理十二世[1]之间的斗争遮蔽起来了，在这场斗争中，玛柴巴扮饰的角色是查理十二世的同盟者，而珂秋拜，虽然不是出于有心的，却是一个为他的祖国而就难的烈士。于是主观的拜伦风的诗发展成了一部具有民族的历史主题的史诗。

这种拜伦风的主人翁在《欧根·奥涅金》里仍然继续存在着，不过他是在当代的社会环境中现实主义地表现出来的。奥涅金是作为一个幻灭的个人表现出来的，他对当代的生活抱着批评的态度，高升在他的社会环境之上；但是这部诗作揭露出他的个人的与社会的自负，他的道德的卑下与他的社会生活的无聊。

奥涅金在这里代表十二月党人时期之前的俄国自由主义贵族的典型。

在一八二四年，在普希金对拜伦的评论里可以看到他的态度有了显著的改变。在一八二五年到一八二七年间的书信和传记里，普希金拿莎士比亚和歌德来对抗拜伦。

普希金在他的文学作品中谴责片面的主观的浪漫主义者和个人主义者。"拜伦对世界和人性采取一种片面的看法，然后就转身离开

---

[1] 瑞典国王。

了它,沉没进他自己里面去了。"在他的作品里"仅仅只有一种人物他完全把握得住并且能以去创造和描写,这就是他自己"。这正说明了拜伦在写作戏剧上的失败:"他把他自己的忧郁的强烈的性格底组成的因素来给与他的剧本中的每一个人物,于是这样分割了他的宏大的创作对象,把它变成许许多多小的琐屑的事物。"在普希金看来,因此,拜伦的悲剧是"低于他的天才"的,他在《卡尔德·海罗德》、《邪教徒》和《堂·宦》里是独创的,而"当他踏上戏剧的领域的时刻,就变成了一个模仿者"。这样,在《曼弗莱德》里他模仿歌德的《浮士德》,但是"削弱了他的模范的精神和形式"。"拜伦两次企图和这位浪漫诗的巨人竞争,而像雅各(Jacob)一样的被丢在后面跛行着"。

普希金在他的艺术理论与实践上放弃了拜伦的浪漫的个人主义,这在他自己的现实主义形式的开展中,是一个必经的阶段。

四

普希金开始超出拜伦主义,这是当他的哲学观整个的经历着一个深刻的变化的时候。这在一八二四年到一八二六年之间,在第二次流放的期间,在米哈伊罗夫斯基村的孤寂之中。

在这个时期,普希金开始从一个现实主义者的观点对历史作一个深刻的研究,这研究是和他对人民在创造历史中的任务的真实的体认相联系着的。这引起了他以后对那些伟大的平民运动的兴趣,例如俄国历史上所说的"骚乱时代"以及普格乔夫运动、拉金运动。这样,普希金的观点中的新的体相显然是受历史的理想和人民的理想支配的。

他以历史上过去的眼光来解释现在，在这方面，普希金变成了一个莎士比亚和斯考特的学生。他从莎士比亚学习纪年的历史剧的艺术、历史的悲剧，而从斯考特学习广阔地现实主义地绘写一个时期的社会生活的历史小说。

普希金最初开始读莎士比亚是在南方，可是，直到他住在米哈伊罗夫斯基村并且开始写作《波里斯·戈杜诺夫》（一八二五）的时候，他才变成了一个"爱文河上的诗人"的真正的赞美者。"莎士比亚是一个什么样的人啊！"他在一封给 N. 拉叶夫斯基的信里赞叹道，"我不能超越过他！"

普希金把莎士比亚的戏剧看做是"通俗的悲剧"，它是"在市场上面"出生的，是为"通俗的娱乐"而撰作的。莎士比亚的艺术的民主性正和法国古典主义底贵族的范围狭小的艺术相对照着，古典主义的艺术是在宫廷中发展的，而且要合乎"有教养的上流社会"的规矩。因此，普希金这才认为拉辛的悲剧在形式上是狭隘的，矫枉过正的，不合理的冗长的；他拿这一切特质来对照莎士比亚的现实主义底广阔和多变，他的构思的自由，以及他毫不尊重宫廷的习俗的规则，率真地表现出他自己来的勇敢的方法。"我坚确地相信，"普希金宣言道，"适合我们的舞台的，不是拉辛悲剧的宫廷的习俗，而是莎士比亚的戏剧的通俗的规则。"

通俗的艺术，普希金理解中以为，同时也是民族的艺术。正如莎士比亚一样，普希金写了一篇戏剧的编年史来表现历史的事件。他在绘写"全民族的伟大的事件"上是追随莎士比亚的。戏剧家，他说，必需要以"历史家的对于国家的理想"来代替"平庸的爱情上的阴谋"，他必需表现出"一个历史时代的连续的诸阶段以及历史上的人物的发展"。

在他对民族悲剧中起作用的诸力量的理解上，普希金也是追随莎士比亚的。席勒把他的那些主人翁从民众分离开来，并且使他们做一种理想的抽象的代言人，可是普希金在莎士比亚中找到了历史剧的"费尔斯达夫式[1]的背景"，这是恩格斯所认为莎士比亚的现实主义底一种特质的特点。在《波里斯·戈杜诺夫》里，沙皇被那些有相互敌对的政治理想和利害的贵族们与神父们包围着；但是在政治斗争中的决定因子是民众，并且对立的政党们总是以求助于他们的力量和是非之见作为最后的凭藉。在《波里斯·戈杜诺夫》里，人民并不是仅仅作为一种无具象形体的群众出现的。这里有许多固定的平民的典型，和寺院里的老书记皮曼（Pimen）和当众谴责波里斯的有宗教狂的乞丐，他们都是平民的良心的具象，又如那代表人民的诙谐的流浪的游民瓦拉姆（Varlaam）和密塞尔（Misail）。

普希金也解决了莎士比亚风格中的戏剧性的人物的问题。在这方面他写道："我摹拟莎士比亚的自如而且从容地表现人物以及他塑造典型的单纯的随心所欲的方法"，"在既存的客观环境中描写出激情的纯真与感情的虚假——那就是什么是我们的智力向剧作家所要求的。"在拜伦风的主人翁的绘写中的抒情的片面性与主观性，被莎士比亚戏剧中人物与境界的客观的应变性所代替了。

莎士比亚，按照普希金的意见，创造了错综复杂的多方面的人物，这些人物都按照他们所处的境地以有血有肉的人的所有的矛盾面表现出不同的容貌。他拿这个来对照法国古典主义者所遵循的片面的理性的方法，这方法在莫里哀的喜剧中可以找到最好的例证。

---

[1] 费尔斯达夫式（Falstaffian），就是类乎莎士比亚在剧本《亨利四世》和《温梭镇的娇妻》中表现费尔斯达夫（Sir John Falstaff）的方法。

"莎士比亚所创造的人物不像莫里哀的那些人物，那些只属于某一种激情，某一种罪恶的人种，而是带有多种激情多种罪恶的活生的人"。"在莫里哀的作品中，守财奴是贪婪的，除此以外就没有什么了，在莎士比亚的作品中，夏洛克[1]是贪婪的，足智多谋的，好报复的，聪慧的，并且也喜欢他的孩子。"

依据这个原则，在《波里斯·戈杜诺夫》里那些历史上的人物（波里斯，那个僭望王位的人，苏逸斯基以及其他的人），都是从各种不同的角度上表现出来的。他们的复杂的性情是在他们所处的各种不同的境地中表露出来的。所以，波里斯是野心勃勃的，并且为了他的野心犯了罪。因此才有他的多疑，残忍，良心所受的痛苦。同时他是一个关心他的臣民的幸福的，聪明而且开明的统治者，也正因为这一点，他才被获得他们的援助，遗忘他的罪过的希望所鼓舞着。而且，当他在他私人住宅的亲密的氛围中出现的时候，他不仅仅是一个奔波忙碌国务的统治者，而且也是一个仁慈的可爱的父亲。当他对苏逸斯基说话的时候，他的态度和他刚才对巴斯玛诺夫，或是对他儿子说话的态度全不相同，而当他是一个人并且自己对自己说话的时候，又表现出了一个更不相同的态度。

以一个需要处理许多事件和人物的，民族的、历史的主题来写一篇"通俗的戏剧"，这问题必然地是和戏剧表现的形式上的改革相关联着的，这改革在西方已经在浪漫主义的名下发生了。普希金他自己说《波里斯·戈杜诺夫》是一篇浪漫主义的悲剧，在这里所说的浪漫主义正意味着"秉承我们的父亲莎士比亚的体系"的戏剧表现的改革。抛弃了古典派的法国悲剧所遵守的时间与地点的一致，

---

[1] 夏洛克（Shylock），莎士比亚的《威尼斯商人》中的犹太商人。

以及由于戏剧主题的人为的集中的要求而划分的幕数，普希金展开他的全国的动乱底戏剧的主题，从波里斯的即位到他的孩子的谋害者以及他的敌人的即位，在一串史诗的连续的场面中表现了出来。这些场面发生在沙皇的宫殿里，在一个庙里的小屋子里，在红场上，在立陶宛边界的一个偏僻的酒店里，在姆尼柴克将军的堡垒，在战场上，等等地方。而且，那些悲剧的场面中间是穿插着喜剧的场面的，历史上的人物的会谈是和平易近人的通俗的场面相交替的，政治上的阴谋和军队的冲突是和浪漫的插曲（狄密特里和玛丽娜）与家庭的田园诗（波里斯和他的孩子们）相交替的。这里没有那种古典意义上的行动的一致，那就是说，戏剧情节的一致。这被历史事件的一致所代替了，这些事件以它们的全貌，依它们所开展的次序，被现实地表现了出来。所以这里有的是"兴趣的一致"。

五

在历史小说的领域中，斯考特是普希金的教师，正如他也是他的大多数西方的同时代人的教师一样。斯考特的努力对当时欧洲的，特别是俄国的散文作品的影响，甫雅柴姆斯基真实地理知到了，他写着："在我们这时代，一个诗人不使人想起拜仑，或者一个小说家不使人想起斯考特，这是不可能的。"

斯考特的那些历史小说写出英国民族生活发生巨变的时期的一幅图画，并且表现出所发生的阶级与政党的种种斗争，特别是古老的封建秩序与新兴的布尔乔亚秩序之间的冲突。

斯考特的小说底基本观点是要在日常生活中，在并不特殊显要的普通人民的命运中反映出过去的大事，这样把过去的大事表现出来。于是历史上的事件就用个人的传记或是一个家族的纪年史交织起来，而这部纪年史的想象的主人翁就占据了小说的前景（foreground）。历史上的主人翁们仅仅在背景中表现出来，但是，他们被拖进了日常的人间的种种亲属关系的圈子里，于是失去了他们传说中的庄严和遥远。虽然，斯考特的那些主要的人物，这也就是，那些爱情事件的中心人物，常常是以俗套的浪漫的方式来理想化了的，可是在那广阔的历史的与社会的背景中充满了许多各色各样的平民的、民主主义的典型人物。

从他的书札里看来，似乎普希金在南方的时候，已经很熟知斯考特的作品了，但是，他开始对斯考特发生极大兴趣的时期，是在他读莎士比亚的时候，就是他在米哈伊罗夫斯基村的时候。"W. 斯考特！他是精神的粮食！"普希金在一八二五年十月，在一封写给他兄弟要送更多的书给他的信里这样写着。普希金对作为历史小说的创造者和过去的解释者的斯考特有极高的评价。

普希金特别赞许斯考特接近历史上的事件和人物的现实主义的态度。"何以斯考特的小说是这样令人喜欢呢，"他写道，"这是因为在那小说里，我们理解过去，不通过法国悲剧的'浮夸'，不通过伤感小说的呆板，不通过历史的'庄严'，而是如在当时一般的，在一种家常的方式中去理知它。"

斯考特在普希金，是一个写作历史的（在这三个字的最广的意义上）以及社会的主题的，现实主义小说家的典范。

在普希金的历史小说里，在《波里斯·戈杜诺夫》里就很明显，他所选择的历史的主题是和民族发展史中的重大的危急的变动相联系着的。

普希金所处理的俄国历史过程中的主要的问题是彼得一世在位

期间的莫斯科的俄国的欧化,那时候"俄国像是一只下水的船,在斧头的锤击与炮声的轰响中驶进了欧洲";还有凯撒林统治期中向地主贵族的统治基础挑战的农民革命,这也是主要的问题。在描写现代生活的小说《杜布罗夫斯基》中所处理的特别的主题也是用同等的力量表现出来的。这是一幅暴虐的俄国地主特权的图画,在这种特权之下,一个贫穷下来的古老的贵族家庭中的一分子变成了牺牲者。普希金写出这幅图画是受当时的俄国生活的暗示,而这一事实根本就使这篇小说和具有类似的主题的《拉穆摩尔的新娘》[1]大不相同。

普希金,像斯考特一样,是利用细心地研究文献的结果来再现一个历史时期的,他自己收集记载的文字并且研究当时人的回忆和历史的研究文字。《普格乔夫史》是和《甲必丹的女儿》平行着写出来的,《彼得大帝的黑奴》的情节模拟的是《彼得大帝朝的历史》,这篇历史已经计划好了,但是没有写出来。普希金不以那些记录下来的文献为满足,就到他所写作的事件发生的地点特别去旅行。这样,他从活着的人民的回忆里搜集到关于普格乔夫的资料,这些事迹都已经编进民歌去了。于是结果,《甲必丹的女儿》里的普格乔夫的形象就罩上了一层平民的魅力,这正使这位"农民的沙皇"获得了一种人情上的以及艺术上的同情。不过,在普希金,历史的具体化和文献性并没有堕为如此如彼的历史细节的过分的强调,或者堕为表象的自然主义和"地方色彩"的浪漫的异国情调。在这方面,普希金没有追随斯考特的传统,以及大多数的斯考特的西方的和俄国的学生。普希金首先在"全国的事变""事件和热情"的现实主义

---

[1] 这是斯考特的一部小说。

的绘写中寻找历史的真实。

在历史事件的表现中普希金达到了现实主义，像在斯考特的作品中一样，这些事件是用一个家族的纪年史，或是他所处理的那一时代的完全普通的人民的命运来交织起来的。彼得大帝在他的圈子里和他在接见臣属的朝廷上，还有普格乔夫做格里涅夫的向导，后来又做他的保护者，这都是在"家常的"情形之下表现出来的，正因为普希金认为在历史小说的写作上这是本质的要素，于是结果历史就变成功"我们在我们四周所看得到的一切"。

但是普希金最后的也是最好的一篇小说《甲必丹的女儿》中的主人翁们，甲必丹密罗诺瓦的一家，一个父亲曾经做过行伍上的兵士的官员，格里涅夫自己和他的老仆人沙维里奇，他们在这一意义上比斯考特的主人翁们更不像是一个小说家的笔下的人物。他们都是些微末无用的人民，普希金在他的文学发展的后期对这些人民的命运有如此一种热切的兴趣（比较一下《驿站站长》），并且把他们作为真正的人性的、世界的典型表现出来，这在某种限度上正是果戈里和朵斯妥夫斯基的主人翁们的先驱。

和浪漫的氛围一同，继承斯考特从"峨特传奇"[1]而来的精思结构的情节也消逝了。

普希金的散文作品底叙事风格的非凡的简洁，古典主义的清朗和朴质，正活生生地对照着浪漫主义小说底复杂的彩色与丰富着感情的风格。

---

[1] 峨特传奇（Gothic Novel），英国十八世纪中叶流行的一派小说，这一派作家好写新奇和鬼怪的恐怖故事，偏重结构而疏忽人物。这一派以史摩勒特（Smollett）开始，由华泊尔（Walpole）在他的古怪的峨特式的草莓山庄写出了他的《阿特朗城堡》而得"峨特"之名。

因此，由于他以他的才力来和他那时代欧洲最优秀的作家们相较量，由于他不断地坚持他的那些现实主义和通俗艺术的原则，正是这样，作为俄国的伟大的民族诗人普希金就升达他的天才的极顶。

西欧与普希金

V. 纽斯达特

一

直到十九世纪初的二十五年间,俄国的通俗的民间故事的因素,在欧洲文学的发展中一点地位也没有。普希金是第一个人,以巧妙的形象把它们具现出来,把俄国通俗的民间故事的宝藏引进了以荷马起源的世界文学。正如果戈里所说的,这么一位诗人来到了,一个观察世界的诗人,他以全民族的眼光来描写世界,而且同时,"和他那时代的文化是同等的",这就是说,他达到了他那时代欧洲文化的顶点。

这是可能的吗?西欧能毫不注意这种"非常的现象"就走过去了,她能毫不觉到从普希金的诗里放出的清新的芬芳,这是可能的吗?

普希金作品的第一次译文开始出现于一八二三年,西欧的批评家都表示惊异和赞叹。普希金的《罗士郎和卢德密拉》并不被看做是阿里奥斯妥的模仿,而被看做一种竞赛——年青的诗人就由这个竞赛中荣誉地现出身来,西欧的批评家立刻注意到这部诗作的独创性,一种从俄国民间诗歌的精神里萌发出来的独创性。并且,在一八二六年,普希金的《高加索的囚徒》《巴赫齐沙拉喷泉》《欧根·奥涅金》的第一章,以及他的一些抒情诗被翻译了出来的时候,西欧的批评家就开始认识了这位俄国诗人作品中的，具有世界意义的日益增长的光辉。

"一个人的心里燃烧着多少希望呵，当一个人知道如此之多的瑰丽的作品的作者，仅仅只有二十七岁！这位青年诗人有多么远大的前途呵，他的作品显示出的创作力，风格的明确性，审美力的成熟——这些素质，甚至于最杰出的诗人也常常在很晚的晚年方才能取得它们。"这是爱干·德·盖尔（Eguin de Guerre）教授在一八二六年所写的话。当普希金遇害的时候，欧洲报纸都悼惜他的死亡是人类的一个重大的损失。

在普希金死后不久，许多批评的文章论述到他的创作生活，并且把他高高地列在西方的诗人们之中。这些批论首先强调普希金底伟大的独创性，这使他在任何文学主题上都能以表现他的成功。西欧的批评家们都惊讶普希金给与一个古老的，似乎陈旧了的主题以新的变化，以及他发现"新的彩色，在老得像希腊诸神的形象之中"的这种能力。实在的，《欧根·奥涅金》不是势所必然的是西方读者的老相识吗？[1] 德国批评家法恩哈根·封·恩采（Varnhagen Von Ense），一篇普希金的光辉的论文（一八三八）的作者。他说到普希金的小说，以为那是"无比的"，并且说"当你读它的时候，你不由得就要说，在你面前是普希金，不会是别人，一定是普希金"。

三十五年之后，法国批评家布希纳（Buchner）分析《石头客人》的时候，对普希金给与老题目以新气质的才能同样也表示惊叹，这种才能，歌德认为乃是真正的天才的特质。"这怎么可能呢，"布

---

[1] 普希金的奥涅金，和西欧读者所熟知的拜仑的卡尔德·海罗德是同一类型的人物，所以纽斯达特这么说。

希纳写道,"在铁尔梭·德·莫里那[1]、莫里哀、摩沙特、拜仑以及那个想入非非的德国人格拉贝[2]之后来写这样的一个题材?普希金却证明那是可能的。"

这正是因为什么,法恩哈根驳斥十九世纪三十年代与四十年代的俄国批评家给与普希金以"拜仑主义者"的称号的企图,他说:"他可能借用过某种或者他种的形式,他可能选择过一条在他以前就被人践踏出来的道路,可是'他所描写的生活是一种全新的生活'。"这正是为了什么原因,伦敦"文学会"(Athenaeum)在一八五五年讥笑了一些企图把普希金看做是一个模仿者的"聪明过度"的批评家。

正是这样对伟大的俄国诗人独创性的认识,使 E. 奥芒(Emile Haumant),这位法国文学史家,写出这样的结论:"普希金,虽然是属于俄国的,然而也是属于法国以及全世界的。"(奥芒作,《普希金》,巴黎版,一九一一年)

据西欧批评家的意见,普希金的这种独创性在他的《民族的气质》里,在他完全渗透了人民的精神这一事实里,存在着他的根源。这种真正的民族的气质也被米开维支在一八三七年所写的普希金逝世的讣告里提出来了。这个思想被法恩哈根又加以更进一层的发挥。后来,在一八四七年,法国批评家 S. 朱里安(Saint-Julien)拿这个题目做过一篇评论,十九世纪许多别的批评家也论到了这一点。但是,和普希金的真正的民族性一起,西欧的批评家注意到了他的兼容并包的欧洲主义,在这一结合中,他们看到了普希金对世界文学

---

[1] 铁尔梭·德·莫里那(Tirso de Molina, 1579?—1648),西班牙剧作家,是 G. 台列斯(Gabriel Tellez)的假名。
[2] 格拉贝(Grabbe, 1801—1836),德国诗剧作家。

的伟大的意义。"在普希金的这种无比的民族气质中,"匈牙利的 *Pester Lloyd*[1]在一八八〇年写道,"正存在着他对非俄国人的重大的意义,这还不去说他的作品对整个的欧洲所贡献的益处。"

普希金的作品有三方面被西欧的批评家们认为是具有整个的欧洲意义的。第一是普希金的伟大的艺术手法,以及被很多批评家一致认为是超群的完成的风格。论到《波里斯·戈杜诺夫》,法恩哈根用下面的话写出了普希金的风格底本质的特质:"特别令人惊异的是他用来完成他的目的的手法的俭省。在这一意义上他是一个超群的大师:他的作品中的每一件事物都是如此简洁而生动,并十分恰切,没有一点事物是多余的,一点事物是拖长了的。"V. 班德尔(V. Bendl),一个捷克批评家,普希金的翻译者,在一八五四年写的文章里说过普希金在形式方面是优于拜仑的。班德尔看到了具有非凡的单纯性以及所用的手法的"俭省性"的普希金的形式度完美。

在一八六六年 P. 梅里美讲到普希金的《吉卜西人》,说道:"我不知道再有什么作品比这更为'俭省'了,如果一个人可以用'俭省'这个术语来赞美人的话;没有一行诗也没有一个字能扔出这首诗之外;它的全部都写得十分单纯而且自然。"

法国学院的会员 E. 法盖(E. Faguet)在他一八八七年写的梅里美研究里写道:"在俄国人中吸引住他的那是什么东西呢?首先那是表现的简洁的风格(不要笑:我是说的普希金);实在的,最特出的就是这个俄国诗人用少数的字表现深刻的感情的艺术。"

二十五年之后,E. 奥芒,梭尔波恩(Sorbonne)大学的教授,一篇很有兴趣的普希金论的作者,赞叹不已地指出他的诗和散文底

---

[1] Pester Lloyd,原文印斜体字,疑系一杂志,待考。

精工琢磨过的简洁的风格。

为什么他们在对普希金的赞美里，全都如此坚持地运用"俭省"这两个字呢？这是因为普希金的诗的风格在欧洲文学是这样的新颖，因为这个风格是这位俄国诗人和所有的他的前辈以及同时代作家不同的，一种不能传让的特质。这是超群的艺术手法，这手法，在后来许多欧洲的作家包括梅里美在内，都努力想去获得它。

普希金的作品底第二个也是更重要的一个方面，也被认为有整个的欧洲意义的，就是他的艺术方法本身。有一个长时期，俄国布尔乔亚批评家都专心一意地忙着浪漫主义者中谁对普希金影响最大这个问题。那是拜仑、夏朵布里安[1]，还是别一个人？在西方也有些想把普希金写做一个浪漫派的代表人物的企图。不过无论如何，这样的意见并没有什么势力。在十九世纪四十年代，西欧的批评家已经固定地认为普希金是一个"现实主义"的作家了。法国的《插画杂志》在一八四五年写到普希金道："这是罕见的，一个诗人具有如此热切的现实感，以及如此的表现现实生活的艺术手法。"前面提到过的批评家 S. 朱里安拒绝来比较拜仑与普希金的异同，因为，正如他所说的："这位英国诗人描写的意象全求之于幻想，而普希金在他的意象中具现现实的生活。"在一八五五年，菲德烈·波登斯台特（Friedrich Bodenstedt），那位译过普希金的有名德国诗人，用下面几句话写出了普希金的特质："不论怎么来说普希金的诗作，他的每一篇作品都充满着诗底崇高的目的——用艺术形式来表现一桩人类的生活。"

在古典主义的沉闷的俗套以及浪漫主义的不可思议的装饰品

---

[1] 夏朵布里安（Chateaubriand，1768—1848），法国作家。

（用米开维支的话是"想入非非的沙漠与洞穴"）之后，普希金无疑的是欧洲的诗的一个革新者。德国批评家荷奈格（Honegger）在一八八〇年出版的他的《俄国文化》这本书里表示出了他的思想——"普希金，"他写道，"是最伟大的俄国诗人。无论如何，因为，按照他的完成的诗的形式说来，'他是一个新的诗的潮流（现实主义）的创始者，这新潮流不仅是俄国的，而且也是整个欧洲的。他是属于世界文学的，不仅仅是属于俄国的'。"

这位俄国大诗人的作品底第三方面，在外国批评家看来，也是具有整个欧洲的意义的，而且有关普希金的世界观的。这是普希金对于人的态度，他的崇高的人道主义与他的谐和的乐观的生活观念。

布尔乔亚批评家自然是不能理解在普希金的作品中所反映的社会冲突的性质，在诗人底人道主义者的理想与他的环境之间的冲突的本质。而且，那时的批评家从不拿这些问题来苦恼他们的脑子。他们看到在诗人与现实之间是有些不和谐，但是他们给这种不和谐起了个毫无意义的名字，叫做"人间的苦痛"。他们想用这名词把普希金的世界观和"那个时代的思想的一般的动向"——像拜伦和席勒所表现的——连结起来。照法恩哈根看来，普希金的诗类似拜伦和席勒的诗，因为"它含有同样的梦想与现实间的不和谐，同样的苦恼，同样的为失去了的以及不能达到的幸福而来的悲哀"。"不过，在普希金的诗里有一个特质的特点，这使他和他的一切伟大的同时代作家都不相同，"法恩哈根继续写道，"清新与心灵上的和谐像明亮的阳光一样温暖了他的所有的诗，并且总是，就是在可怕的失望的最阴暗的瞬间，也给他安慰和希望。"

在西欧批评家的意见，普希金作品中的乐观和谐和的血流使这位俄国诗人与世界的最伟大的诗人们发生了血缘关系。正如大家都知道的，歌德否认拜伦有这种荣誉。因为，正如他所说的，只有那些解脱了沮丧和消极的作家们才配和莎士比亚以及古代的大作家们并列。

普希金的诗"唤醒思想，把泪珠带进一个人的眼睛，把微笑带上一个人的嘴唇，只要那是有人在呼吸的地方"，法国批评家伏尔（Vogue）（一八八六）这样说过。他的诗透入心灵，以它的最纯真的美底花朵来魅惑它，波兰教授兹吉乔夫斯基（Zdziechowski）（一八八七年）这样说过。普希金的诗底这种魔力，兹吉乔夫斯基归之于这一事实，就是当描写人的悲哀和欣喜的时候，普希金同时在歌德底冷淡的客观主义与浪漫主义者底热情的主观主义之间求得了平衡。

可以算是西欧对普希金一世纪来的认识的撮要的结语，德国批评家 J. F. 根特尔（Johannes F. Guenther）在一九二三年用下面的话写出了这位俄国伟大的诗人的特质："在我们这时代，我们知道 A. S. 普希金是属于不朽的一群，这一群除了古代的荷马之外，包括欧洲的但丁、莎士比亚、卡尔德龙和歌德。在这五位不朽的人物中又加了一个第六位——普希金。"

二

一个像普希金这样，具有如此的才力与重要性的诗人，是非吸引外国的文学界注意不可的。很自然的，在外国的文学就有了把这位俄国诗人所栽培的"纯真的美底花朵"移植到它们自己的地上的期望。因为这，首先必需要把普希金翻译过来。

虽然着手来弄这样的工作有许多重大的困难，翻译者们仍然不止一次进行移译普希金的作品。这样，我们看到普希金的《甲必丹的女儿》有十二种德译本，八种法译本，八种捷克译本，七种英译本，四种意大利译本。《铲形皇后》有十二种德译本，十种捷克译本，七种法译本，六种英译本。《贝尔金故事集》有同样数目的译文。《波里斯·戈杜诺夫》有七种法译本，九种德译本。《欧根·奥涅金》有六种德译本，五种法译本，三种捷克译本，三种意译本。《巴赫齐沙拉喷泉》有十三种法译本，七种德译本。《吉卜西人》有九种法译本，七种德译本，还有其他的作品，等等。

并且，外国文学界对这位俄国诗人所发生的兴趣，不仅仅表现在他的作品被译了出来这件事实上，而且也在西方文学中可以找到诗人的理想和意象的反映上表现了出来。我们在许多外国诗人的作品里看到普希金的抒情的题旨的反映。有名的德国诗人 A. 夏密梭（Adelbert Chamisso）在他的诗《两只乌鸦》（一八三九）里模仿了普希金的《苏格兰的歌》（一八三〇）。正是这首《苏格兰的歌》，又被另外一个有名的德国诗人，霍夫曼·封·法勒斯莱本（Hoffmann Von Fallersleben），在他的诗《阵亡的骑士》（一八三九）里所模仿。著名的德国诗人莱诺（Lenau）笔下的诗《凋残的玫瑰》（Welkt Rosen）（一八八四）是以普希金的《花》为原本的。

非常值得注意的，是海涅在十九世纪三十年代中期所写的诗《在那里》（Wo）中的普希金的题旨的反映。

  在那里这个疲倦的流浪人
  将找他的休息之处？
  在南方的棕榈树下？
  在莱茵河上的榆树下面？
  我将被个不相识的陌生人

埋葬在沙漠中？
或者，我将在一处海岸上
长眠于沙砾里面？

那又有什么呢！在那里，还不是和这里一样，
苍空将环绕着我，
在晚上，星星像是苍白的灯
将在我的上面飞翔

这是十分明显的，在这些诗行里海涅袭用了普希金的《旅人的悲歌》和他的哀歌《沿着喧哗的街道，我在流浪》。海涅的《在那里》使人想起普希金的哀歌的诗节：

当注定的命运来临的时候，在那里它将找到我？
在那里，在路上，在海上？
那个附近的山谷将指定给我
我的冰冷的躯壳在那里可以得到安息？

那无知无识的身体，
虽然并不关心它在什么地方腐烂，这很明白，
可是在我的心里已经选择了
曾经有一次感动亲爱的那些亲密的地方去安息。

在坟墓门口，
让一无所怨的年青的生命欢笑吧，

在我所躺下的地方，让无忧无虑的自然仍然

辉耀着那永不消逝的美丽。

我要来强调地说明：我作这些比较并不是拿来作为普希金影响的这些诗人的一个例子，而是作为这些诗人在普希金的作品中间所获得的益处的证明。借用一个意象或是一个抒情的题旨这并不一定就表示有什么影响，不过同时，这很清楚地表现出来，人们向他借用题旨的诗人底作品已经变成了全世界的财产，他的文学意象，正如法恩哈根所说的，"已经化为整个的诗的氛围，在这氛围中它们融散了，并且被别的诗人们呼吸了进去"。

这样德国诗人利用普希金的题旨的例子可以引证出许多来，正如同普希金利用他的伟大的前辈与同时代人的题旨一样。甚至于在时代比较晚的诗人的作品里，也可以随处看到普希金的意象和题旨的雷同。这样，在 R. M. 里尔克（Rainer Maria Rilke）的作品中我们看到一些用普希金的题目的诗。这种诗的题目的巧合并不一定就含着借用的意思，因为任何一个诗人，可以不受任何文学上的影响，写一首诗题目叫做《秋》或是《海之歌》，但是当你看到在你面前有一串同样的题目——《天使》《镜前美人》《丽达》[1]《秋》《给诗人》《海之歌》，你不得不说：这个诗人留心地读过普希金的作品，而且对这些作品思索得很多。

无论如何，普希金还发生过比他对某些西欧作家的影响更大得多的影响。M. 希莱派尔（Miivoi Schrepel）教授在他的论著《普希金

---

[1] 丽达（Leda），希腊神话中斯巴达王后。

与哥罗西亚[1]文学》里，论述了普希金对哥罗西亚诗人斯堂科·甫拉斯（Stanko Vraz）和 D. 德米特尔（D. Demeter）的影响。普希金对斯堂科·甫拉斯的影响，J. 巴达里奇（Josip Badalic）在他的论文《普希金在南斯拉夫》（发表在《比较文学评论》一九三七年第一期）里，也证实过："在哥罗西亚人中间，最深地体会他的（普希金的）诗的美的是斯堂科·甫拉斯。这种影响特别清晰地在他的短歌《德西罗斯加》（Veronika Desinicka）里显露出来，《德西罗斯加》很明显的是和沙莱玛[2]很近似的……"

说到塞尔维亚诗人，巴达里奇述及 V. 易里奇（Vojislav Ilic），认为他是一个普希金的直接追随者："V. 易里奇所受的普希金的影响之深，这是毫无问题的：易里奇诗里的每一样事物，它们的韵律和表现力，都使人想起普希金来。批评家斯凯尔里奇（Skerlic）因为这谴责过他，但是易里奇自己从不隐秘它，而且在他的一首诗里公开地直认他是一个茹珂夫斯基和普希金的学生。除易里奇之外，还有许多别的有名的塞尔维亚诗人，如涅古斯（Njegus）和 Z. 尤瓦诺维奇（Zmaj Jovanovich），都受过普希金的影响。把这些诗人引上发展的正路的，就是普希金，因为用他的作品，他点醒他们去研究民间传说。"

保加利亚的抒情诗也受了普希金的影响。这种影响在保加利亚最大的诗人之一伊凡·瓦梭夫（Ivan Vasov）的作品里可以看得出来。I. D. 席西玛罗夫（I. D. Shishmarov）在瓦梭夫的作品里找到了许多普希金的抒情诗的题旨的反映，并且另外还指出《波里斯·戈

---

[1] 哥罗西亚（Croatia），原来是奥地利帝国的一省，居民是斯拉夫族，第一次世界大战之后归入南斯拉夫。
[2] 沙莱玛（Zarema），普希金的叙事诗《巴赫齐沙拉喷泉》中的一个女主人翁。

杜诺夫》里的普希金的皮曼（Pimen）对瓦梭夫的《父亲派西》(*Father Paisiy*)的影响。

著名的捷克诗人J.甫尔期力茨基（Jaroslav Vrchlicky）曾经顺便写过两首美好的关于普希金的诗，他就受过普希金的抒情诗的感应。A.斯节波维奇（A. Stepovich）指出普希金的神话的题旨对甫尔期力茨基的神话《金钥匙》的影响。

普希金对捷克斯洛伐克诗人的强力的影响，一般地说来是十分广大的。塔波尔斯基（Gr. Taborsky）在一篇有趣的论文《普希金和哈夫里赛克（Havlicek）》（《布拉格新闻报》，一九三七年二月七日）里，表明哈夫里赛克的讽刺才能怎样在普希金的讽刺诗和讽刺文章的影响之下发展起来的。塔波尔斯基用这样的话来结束他的论文："总而言之，我们知道我们得力于普希金的，比《奥涅金》的那些乏味的捷克模仿要多得多；我们必需要感谢他，为了他赋与哈夫里赛克，那位秉性相投的讽刺家，以茂盛的、丰饶的、生活的力量，他帮助他发展，帮助他找到走向真理和正义的道路。"

普希金的《吉卜西人》，对P.梅里美的《卡尔曼》，以及对这篇小说中人物发展的良好的影响，是十分明显的。这影响是许多法国批评家都不否认的。假如不是因为普希金的《吉卜西人》，《卡尔曼》或者会被梅里美用一种不同的方式写出来的。

早年夭亡的捷克诗人卡尔·玛卡（Carl Macha）受普希金《吉卜西人》的迷惑，甚至于比梅里美还早。卡尔·玛卡把他的诗起了一个相同的题目——《吉卜西人》，捷克批评家玛卡尔（Machal）指出S.哈莱克（Sigfried Halek）的诗《果尔》（*Goar*）的某些特点很近似普希金的《吉卜西人》。德国诗人缪勒·封·代·韦尔（Miiller Von Der Wehr）在他的诗《吉卜西人》里坦白地模仿了普希金。

普希金的《波尔塔瓦》（*Poltava*），虽然西欧的批评家对它很冷淡，可是却引出了好几部戏剧作品。这，例如，德国诗人兼剧作家 R. 高特卡尔（Rudolf Gottschall）就是在《波尔塔瓦》影响之下写了他的悲剧《玛柴巴》。

普希金的那些最重要的作品对西欧的文学甚至于有一种更为显著的影响。许多西欧的学者承认《波里斯·戈杜诺夫》对欧洲戏剧发生了一种重大的影响，特别是对德国的戏剧。在这里我们想来强调这件事实，就是那些带有普希金的《波里斯·戈杜诺夫》的影响的证据的戏剧作品，也包括德国剧作家海什勒尔（Henry V. Heiseler）在一九二三年所写的一篇戏剧《戈杜诺夫的孩子》在内的。从这点上一个人可以得出这样的结论：普希金对西欧文学的影响甚至于在今天还是活着的，而在拜伦，这种情形几乎是不可能的。

特别强有力的是普希金对捷克诗人 G. 普莱格尔（Gustav Pfleger）的影响。普莱格尔的诗的创作活动开始时显然是受了拜伦的影响，然而可奇异的事是，正如普莱格尔自己承认的，那是普希金把他从这种影响底下解救了出来。这个承认特别可以启迪那些把普希金列在拜伦主义者中间的文学批评家们。

普希金的《欧根·奥涅金》给普莱格尔极深的印象。普莱格尔的诗体小说《潘·维新斯基》（*Pan Vyshinsky*）是得了普希金的《欧根·奥涅金》的帮助的。这是普莱格尔在他的回忆录里所写的："是一天晚上我把普希金读了一遍，读的就是他的《奥涅金》，忽然我悟到了一个思想。我明白了我需要的是什么：现实，理想的现实，把那些客伴和思想一如它们本来的面目表现出来，这表现，打个比方，应该只是加上一件高尚的服装而已。在先前我本想写点什么近乎《卡尔德·海罗德》的东西。现在我就把一个捷克《卡尔德·海罗德》的思想扔出了我的脑子。就在那天晚上我写下了《维新斯基》开头的几行诗。"

照他的性格的特点说来，普莱格尔的这部小说的主人翁，乌拉吉密尔（Viadimir），使人想起奥涅金来。同样，乌拉吉密尔的朋友雅罗斯拉夫（Jaroslav）十分近似连斯基（Lensky），而女主人翁李德嘉（Lidka）使人想起姐姬雅娜来。这部小说的结构是以《欧根·奥涅金》为模型结构成功的——情节的发展时时被穿插所打断，在这些穿插里作者详述他的个人的经历，并且详论文学上的社会上的种种关系。普莱格尔在他的小说里绘写捷克的生活，这部诗体小说的结构以及它的主人翁们的某些特点，令人想起普希金的小说和普希金的主人翁来，这事实正强调着普希金作品底欧洲的意义。

不仅仅是普希金的诗，而且他的散文也在西方引起了广大的注意。普希金的散文的某些题旨，在西欧作家的散文作品中也可以看到反映，例如在享利·德·尼莱叶（Henri de Regnier）的小说《女公爵巴尔巴拉的秘密》里的《铲形皇后》的题旨。另外有许多题旨被用在戏剧的改作上，例如，《假农女》被好几个作品改作成喜剧。

无论如何，作为一个散文作家的普希金底主要的意义，至少是对法国，是在许多伟大的作家从普希金学到了短篇小说的艺术这一事实。梅里美是承认这个的第一个人，好几个法国学者也指出过普希金的散文对梅里美的影响。

在时代稍晚的作家们中间，M. 普莱伏斯特（Marcel Prevost）曾经作过如下的值得注意的陈述，回忆他对普希金的《铲形皇后》的最初的印象。他在一八九九年写道："我发现我自己又在年青时代了，被文学所驱策，渴望着从巨匠们学习叙写的艺术。我发现我自己又在学校里，乘闲空的时候读这些短篇杰作，我沉思着它，直到我几乎心里记熟了它的时候……无疑的，梅里美至少是他的简洁而深切的描写，是得力于普希金的。并且，就是莫泊桑，对《铲形皇后》的作者也并不是毫无关系的；他，也无疑地读过并且沉思过它。"[1]

亨利·蒙果（Henri Mong-gault）申论 M. 普莱伏斯特关于莫泊桑的这种说法，在他的论文《普希金在法国》（《比较文学评论》，一九三七年第一期）里写道："在这里我们有一个很有兴趣的指示，但是可惜没有证实它的凭证。"

M. 普莱伏斯特的说法，他所说的莫泊桑熟知普希金的作品，至少，这可以由莫泊桑是屠格涅夫的一个密切的熟人这件事实来证实。正如大家都知道的，屠格涅夫不倦地在法国努力使普希金获得众望。这里有一件很特别的事。在一八八〇年莫泊桑想写一篇论屠格涅夫的论文，但是这位伟大的俄国小说家写了一封信给他，在这封信里他说："假如你坚持要在《高卢杂志》[2]上发表一串论文论述外国作家，这意思我是非常赞成的，我要请你丢开我。开始，例如，在俄国说普希金和果戈里……"

由这里看来，屠格涅夫和莫泊桑关于普希金和果戈里曾经谈得很多，莫泊桑无疑地因为屠格涅夫的推荐曾经阅读过他们的作品，这是很合理的。

至于普希金对莫泊桑的可能的影响，这种影响并不一定在借题旨上表现出来。我们看到，例如，M. 普莱伏斯特承认在某种限度上

---

[1]〔原注〕参看过 E. 塞米诺夫（E. Semenoff）的《A. 普希金》（一八九九年巴黎版第三十六页）。在这本书里，读者可以找到许多法国作家在一八九九年庆祝俄国大诗人诞生百年纪念所发表的关于普希金的言论。

[2]《高卢杂志》（Caulois），法国古来是罗马帝国高卢省的一部，所以用这个名字。

他的叙写的艺术是得力于普希金的。在这一意义上,伟大的托尔斯泰也从普希金学习过。就是这位托尔斯泰,而且,讲到普希金的散文对他有一种甚至于更深的影响。他写道:"当我后来一生中第七次再读《贝尔金故事集》的时候,我起了一种长时间没有经验过的快乐的感觉。一个作家应该经常地研究这种宝藏。我不久以前做过这种工作,我不能形容它对我有一种什么样的良有益的影响。"

普希金的散文对莫泊桑可能也有过这样一种"良有益的影响"。普希金的散文作品的伟大早就为法国思想家所赞赏。法国作家查理·布莱邦(Charles Braibant)最近在他的论文《普希金和我们》(《光明》,一九三七年一月三十日)里写得很好:"就拿我们所有的译文来看,我们可以判断,他的(普希金的)散文具有那种神秘的统一,那种现实与诗互相结合而成的果实,那是天才的标志。"

三

将近十九世纪八十年代的末尾,普希金的作品都或多或少地完全被译成所有欧洲的语言,只除去葡萄牙例外,也被译成了波斯文、土耳其文、日文。在革命之前普希金被译成五十五种语言,包括居住在俄国的各民族的十五种语言。在现在普希金有九十四种语言的读者,包括居住在苏联各民族的五十三种语言。

普希金的作品分布的地域是非常广大的。但是普希金在外国风行的程度怎样呢?在东方几乎没有什么人知道普希金。在美国,从译本的数目(大约十种)上来判断,普希金还没有得到广大的读者层。不过,在一些西欧的国家里,普希金显然不仅仅是为文学家们的高尚的团体所知道而已。捷克斯洛伐克文、法文、德文、南斯拉夫文的普希金的译本有好几百种。在比利时、波兰、英国、意大利，普希金的译本有好几十种。

在某些国家里，普希金作品的重复版本的数字是很有意义的。在法国，例如，《甲必丹的女儿》有二十六种版本（从一八五三年来），《射击》有十九种，《波里斯·戈杜诺夫》有十七种，以及其他。还有值得注意的，在德国，差不多容纳了他的所有作品的普希金的集子，是由 F. 莱克拉姆（F. Reklam）和图书编目馆用通俗的袖珍本印出来的。这些便宜的版本获得了广大的欢迎。在捷克斯洛伐克也出版了好些同样的普希金通俗本。在德国、法国、捷克、塞尔维亚，因为诗人的作品被收进了诗的选集、教科书，而在捷克，甚至于上了日历，于是普希金的名声大大地推广了。捷克的通俗日历上印着这位伟大的俄国诗人的肖像和传记，这是十分常见的事。普希金似乎在捷克享有最高的名望。这大半是由于捷克作家们的原故。许多受过普希金的感应的捷克诗人都写诗给他。献给普希金的最好的诗作之一，就是一个最重要的捷克诗人 J. 甫尔期力茨基写的。许多捷克小说家在他们的作品里引用普希金。我要引述一下哈侠克（Hashek）写的通俗小说《希维克》（*Shvejk*）。希维克在他被捕之后，和他的狱友，另外一个兵士，谈到奥地利帝国的命运。希维克的对谈者就对他说：“亲爱的朋友，当你考量我们的亲爱的帝国的时候，你不可避免地要得到普希金的小说里的叔父，在同样情形之中他自己所遭遇的那个结局。并且正如普希金所说的，任凭我们怎样：

叹息，并且皱着眉头在想——

为什么魔鬼现在不能马上把你抓去?![1]

普希金在捷克读者层中的风行，也可以由下面这件事实来证明。当一八九九年庆祝普希金诞生百年纪念的时候，俄国科学学院接到西欧的从科学家、文学团体、报馆等发出来的许多庆贺的信札和电报。但是从捷克来的电报不仅仅是由文学和科学机关发出来的，而且也有由许多小镇市上的手工业者团体发出来的。

在西欧的各个国家以及在美国，对普希金的兴趣已经成长起来了。在美国，例如，普希金的许多新译本不久以前出版了。这些译本中包括一九一八年以前从没有翻译过的那些神话。而且，新的英译本（O.爱尔登）和别的译本都远胜那些旧的译本——英国诗人们翻译普希金，第一次做到接近普希金原诗和谐的意味深长的地步。

在我们今天，对普希金的兴趣正在扩展遍及整个的世界。实在的，除去法西斯主义者的野蛮人而外，谁能抗拒普希金的不朽的诗作的欢悦呢？

---

[1] 这是普希金的《欧根·奥涅金》第一章第一节最末尾的两行诗，是奥涅金诅咒他叔父的，那位"叔父"所遭遇到的结局是死亡，这里是暗示奥地利帝国的覆亡。

后　　记

在着手移译《欧根·奥涅金》之前,我重读了普希金的作品,又读了一些论述普希金的文章;希望对这位"世界的诗人"底气质、艺术、风格,能有一个比较具体比较深切的体认。

这样,我读了苏联对外文化协会(VOKS)在一九三九年出版的一本论文集:《普希金》。

这本论文集内容的目录是:

普希金的伟大——诗人的生与死	I. 卢波尔教授
A.S. 普希金(传记)	V. 吉尔波丁教授
孤独的普希金——普希金的作品	A. 布拉果夷教授
现代俄国文学的父亲	I. 莱兹涅夫
《欧根·奥涅金》	A. 古尔斯坦
普希金的抒情诗	L. 吉摩非叶夫教授
普希金的叙事诗	M. 赫拉普琴珂教授
普希金的散文	V. 希克罗斯夫基
剧作家的普希金	G. 维弩古尔
普希金与民间传说	M. 阿沙朵夫斯基教授
高尔基论普希金——一个世界意义的天才	
	S. 巴鲁哈第教授

西欧与普希金　　　　　　　　　　V. 纽斯达特教授

普希金与西方文学——戏剧与音乐

　　　　　　　　　　　　　　　　V. 吉尔明斯基教授

普希金与舞台　　　　　　　　　　M. 沙果尔斯基

俄国音乐中的普希金——艺术上的普希金（普希金作品的插画）　　　　　　　　　　　V. 弗尔曼教授

　　这本《普希金》，正是现在这本《普希金论》所根据的底本。不过，因为篇幅的关系，关于诗人身世的两篇论文《A. S. 普希金》《孤独的普希金》，关于"戏剧与音乐"的两篇论文《普希金与舞台》《俄国音乐中的普希金》，还有那些美丽的插画，那不得不割爱了。另外，又加进去两篇论文：卢那卡尔斯基的《俄国的春天》和高尔基的《〈普希金论〉草稿》。

　　卢那卡尔斯基的这篇，多半是十月革命之后写的；文章不长，然而全般地论述了普希金的一切方面，语意深沉，文字恳挚，是一篇优美的散文，也是一篇精湛的理论。高尔基的这篇，在《国际文学》上发表的时候，编者附有一段说明："在一九○七年，M. 高尔基曾经计划编辑一部《人民文学史》。这部著作没有完成，在草稿里，这位伟大的作家写下了一些片断的章节，论述普希金和他的作品。草稿原来写得很零乱，现在经过 S. 巴鲁哈第（S. Balukhati）的编纂，一些不大好懂的句子，一些没有写完的，划去了的文句与评论，都重新整理过了，这篇文章在这里是第一次发表。"因此，这是一篇很难得的文稿，这是文学世界上更接近我们的一颗巨星对另一颗巨星的观照，这里面有崇敬，有评价，也有宝贵的创作经验方面的独到的见解。S. 巴鲁哈第的《高尔基论普希金》里就引用了不少。

所有的论文都是根据英文本译出来的。论文中所引的普希金原作的诗文，英译有好多地方用的是现成的英译。《欧根·奥涅金》和《普希金的抒情诗》里大半用的是纽约出版的《普希金集》（*The Works of Alexander Pushkin*）的译诗，美国诗人巴拜特·德奇（Babette Deutsch）的译诗。《普希金的叙事诗》里引用《吉卜西人》的诗句，用的是 E. 杜纳尔（Charles E. Turner）的译诗。引用《青铜骑士》的诗句，用的是伦敦出版社的 O. 爱尔登（Oliver Elton）的译诗。《普希金的散文》中引用《铲形皇后》的一段，用的是 N. 杜丁顿（Natalie Duddington）的译文。《高尔基论普希金》中引用《罗士郎和卢德密拉》的序诗的诗句，用的是 O. 爱尔登的译诗。《西欧与普希金》里普希金的哀歌《沿着喧哗的街道，我在流浪》的诗节，用的是巴拜特·德奇的译诗。——虽然，无论是现成的英译，或是论文英译者的译诗，在字句上都和俄文的原诗有相当的出入；不过大体上都是保存着原意的，所以我的译文仍然根据英译。

在翻译方面，全书的大部经过祖文兄详细的校看，方敬兄也校看过一部分，特别是引用的诗句；《欧根·奥涅金》和《高尔基论普希金》这两篇，曾经由李忻兄对着法文再校看过；出版方面是绀弩兄的帮助。对这一切友人的助力，深深地感谢。

整个地说来，这本书里的文章论述的范围很广，差不多触及了普希金所有的文学样式：抒情诗，叙事诗，散文作品，戏剧，神话……列论了他的全部的作品：完成的以及未写完的；他的伟大，他的世界的意义，世界的影响；他的世界的根源和俄国的根源。

普希金，正如卢那卡尔斯基所说的，他是"俄国文学的春天"；也正如苏联作家们所说的，是"现代俄国文学的父亲"；也正如拜林斯基所说的，是"俄国生活的百科全书"的创作者，"俄国文学语言"的建树者,也正如高尔基所说的,是一个"全知的"诗人。在今天,我们的这样一个文学巨匠,"世界意义的天才",正是一个"能帮助我们发展,帮助我们走向真理和正义的道路"的诗人。

而这本书,希望在春的曙光已在辉耀着的中国,能促引"俄国的春天"与"中国的春天"(中国的普希金)的遇合。

一九四二年四月

普希金传

V. 吉尔波丁 著

一 普希金的时代

亚历山大·塞尔盖叶维奇·普希金（Alexander Sergeyevich Pushkin），俄国最伟大的诗人，生于一七九九年，死于一八三七年。他生活写作于一个以贵族革命活动著称的时代。

普希金是在贵族的环境里生长大的。即使是在那个时候，十九世纪的前三十年，那是沙皇亚历山大第一和尼古拉第一统治的时期，大多数贵族都是反动的柱石，有意识地而且顽固地支持农奴制度和专制政体。

伊里奇（Lenin）曾经引用赫尔岑[1]的话，写道："贵族使俄国产生了许多毕伦和阿拉克契叶夫，无数'酗酒的军官、流氓、赌棍、地痞、土豪、恶棍、淫棍'，以及许多扬扬得意的马尼洛夫。"

"而在他们中间，"赫尔岑写道，"发展着十二月十四日的人们，这一群英雄，像罗姆拉斯和里姆拉斯[2]一样，吃野兽的奶长起来的。他们都是从头到脚纯钢铸成的勇士，为了唤起年青的一代走向新的生活，为了拯救生在杀戮和奴役境遇里的孩子，是不顾牺牲，勇往直前的战士。"

---

[1] 赫尔岑（Herzen，1812—1870），俄国贵族时代的一个民主主义的作家，终身亡命国外。
[2] 罗姆拉斯（Romulus），传说中罗马的开创者。相传在婴儿时，他和他的孪生兄弟里姆斯（Remus）一同被抛在河里，是母狼救起来奶大的。

叶米良·普格乔夫[1]的革命起义，曾经使沙皇帝国的根本动摇过，仍然很清新地留在每一个人的记忆里面。比较进步的西欧各国的经验和十八世纪末年法国资产阶级革命的教训，使比较进步的贵族理解到：假如农奴制度保持下去，就不可避免地要发生一个比普格乔夫运动不知凶险多少的新的农民革命。伏尔泰尔、奥尔巴克、狄德罗[2]，以及其他十八世纪百科全书派的著作，都被俄国比较开通的人们透澈地研究过的。

农民的不满，常川的农民暴动，他们自己对于农奴的痛苦和俄国专制政治专横的观感，加上从资产阶级西欧传来的进步的观念，引导比较良善的最有教养的青年贵族努力想照欧洲的样子来从事改革。

经济发展的趋势也朝着同一个方向。在普希金的时代，俄国是一个地主制和农奴制的国家，但是国内国外的市场已经慢慢地在开始发展，初步的工业也在组织当中。商品的生产，甚至农作物的生产，很快地表明了：事实上，强迫的农奴劳动是无利益的，自由劳动更能增加生产，在经济上也会更为发达。

这些都是酿成十二月党人革命运动的原因。

亚历山大一世在他的父亲沙皇保尔（Paul）被刺之后继承了王位，保尔因为可怕的蛮横和不可忍受的暴虐为人所深恨。新沙皇起初迎合那时的进步思想。他十分审慎地散布自由的幻想，然而，他却无意放弃专制政治或地主制度的任何特权。战胜了一八一二年入侵俄国的拿破仑，接着俄国的军队进入巴黎，这一时增大了亚历山大的名望。可是，利用增大的威望，他采取了最恶毒的对内对外的

---

[1] 叶米良·普格乔夫（Yemelyan Pugachov），一七七三到一七七五年间俄国农民叛乱的领袖。
[2] 伏尔泰尔（Voltaire），法国作家。奥尔巴克（Holbach），法国哲学家。狄德罗（Denis Diderot），法国《百科全书》的主编者。

反动政策。参加击败拿破仑的各国政府组织了神圣同盟，为了镇压任何地方发生的任何革命运动。奥国的政客梅特涅（Metternich），自由的死敌，专制政体和封建制度的死硬的保卫者，是这个神圣同盟的领导人。因为梅特涅的请求，也由于他自己的动机，亚历山大一世扼息了遍及整个欧洲的革命运动。他把国内的政务交托给他的幸臣阿拉克契叶夫，这是一个粗暴的军人，一个反动的愚民主义者。阿拉克契叶夫以组织军区而特别的出名，所谓军区，就是把几十万农民变成世袭的兵士，用鞭笞和杀戮来使他们服从。亚历山大在位的后半期，教育落进了伪君子和骗子的手里。比较有才学的教授全被赶出大学。书报检查的严酷成了笑话。比如，有一个检查官禁了一本说菌子的害处的书，他的理由是："菌子是大斋节（Lent）里吃的，因此这是合乎上帝的意思的。"

同时，几乎所有为爱国心激动的、有教养的青年贵族，在保卫祖国的战争期间都加入了军队，在对拿破仑作战中都到过西欧。他们自己的观察使他们信服比较自由的西欧途径的优良。他们对反动的不满来得更厉害了。为了实现他们的理想，贵族中的革命分子组织了好几个秘密的政治结社。

一八一六年在圣彼得堡组织的救国会，这是十二月党人的第一个组织。后来改组成福利同盟（The League of Felicity）。在乌克兰，帝国的南部，在庞大的驻军军官中，产生了一个十二月党人的组织，就是有名的南社。圣彼得堡的组织，在南社成立之后又改组，叫做北社。在当时，普希金和北社南社的活动分子都有密切的联系，北社的活动分子里，诗人雷莱叶夫（Ryleyev）是一个杰出的人物；南社的活动分子，派斯泰尔（Pestel）上校为首，他是十二月党运动中最优秀的代表之一。

十二月党人的纲领，包括废除农奴制度，以君主立宪或共和政府代替专制政体。圣彼得堡的十二月党人中，君主立宪的主张占优势，而南方的十二月党人大半是民主派。

亚历山大一世死后，刚在尼古拉一世即位的时候，一八二五年十二月十四日，十二月党人在圣彼得堡发动暴动，几个星期之后，乌克兰也发生了暴动。两处暴动都被镇压下去了。十二月党人没有足够的推翻专制的力量。

大多数贵族都不帮助十二月党人，却帮助尼古拉一世，因为他们看到，专制政体才是他们土地利益的最可靠的保护人。并且，因为是贵族——即使是革命的贵族——十二月党人是远远离开平民的，他们既不能够也不想唤起人民作反抗专制政体和农奴制度的斗争。

沙皇尼古拉一世残酷地处罚了十二月党人。这个运动的五个领袖被处绞刑——派斯泰尔上校、雷莱叶夫、S.摩拉夫约夫（Sergey Muravyov-Apostol）、拜斯图冉夫（Bestuzhev-Ryumin）、卡荷夫斯基（Kakhovsky）。另外一百二十个党人被判到西伯利亚做苦工。参加暴动的几千个兵士被送到高加索，在那里他们不是病死，就是和当时被沙皇政府征服的山地民族作战而死。

亚历山大一世在位时开始的反动胜利了。军区保持着。一个宪兵特务团组织起来了，由班肯道夫（Benkendorf）将军指挥，班肯道夫残酷地压制俄国一切有生气的思想，一切有生气的行动。书报检查加厉了。在外交方面，尼古拉一世继续亚历山大一世后期的政策，成了"欧洲的宪兵"。后来尼古拉一世把俄国的军队派遣出去，专为平定西欧国家中的革命运动。

伟大的俄国批评家拜林斯基（Belinsky），俄国革命的民主意识的建立者，在尼古拉一世的后期才开始他的活动。表示要求唤起农民的、民主的"知识阶层"[1]的运动，在普希金死后，在一八五五年克里米战争俄国战败之后，方才广大地展开。

当普希金文学活动开始之初，俄国文学仍然受着假古典主义重大的影响，假古典主义在俄国在十八世纪中是居于支配地位的。假古典主义主张模仿陈旧的文学范本，反对真实地绘写当代生活。假古典主义者为统治的贵族写作，而不是为人民。G.节尔沙文（Gavriil Derzhavin），十八世纪杰出的诗人，他之得以不朽，就是因为他是第一个歌颂凯撒林二世（他用菲丽西亚"Felicia"的名字来赞美她）的人，自然，也因为他对沙皇们说出了真实。

假古典主义者用一种矫揉造作的、文绉绉的、笨拙的语言，人民大众所不能了解的语言。

在普希金进入文学界之前，就有些作家，其中最著名的是卡拉姆金（Karamzin）和茹珂夫斯基（Zhukovsky），已经开始了反对假古典主义的斗争，提倡用伤感主义和浪漫主义来代替它。他们努力描写人的内心生活——人的感情和情绪——不写官场的生活。他们拒绝遵守假古典主义派立下的矫揉造作的法则，采取比较自由，比较自然的文学表现的形式。

然而卡拉姆金和茹珂夫斯基，都不能创造真实的、平民的文学。

他们反对假古典主义，赞美人的内心生活；但是他们所感到兴趣的人，是统治阶级的人。

使俄国文学真正平民化，使俄国文学语言完全现代化，这要留待普希金了。

---

[1]〔英文本编者注〕"知识阶层"（Raznochintsy），由 Razno（不同的）和 Chin（阶层）而来。这是十九世纪七十年代沙皇俄国的一个历史名词，用来指不属于特权阶级的智识分子的。

二　普希金的童年

前面说过，亚历山大·塞尔盖叶维奇·普希金生于一七九九年，五月二十六日（新历六月六日），生于莫斯科。

他的父亲，塞尔盖叶·李伏夫维奇·普希金（Sergei Lvovich Pushkin），是贵族。他的家庭，虽然曾经显赫过一时，到诗人诞生的时候，已经失去早先的财产和声势了。普希金的母亲，娜捷兹达·奥西波夫娜（Nadezhda Osipovna），是有名的"彼得大帝的黑奴"汉尼巴尔（Hannibal）的孙女。

汉尼巴尔是伊西奥比亚（Ethiopia，今称阿比西尼亚）人。孩子时被俘虏到土耳其，又从那里到了俄国。彼得大帝教养他长大，赏识他的不平常的才能，就提拔他做侍从的武官。

普希金的父母过着一种无目的的，上流社会的生活。他们一点不管这个孩子。小"沙夏"（Sasha）的教养就交在仆人和时常更换而总是愚笨的外国教师手里。这个孩子在家里受的是法文教育。他很早就开始读书了。他父亲有一个大法文图书室。他的弟弟列夫（Lev）现在还记得，怎样"这个孩子整夜地不睡，偷偷地在他父亲书房里一本又一本地读书"。在十一岁的时候，他已经熟悉法国古典文学和十八世纪法国百科全书派的著作。和欧洲启蒙运动的影响同时，普希金从童年起就受着俄国民间文学的影响。他的乳母，阿里娜·罗狄欧奴甫娜（Arina Rodionovna），一个女农奴，熟知许多俄国民间故事，引着他进入平民的想象的奇境。跟着看照他的农奴尼吉塔·珂兹罗夫（Nikita Timofeyevich Kozlov），小普希金逛遍了莫斯科城，观察"平民"的生活，聆听莫斯科"普通人"的语言。

普希金早年结识的文学关系和文学团体是应该注意的。普希金的父亲对时体的诗写得还好，他的叔父瓦西里·普希金（Vasili Lvovich Pushkin）是一个出名的诗人。许多当时有名的作家都来拜访普希金的家。

莫斯科的上流社会远离沙皇的宫廷和沙皇的政府。许多人都没有做政府的官，也不想钻营官职。这里不像圣彼得堡的上流社会那样卑躬屈节，比较有独立性和自尊心。这一切因素对年青的普希金都有相当的影响。从童年时代起，他就显露出一些特点，这被不会观察的成人认为是"倔强和顽耿"，在实际上，这是不受任何压迫或暴力的独立精神的表现。

三　高等学校

一八一一年，在圣彼得堡附近的沙皇村设立了一个高等学校（lycée），这是一个训练青年人充任各种官职的贵族学校。

不像其他学校机关的学生，高等学校的学生是不受体罚的。高等学校在一八一一年十月十九日开学，沙皇和大臣们都到了。高等学校六年毕业。起初只收三十个学生。学生们长期地聚在一个学校里，离开亲戚和家庭，他们中间就建立起友谊来。高等学校的学生相当混杂。其中许多是将来沙皇的官吏；但是也有将来的十二月党人，普西钦（Pushchin）和诗人库契尔拜克尔（Kuchelbecker）。

普西钦，库契尔拜克尔和戴尔微格（Delvig）（也是一个诗人）成了普希金最好的最亲密的朋友。在他们和专制政体作政治斗争的一切苦难中，普希金保持着和他们的坚强的结合。年青的普希金对学校当局采取勇敢的独立的态度。他和他的同学们，为对政治自由和文学事业的爱好所驱使，在高等学校里创造了一种"小共和国"，完全去除风靡亚历山大一世朝廷的卑躬屈节的气息和虚伪矫饰、蛮横暴虐的态度。

普希金对统治阶级的批评态度，是伴着对人民的同情的。他随便地和农民、门房、仆人做朋友。在高等学校和沙皇村皇宫的仆人里，都有他的朋友。

高等学校的课程标准相当的低。学校原定要学生在六年之内受完高中和大学的教育。这在如此有限的时间之内是不可能完成的，于是课程就不得不截短和敷衍了。

大多数高等学校的教育都看不出普希金的卓越的才能。这是有些教员对他的评语："很懒，上课不用心，不谦逊，很能干；只是闲谈聪明（这就更可怜！），进步很平平。""轻率，狂妄，不修边幅，粗心；但是脾气好，有礼貌；对诗特别爱好。"

不过，高等学校里也有些出色的教员，他们对学生有很好的影响。法文教员波德里（Boudri）就是一个，他是法国大革命的伟人马拉（Marat）的兄弟。单是这桩事实，就暗示给学生作反抗专制斗争的思想了。而，尤其是，还有那位博物学教员库尼青（Kunitsin）。库尼青曾经在西欧受过教育。他的科学的世界观是在渲染着平等精神的进步的启蒙运动哲学影响之下形成的，他反对专制、政治压迫、横暴、人奴役人的农奴制度。库尼青在青年学生前面宣扬那个时代俄国很罕见的思想。

这样，时代的前进思想甚至都透过高等学校的厚墙了。国民生活上重大的有意义的事件也正发生在那个时期。普希金，高等学校的学生，和他同时的是法国军队侵入俄国，莫斯科被焚，俄国军队远征欧洲，巴黎的占领，威震全世界的拿破仑的失败和放逐。

像那个时期的许多进步人物一样，普希金希冀亚历山大一世，成为使欧洲民族脱离拿破仑专制的解放者，在欧洲和国内创始一种宽容的、自由的政策。所以年青的普希金对阿拉克契叶夫的统治和神圣同盟的政策，大为失望而且愤怒了。

那时，驻扎在沙皇村的一团骠骑兵里的军官，受了十二月党人的影响。普希金和高等学校许多其他的学生，都和他们很好。普希金通过他们，得以接近一切当时禁止的"非法的"文字。哲学家、政论家卡达叶夫（Chaadayev），一个有爱好自由的政治观点的人，也是这一团骠骑兵里的军官。后来，尼古拉一世执政时，因为他对俄国现状的批评态度，就被沙皇下令，宣布他发了疯。

在高等学校求学的时候，普希金熏染了政治自由的理想。他憧憬推翻"专制权力"、专制政体，在俄国建立一个比较自由的政治制度。

普希金的文学天才在高等学校里很快地成熟了，并且成了形。这个发展由于高等学校的环境而加速，在学校里文学兴趣很浓厚，流行着手抄的杂志，组织文学读书会，等等。普希金的诗《给我的诗人朋友》在杂志《欧洲先驱》（*Vestnik Europi*）上发表的时候，他还在学校读书，这是他在刊物上第一次的露面。

一八一五年一月八日，高等学校考试，年老的节尔沙文也出席了，普希金在这个著名的诗人面前，背诵他自己的诗《沙皇村的回忆》。这次朗诵是青年诗人的一个大胜利。节尔沙文在这个儿童的初学者身上认出了将来的天才。当普希金背完的时候，他说："将来代表节尔沙文的就是他。"这件事给了普希金和他的同学们深刻的印象。这是普希金的天才第一次的公认。

普希金后来写道："那是一八一五年的事，节尔沙文很老了，穿着文官制服和丝绒的靴子，考试弄得他非常疲倦。他打着瞌睡，直到俄国文学考试开始的时候。这时他的精神焕发了，眼睛发出光来；他完全变了。自然，他的诗反复地背诵着、分析着、赞扬着。他很高兴地听着。最后喊到我了。我站得离节尔沙文两步远，背我的《沙皇村的回忆》。那时的感情我无法描写。当我背到提及节尔沙文的名字的时候，我的儿童的声音高起来，我的心在欢乐忘形中跳起来了。我记不得是怎样背完的，也记不得跑到什么地方去了。节尔沙文很欢喜。他喊我，他要拥抱我。他们找我，但是找不到。"

普希金的文学天才，藉着他的不断的勤勉的读书的帮助，成长发展起来。他像从前一样，被西欧最前进的思想家，尤其是伏尔泰尔所吸引。

他专心地研究欧洲古典文学作品，以及当时西欧的俄国的作家。普希金的诗才，他的广博的学识和多方面的兴趣，引起了老一代的作家，像卡拉姆金和茹珂夫斯基的注意，他们开始把这个学生看做是他们年青的伙伴了。

在高等学校做学生，普希金就积极地参加了那时的文学斗争。反动的文学势力结了一个社，叫做"俄国文学爱好者圆桌会"，海军上将席西珂夫（Shishkov）做首领。"圆桌会"猛烈地攻击当时卡拉姆金、茹珂夫斯基、巴杜希珂夫（Batyushkov）等人开始的俄国文学语言的改革。在文学上抱着新的进步原则的游击者就组织了另一个社，和"圆桌会"对敌，叫做"阿尔札玛斯"（Arzamass）。还在学校里，普希金就已经和"阿尔札玛斯"有密切的联系；毕业后，他正式加入了这个组织。"阿尔札玛斯"的会员有好几个是未来的十二月党人。"阿尔札玛斯"的活动给文学上的现实主义打下了底子。

普希金已经越过了高等学校的狭仄的范围。他急于要出去从事生活了。

一八一七年夏天，久待的日子到了，普希金和他的同学从高等学校毕业了。

四 普希金毕业后在圣彼得堡的生活

从高等学校毕业后，普希金得到一个外交部的事情。职务纯粹是名义的。那个时候，许多青年贵族，有钱有势的家庭的子弟，在政府做事只是为了装面子，混个官级罢了。普希金把全部时间花在首都的喧嚣的社交生活和文学生活上。刚得到自由，从学校校规的拘束下解放出来，年青的诗人也被首都的社交生活诱惑了。他赴跳舞会和戏院，大吃大喝，闹恋爱，还有过好几次因"荣誉的事件"决斗，结果都很好。

不过，上流社会的放荡，从来没有过分地迷惑过普希金。他从没有放弃他对公众和政治的关怀，他的科学的研究，以及使社会满意的文学工作。必需记着，那个时代许许多多革命者，都是属于上流社会的。圣彼得堡那时候鼎沸着政治活动。普希金从学校毕业之后，住在圣彼得堡的那几年，正是十二月党人的团体和政纲最后成形的时期。十二月党人的团体是秘密的组织，只有很少的人知道他们组织的目的和任务。可是十二月党人并不隐瞒他们的观感和政治见解。他们差不多公开地提倡立宪政治，甚至主张推翻专制。他们激烈地责难农奴制度，并且讨论解放农民的各种不同的方法。许多普希金关系密切的朋友和同学，都参加了这个运动。他的最密切的高等学校里的朋友普西钦，也加入了这个神秘团体。普希金本人并不是十二月党人政治组织中的党员，别人也没有告诉过他有这样的组织存在；但是他热切地向往贵族中革命团体的气氛，他十分赞同他们，并且帮助他们传播他们的理想。

约当这个时候，文学团体"阿尔札玛斯"破裂了。在那时候的圣彼得堡，反专制的政治行动正在成熟，正在具体化，和"圆桌会"，和席西珂夫海军上将争论，似乎无味了。普希金加入了另外一个文学团体"绿灯社"。这是十二月党人组织的，为了在同情这个运动但是不知道它的组织形式和最终目的的非党人中间，传播他们的思想的。在"绿灯社"的集会上，普希金参加对亚历山大、阿拉克契叶夫的统治严加批评的讨论，并且宣布对俄国政治社会革新的希望。

普希金虽然没有参与十二月党人的政治行动，可是在那个时期写的许多诗里，正表现着他是十二月党人理想的先驱。一八一七年他写了一首《自由颂》，在诗里他谴责专制，歌颂政治的自由。

在这首颂歌里，有对揭竿起义推翻专制的直接的要求：

> 动摇，颤抖罢，世界的暴君！
> 可是听着，你们倒下的奴隶，
> 鼓起勇气站起来呵！

普希金对专制政治的谴责，是伴着他对农奴制度的谴责的。他到米哈伊罗夫斯基村（Mikhailovsky），他父母在普斯珂夫（Pskov）的田庄去旅行，证实了他的农奴制度的概念。他的描写农奴制度的可怕的诗《乡村》，就是在这里写的。

普希金对沙皇和阿拉克契叶夫以及沙皇其他的扈从的讽刺诗，得到特别的赞赏。它们又辛辣、又尖锐，恰恰中的，并且暴露出专制政治的可恶和可笑。当然，它们要印刷是不可能的，但是成千成万的手抄本散布着。没有一个思想进步的人不知道这些诗，抄这些诗，又把它们传开去。普希金的诗和讽刺诗，谴责专制，反对农奴制度，赞美自由，尽了十二月党人宣传的效果。十二月党人利用它们来破坏沙皇的权威，并且散布他们的意见。

从高等学校毕业之后，在圣彼得堡的这个期间，普希金写了他的第一篇伟大的文学作品，长诗《罗士郎和卢德密拉》。这篇作品显示普希金文学创造天才的进一步的成长。它的轻快活泼，它的有趣，适于童话体裁的诙谐，它的非常朴素而且恰切的那时的语言，是普希金未来现实主义的最初的萌芽。这篇诗作是一个巨大的成功，销行很广。茹珂夫斯基把他的相片赠给普希金，这样题道："给我的胜利的学生，他的失败的先生赠，在他完成《罗士郎和卢德密拉》的最庄严的日子。"

在另一方面，批评家们，那些主张陈腐的书本上的艺术理论的人们，勃然大怒了。杂志《欧洲先驱》的评论者，引了《罗士郎》开头的一段，喊道："可是，且不去管这些琐碎的描写，让我问一句罢：想想一个满脸络腮胡子的家伙，穿件黄灰色的农民外套，树皮草鞋，闯进莫斯科贵族的俱乐部，尖起嗓子大声地喊道：'好哇，伙计们！'他们会用赞赏的眼光来看这样一个滑稽的人物吗？这可能吗？"[昂年珂夫（Annenkov）]。

圣彼得堡的一切这种对普希金新作的批评，是当诗人不在那里的时候发表的。他的革命诗和讽刺诗终于被政府知道了。不幸就降落在诗人身上了。

亚历山大一世决定把普希金放逐到西伯利亚或者梭罗维茨基群岛（Solovetsky Islands）。普希金被传到圣彼得堡卫戍司令米洛拉多维奇（Miloradovich）面前。当他的面米洛拉多维奇命令警察局长到普希金屋子里去搜查。诗人听到这个搜查的命令，就说所有被禁的诗稿都已经烧掉了，他要笔和纸，自己写下了他所记得的，米洛拉多维奇所要知道的一切。这个勇敢的行为，得到了米洛拉多维奇的好感，不过主要的是由于他的有势力的朋友们，卡拉姆金和茹珂夫斯基的辩护，他的处罚减轻了。他被放逐到南方去，受英佐夫（Inzov）将军的监视。英佐夫将军是南部殖民区的总督，驻在叶卡吉林诺斯拉夫（Ekaterinoslav，现在的 Dniepropetrovsk）。一八二〇年五月六日，普希金离开圣彼得堡，流放到南方去了。

五 普希金流放到南方

正在他到叶卡吉林诺斯拉夫之后，普希金就在聂伯河洗澡受凉，病了，发热，孤单地一个人躺在一间破屋子里的硬板凳上，没有人帮助，也没有人看护。拉叶夫斯基（Rayevsky）将军一家人从圣彼得堡到高加索，路过叶卡吉林诺斯拉夫，发现了在这样情形中的诗人。

拉叶夫斯基将军是一八一二年战争的英雄之一。他的长子亚历山大对普希金有过显著的影响。普希金在他的诗《魔鬼》里描写了他的好些特点。普希金和他的次子尼古拉，一个十二月党人，还有他的女儿们，也都要好。拉叶夫斯基一家人得到了普希金的"监视者"英佐夫将军的许可，就带着诗人和他们一路。普希金在旅行中痊愈了。和拉叶夫斯基一家一起，他在高加索温泉疗养了两个月。那些地方那时候仍是荒野，几乎没有人去开发。

从高加索，普希金和拉叶夫斯基一家到了克里米。他们在古尔佐夫（Gurzuf）停下来了，普希金住了三个星期。在拉叶夫斯基家里，普希金发现在他自己家里少有的、亲切的同情和关顾。克里米的小住在普希金记忆里留下一个欢乐的痕迹。

在克里米，和尼古拉·拉叶夫斯基和他的妹妹们一起，普希金开始认识英国诗人拜伦的作品，拜伦的声誉那时候扬遍整个的欧洲。

当普希金在高加索和克里米疗养休息的时候，英佐夫将军的公署从叶卡吉林诺斯拉夫迁到吉西涅夫（Kishinev），新合并于俄国的比萨拉比亚（Besarabia）的首府。普希金在九月动身到了吉西涅夫。吉西涅夫是一个有趣的城市，各国的人都有，有摩尔达维亚人、希腊人、土耳其人、犹太人、俄罗斯人。

英佐夫将军，虽然是在做官，却是一个和善高贵的人。他从不拿任何工作麻烦普希金，准许他屡次请假，并且不妨碍他所喜爱的事业、文学工作。普希金在吉西涅夫过一种多变的暴风雨般的生活。和当地贵族也有过一些冲突，都由英佐夫将军调解了。有一次普希金跟着一群吉卜西人，在比萨拉比亚漫游了一些日子。

然而，这种变动纷扰的生活，并没有打断普希金的研究。像从前一样，他把很多精力灌注在书本上。

住在遥远的吉西涅夫，普希金仍然继续密切注意欧洲的事变和国内的政治。环境在这方面帮助了他。驻在吉西涅夫的奥尔罗夫（Orlov）将军，是十二月党人秘密组织的一个党员。他在他部下的兵士中间进行宣传工作。在吉西涅夫，普希金又认识了派斯泰尔上校，这时他正来访问这个城市。这个十二月党人精明强悍的领袖给了诗人非常深刻的印象。普希金谈到他说："派斯泰尔是我所遇到的人中最有卓见的一个。"

英佐夫将军常常允许普希金去访问卡曼卡（Kamenka），那是拉叶夫斯基将军的母亲第二次结婚生的儿子 V. H. 达维多夫（Davidov）的田产。十二月党人南社的活动分子，假藉庆贺达维多夫母亲的生日为名，每年都在卡曼卡举行会议。有一次开会的时候，普希金也在卡曼卡。这样，普希金在流放中和十二月党人的接触就更加密切了。

不过，他并没有加入这个秘密组织。为了种种理由，参加十二月党谋叛的人们,对他隐瞒着这样一个革命组织的存在。他们害怕热情的诗人不能充分地保守秘密。在流放中普希金受着警察的监视。假如普希金加入了秘密组织,就会让警察在侦查他时,发现谋叛的踪迹。这也逼着他们要把普希金放在组织外面。他们保护这个伟大的诗人。他们不愿意他,假如起义失败了,因为参与谋叛而遭受死刑或者罚做苦工的危险。

然而,普希金已经怀疑十二月党人不法组织的存在,并且渴望加入它了。

在吉西涅夫普希金遇到一个希腊人伊普西兰蒂(Ypsilanti),他正在组织他的被奴役的国人作反抗土耳其统治的起义。普希金和一个希腊女子,加里普梭·波里契罗尼(Calypso Polychroni)也很亲近。她从土耳其逃亡到俄国,据传说,她曾经是为希腊民族独立死在希腊,死在战士行列中的拜伦的情人。伊普西兰蒂一八二一年起兵举义。普希金不仅赞同他的起兵,而且援助了他。有很多根据可以假定,普希金曾经计划模仿拜伦,从吉西涅夫脱逃,亲身参加希腊反抗土耳其的争取民族解放的斗争。当普希金留在南方的期间,革命的暴风雨在欧洲好些国家爆发了——在德国、法国、西班牙(一八二〇年)。西班牙的进步势力,在里果(Riego)领导之下,用武力暴动取得了政权,强迫国王服从他们宣布的宪法。即使在俄国,在圣彼得堡,塞米阳诺夫斯基(Semyonovsky)禁卫团中也发生叛变。所有这些事变,普希金同在南方时常会面的十二月党人们热心地讨论着。在欧洲和俄国的革命高潮影响之下,普希金作品里革命的声音达到了最高点。在吉西涅夫,普希金写了《短剑》,在这首诗里他要求猛烈地反抗专制的斗争:

你风呵，你狂风，卷起波涛，
摧毁为害的障碍罢！
你在那里，暴风雨，自由的象征？
在奴役的海上爆发呵！

　　普希金的希望并没有能够实现。当他留在南方的时候，他经验了剧烈的失望。反动的势力，得到神圣同盟和亚历山大一世的帮助，在各处都打退了革命的进攻。一八二〇年至一八二五年革命高潮的失败，给了普希金极大的影响。他开始得到了一个结论：群众还没有到争取自由的成熟的时候，反动的力量比革命的力量更强大得多。

　　这些痛苦的思想在他的好些诗里都表现着。他这样地写着：

你们这些驯良的羊群——你们这些和平的人民！
有什么需要给家畜以自由呢？
他们是拿来屠宰或者剪毛的。
他们世世代代的命运——
就是系着铃铛的铃子的轭和鞭子。

　　在这些重大的历史事件展开的时候，普希金自己的命运也起了些变化。他从吉西涅夫移到奥德萨，在新任命的新俄区（The New Russian Region）总督伏浪曹夫（Vorontzov）伯爵之下工作。

　　伏浪曹夫和英佐夫正正相反。他是一个傲慢的贵族，以鄙视的态度待他的下属，要求绝对服从和谄媚。普希金的官职是他衙门里的一个小职员。伏浪曹夫于是就拿普希金当做小职员看待，可是普希金自己知道他是一个伟大的诗人，是俄国文学的光荣和夸耀。

回答伏浪曹夫的迫害，普希金就写了些辛辣尖锐的讽刺诗来讽刺他。伏浪曹夫开始要求圣彼得堡令这个讨厌的诗人离开奥德萨。普希金在奥德萨的情形，因为经常的缺钱用，越来越困难。感到处境的无望，憎恨国内的政治，又看不见免除流放的希望，普希金就决定逃出俄国；但是没有能实现他的意图。

这时候，他的一封反对上帝存在和灵魂不死的信被扣住了。这封信解决了一切。亚历山大一世下令革除他的官职，并且流放到米哈伊罗夫斯基村他父母的田庄上去，在那里受政府当局和教会的监视。

当他流放在南方时，普希金写得很多。除了许多抒情诗外，写了叙事诗《高加索的囚徒》《巴赫齐沙拉喷泉》，把《吉卜西人》将近写完了，还开始了他的诗体小说《欧根·奥涅金》。

嘲笑宗教和基督教的讽刺诗《加布里尔传奇》(*Gavriliada*)，生动地表现出普希金唯物论和无神论的世界观，也是在南方写的。这篇诗在俄国差不多有一百年之久不许出版——一直到大革命的时候。一种现实主义的清新的流脉，贯穿着普希金在南方写的，拜伦式的浪漫诗的形式。这流脉愈变愈强，终于在他后来的作品中胜利了。

六　普希金流放在米哈伊罗夫斯基村

普希金奉政府的命令，必需从奥德萨迁移到米哈伊罗夫斯基村，途中不得停留，也不准经过莫斯科。他在一八二四年七月三十日离开奥德萨，八月九日到达米哈伊罗夫斯基村。他在那里遇到他的父母，他们正在田庄上过夏天。

对于普希金的监视，教会方面由邻近的斯维亚多果尔维克（Svyatogorsk）修道院的院长担任。政府当局，遵照普斯珂夫省省长的意见，由普希金的父亲做代表。这引起了父子间不断的冲突。他们的关系变得这样的恶劣，普希金甚至想请求当局把他监禁在炮垒里，代表流放在他父亲的田庄上面。幸而，他的父亲和家里的人不久离开了米哈伊罗夫斯基村，对普希金的监视就委托给了别的地主。

普希金在米哈伊罗夫斯基过着孤独的生活。除去地主奥西波瓦（Osipova）一家以外，他不和邻近的贵族往来，他和这一家人终生都保持着友谊。

在米哈伊罗夫斯基村普希金仍然想逃出国外去。他甚至开始和朋友们通信讨论这件事情了。但是在这里，像在吉西涅夫一样，他没有能成功地实现他的计划。

戴尔微格和普西钦没有忘记诗人，不顾可能引起政府的怀疑，他们到他流放的地方来看了他。朋友们的拜访给了普希金极大的快乐。普西钦在他的《回忆录》里描写他和普希金的会晤："马在雪堆里奔驰。我们沿着一条曲折的小路又跑上山坡。转了一个弯急，我们就飞过了半掩的大门，我们的铃声叮当地响着。我们没有法子在门廊前把马勒住。他们带着我们窜过门廊，停在院中的雪堆里。我四面一看，看见普希金站在走廊上，光着脚，只穿一件衬衫，手高举着。我跳出雪橇，两手抱住他，把他拖进屋里。外面冷得可怕，可是有时也不会受寒。我们彼此注视着，默默地接吻。他忘记了应当穿衣服，我也没有工夫想到我的满是冰雪的上衣和帽子。这时大约是早上八点钟。一个老婆婆跑进屋里，看到我们拥抱着，像才进屋子的时候一样——一个半赤着身子，一个浑身是雪。最后我们流下眼泪来，也清醒过来了。我在这个老婆婆面前觉得害羞，但是她明白了一切。我不知道她把我当做是谁，但是她问都不问一声，就拥抱起我来。我立刻明白这是他的乳母，于是紧紧地抱着她，几乎把她闷坏了。"

在米哈伊罗夫斯基村普希金对民间故事和平民的生活情形有很大的兴趣。像他童年的时候一样，他喜欢听乳母的故事，并且把民歌记下来。有时候在假日，普希金假扮成农民（这使邻近的地主们大为惊异和恐怖），到集市上和进香的人常去的寺院里去，他在那些地方和平民、和农民谈话，留心听他们的土话，询问他们的生活。

普希金不断地从米哈伊罗夫斯基村写信出来抱怨那里生活的烦闷，但是这种烦闷并没有使他离开工作。相反的，在工作中他使压在他身上的失望得到了解脱。普希金订购了许多书，留心着京城里的一切文学论争，在给朋友的信里表示他对这些论争的意见。他还研究俄国和西欧的历史。在米哈伊罗夫斯基村普希金完成了《吉卜西人》，又写了四章《欧根·奥涅金》（在奥德萨已经写了两章），写了历史悲剧《波里斯·戈杜诺夫》和诙谐诗《努林伯爵》。

在谈他怎样写《波里斯·戈杜诺夫》的时候，普希金说道："对于莎士比亚、卡拉姆金和俄国古代编年史家的研究，使我有了把近代历史上最富戏剧性的时代之一写成剧本的意思。不为任何别的影响所困惑，我模仿莎士比亚对人物性格的广阔的自由的表现，对典型的写意的素朴的创作。我遵守卡拉姆金对事件的清楚的展开，在编年史方面我想把那个时代的思想潮流和语言揣度出来。了不得的材料呵！我不知道我能不能好好地运用他们。至少，我的工作是热诚的，小心的……我老实地说，我的剧本的失败是会使我悲伤的，因为我确信：适合我们的舞台的是莎士比亚戏剧的平民化的规则，而不是拉辛悲剧的宫廷的条例，并且，任何不成功的实验都可能延误我们的戏剧的改革。"

当普希金写《波里斯·戈杜诺夫》的时候，辛勤的历史的研究和尽可能如实地表现过去生活的愿望指引着他的笔。但是同时，他也希望在过去血腥的经验中找出现在的教训来。《波里斯·戈杜诺夫》的主旨在写人民和政府，诗人企图在这个悲剧里表现的思想是：只有得到公众和民意的拥护，一个政府才是强有力的政府。

一八二五年十二月十四日，十二月党人在圣彼得堡的起义被击破了。尼古拉一世登了王位。

初听到起义消息的时候，普希金准备不得允许就动身去圣彼得堡。但是后来改变了他的意思。尼古拉一世对十二月党人的残酷的处罚使他非常痛苦。他写道："绞死的是绞死了，但是一百二十个朋友、兄弟、同志们的苦役——这真可怕。"普希金仍然希望新沙皇会允许他，一个没有参加密谋和起义的人，回到圣彼得堡。他写信给朋友们，请他们请求沙皇赦免他的流放。他也直接写信给沙皇。但是尼古拉还没有决定怎样来处理普希金。真的，普希金的名字没有列在叛党的名单上；但是普希金的诗和讽刺诗，几乎在所有被捕的十二月党人的文件里都找到了的。对于政府，普希金的诗在十二月党人的运动中曾经尽过巨大的煽动任务，是很明白的。为了解决普希金的问题，政府派了密探特派员波希尼亚克（Boshnyak）到普斯珂夫省去，调查普希金的行为，假如得到的报告是不好的，就有权把诗人逮捕起来。使波希尼亚克大为失望的是，他没有找到普希金参加谋叛或是准备农民暴动的任何证据。尼古拉就决定不藉十二月党人的案件来检举他。他决定采用别的计策。他命令把诗人带到他举行加冕礼的莫斯科来，和他见面。一八二六年九月，在十二月十四日之后的几个月，普希金被急急忙忙地带到莫斯科，去见沙皇。

七　普希金和尼古拉一世

普希金到了莫斯科，立刻就被带去见皇帝，甚至连旅行之后，剃胡洗澡的机会都没有。沙皇决定了想要驯伏普希金，把他变成一个歌功颂德的宫廷诗人。政府的这种企图，在最接近沙皇的宪兵团长班肯道夫（Benkendorf）给他主子的一封信里，明白地表现着："普希金很有点无赖；然而，假如我们能够做到指挥他的文笔和言论，对我们是有直接利益的。"

沙皇以虚假的仁义接见了普希金。起初普希金还不明白沙皇的阴谋，并且把这次会面看做是一种磋商的会面。普希金虽然很清楚地考虑到了十二月党人失败之后政治情形的变化，可是一点也不想放弃他的理想。沙皇问普希金，假如十二月十四日他在圣彼得堡，他会怎样。普希金毫不迟疑地回答道，他一定加入了乱党。一个和他同时的人，科尔夫（Korf）伯爵，写到诗人和沙皇的会面："有一次在沙皇宫里便餐，我也在场，谈话转到普希金身上。沙皇说：'我第一次看见普希金，在我的加冕礼之后，他从他拘禁的地方被带到莫斯科来见我……我在谈到别的事情时问他，"假如十二月十四日你在圣彼得堡，你会怎样呢？"他回答说，"我一定会加入了乱党的队伍"。对我的这个问题，如果他改变了他的观点，或者他立誓改变他的思想和行动，我就会让他自由的，他对我说了许多恭维十二月十四日的话，可是他踌躇犹豫，不给我直接的回答；仅仅在一个长时间的沉默之后，才伸出他的手来答应改变！'"

普希金十分不愿意地答应了沙皇的要求，他只望沙皇在镇压十二月党人起义中表现的残酷仅仅只是一个插曲，而不是一个有计划的制度。可是没有多久，诗人就发现他的预料是错误了。

沙皇通知普希金，他要亲自担任他的作品的检查官。这个决定，起初诗人和他周围的人都以为是皇帝的一种恩惠，可以免除普通检查官的吹毛求疵了。后来，我们就看到了，这种"恩惠"变成使诗人印行作品步步都受束缚的沉重的脚镣。为了享受普通的俄国作家都还能享受的那些最低限制的权利，普希金被迫不时地用假名或者匿名来出版他的作品。

当诗人流放回来的时候，莫斯科的上流社会以极大的关切和同情迎接他。但是沙皇仍然不信任普希金，尽管他答应了忠于政府。为了要试探普希金，尼古拉叫他拟一个公共教育的条陈。普希金用捉摸不定的言词来写这个条陈，为的是不至于刺激尼古拉，然而也没有违反他自己的观点的地方。普希金的条陈没有得到沙皇的好感。普希金主张教育，而沙皇在教育中间看到专制的敌人，认为一个忠心的臣民的主要的美德是奴性的，无限度地服从。沙皇的回答由班肯道夫转达给了普希金，说道："你所赞成的原则，说教育和天资是造成完人的唯一的基础，这是一个危害公共安宁的原则。它引你到了深渊的边沿，而且把很多年青人投进了这个深渊。道德，勤劳的服务，热心，优于无经验的、不道德的、无用的教育。教导有方的教养应当以这些原则为基础。"

凭着他的名声和社会影响，普希金以为，他能够影响沙皇的开明精神的。在《诗章》里他比较了一下尼古拉一世和彼得大帝，指出彼得是十二月党人刽子手应当学习的模范。

> 那末，骄傲这样的家世吧，
>
> 在各方面都学学你的祖父：
>
> 像他刚毅而且坚决；
>
> 像他，宽大为怀。

这个"宽大为怀"，不要怀恨在心的请求，是请求对十二月党人的宽恕。就是在十二月党人失败之后，普希金仍旧十分尊重他的理想。

> 你们的高贵的思想底崇高的梦想，
>
> 你们的悲伤和劳苦都不是枉然的，

这是在他写《诗章》的同一年里，他写了寄给充军的革命贵族们的。

很快地，普希金就从经验上知道了沙皇的"恩惠"的真正的意义了。在他写的一首关于法国大革命时被处死的法国诗人的诗《安德莱·解尼叶》（André Chénier）里——不是没有原因的——被怀疑到表现着他对十二月党人的同情和对尼古拉惩罚他们的批评。普希金就被审问了，并且和证人对质，经过审询的一切阶段，受恐吓，最后（虽然没有受到处罚）是受了秘密警察的监视。

事实上，就是在流放回来之后，不得班肯道夫的许可，普希金是无权从一个地方旅行到别个地方去的。因为在《波里斯·戈杜诺夫》出版之前，他对一群朋友和熟人读过这个剧本，普希金就受到斥责。他被迫具结在未经检查官通过之前，不对任何人读他的新作品。《波里斯·戈杜诺夫》的草稿不得不交给沙皇，而他就写了一个无知的意见,叫把这个剧本改成小说。这个"意见"的结果就是《波里斯·戈杜诺夫》的出版在实际上被禁止了若干年。

普希金受了警察的监视之后,他每走一步都跟着像下面这样的报告:"密,谨,报告,名诗人,退职十等官,亚历山大·普希金,已到莫斯科,寓特维尔斯卡亚区(Tverskaya),第一分区,奥伯尔(Ober)宅,英国饭店,秘密监视已布置就绪。"〔一九二九年九月二十日,警察署长密勒尔(Miller)对莫斯科警察总监的报告。〕普希金被每走一步都跟在他后面的侦探和间谍包围着。他的信件也受政府官吏的检查。

这时候新的祸事又临到了普希金。他的诗作《加布里尔传奇》的一份抄本被人送到政府去了。这件事不是玩的:对无神论作品的通常的处罚是充军西伯利亚和苦工。

普希金最初否认这诗的作者是他,后来他写了一封私人的信给沙皇。这封信的内容不得而知,不过或许是普希金认了他犯了"罪",这一回他又没有受到处罚,但是必需忍受新的斥责、警告和要求。

在莫斯科普希金和娜泰里亚·尼古拉叶夫娜·冈卡罗瓦(Natalia Nikolaevna Goncharova)认识了,后来她成了他的夫人。一八二九年他向她求婚,但是被拒绝了。这时候俄国正和土耳其作战,因为受了纷乱的社会政治局势的烦恼,他个人失败的苦痛,普希金就到外高加索前线上去作了一次旅行。他到高加索去还有另外一个原因,就是他想去会会因为参与十二月党密谋被充军在那里的他的老同志们。这一次没有请求政府许可的旅行,引起沙皇更大的不悦和宪兵团长班肯道夫严厉的斥责,他写了一封信给普希金道:

皇上从社会人士处知道你，足下，已经旅行到外高加索去了，并且访问了艾尔采鲁姆（Erzerum），下令叫我问你，你作这次旅行是得了谁的许可的。我另外敬请你告诉我，为什么原因你不遵守你的诺言，事前不通知我你这次旅行的意图，就动身到外高加索乡村去。

普希金请求许可他到欧洲去，或者，假如不行，至少是到中国去。他又被一种侮辱的态度拒绝了。沙皇害怕让普希金到国外去，并且想对普希金的反抗，擅自到艾尔采鲁姆去旅行加以报复。

沙皇和班肯道夫的迫害，引起政府御用的报纸对作家普希金攻击起来了。

一八三〇年，普希金的朋友，诗人戴尔微格编辑的一个报纸，《文学报》出版了。普希金积极地参加了这个报。起初由他直接编辑，因为戴尔微格不在圣彼得堡。

一个新报纸的出现，纵然是一个文学的报纸，也使布尔加林（Bulgarin），唯一的政治报纸《北方蜜蜂》的出版者感到烦恼。布尔加林是班肯道夫的一个侦探。他知道沙皇对普希金的态度后，就尽其所能地攻击普希金。《欧根·奥涅金》第七章出版的时候，他就写了这样的批评："在这毫无趣味的第七章里没有一点意思！没有一点情感，没有一点图画值得一看！一个完全失败的作品！我们的希望就这样子地完了！……奥涅金重又在诗的荒诞中出现了：苍白，薄弱……看见这样一种乏味的图画，真叫人心痛！"布尔加林在刊物上，在直接写到"第三科"（秘密警察）给班肯道夫的信里，都明白地非难普希金和他最亲近的朋友。

沙皇的"恩惠"很使普希金悲哀，他发现自己处在一个囚犯的地位。没有沙皇和宪兵的许可，他甚至于不能结婚。一八三〇年春天他的求婚被娜泰里亚·冈卡罗瓦和她的家庭接受了，但是她的母亲害怕把女儿嫁给一个全都知道沙皇不喜欢的人。普希金被迫不得不通过班肯道夫，请求沙皇许可他的婚姻。他得到的回答是一篇完全狡猾的公文，在这里面，诗人结婚的许可中含着苛刻的责难，专横的警告，无礼的斥责和明显的谎话。

班肯道夫给普希金写道："陛下十分地眷恋你，足下，蒙他恩派我，班肯道夫将军，不以宪兵团长的身份，而以陛下所亲信的人的身份，负责照顾你，以忠告指导你的责任。没有警察机关曾经接到过任何侦查你的命令。"沙皇和他的宪兵在撒谎了，因为普希金是在警察的直接监视之下生活的。

然而，普希金的天才继续地在发展和成熟，在这个时期中他继续不断地写《欧根·奥涅金》，写了《波尔塔瓦》，没有完成的小说《彼得大帝的黑奴》，还有好些抒情诗。

八　一八三〇年秋天在波尔吉诺

一八三〇年春天，普希金的求婚被娜泰里亚·尼古拉叶夫娜·冈卡罗瓦接受了。诗人要开始家庭生活了，他的父亲为了供给诗人的物质需要，就把在下诺夫哥罗德（Nizhni-Novgorod）省波尔吉诺（Boldino）的田产分了一份给他。九月一日，普希金动身到波尔吉诺去办理他那一份田产的转移，并且看看可以能有多少收入。普希金本来打算在波尔吉诺停留一个很短的时间，办完了事情，就回莫斯科来。可是，结果是，他被迫在波尔吉诺过了整个秋天，差不多有三个月之久。因为那时候伏尔加区发生霍乱，所有到莫斯科的路上都设了检疫所，禁止自由进入莫斯科。普希金很快地就认清了他的经济状况。这份田产已经毁坏了，居住的农民都很穷，不能从它得到任何收入的。贵族们生活的主要来源——从田地和农奴得到的收入——普希金是没有的。他的经济现在就得完全靠他的职业，靠文学作品的稿费了。

普希金努力设法离开波尔吉诺，到莫斯科他的未婚妻那里去。并且他还受传到波尔吉诺来的谣言的苦恼，说是他的婚约破裂了。

在他停留在波尔吉诺的时期，普希金亲眼看见了农民的骚动。

普希金三次离开波尔吉诺，三次都被迫着退回来。他就利用他被迫留在波尔吉诺的时间从事文学工作。普希金从来没有在这么短的时间里写过这么多的光辉的艺术作品。他在波尔吉诺写了《欧根·

奥涅金》的最后两章，还有另外一章，他描写了奥涅金参与十二月党人的密谋。但是他把这一章立即毁掉了，害怕惹出祸事来。在这里他写了韵文的短篇小说《科罗姆的小屋》，戏剧作品《贪婪的武士》《摩沙特和沙列里》《瘟疫期中的宴会》《堂·宦》，总名《贝尔金故事集》里的那些散文的小说，《郭鲁西诺村的历史》，许多抒情诗和文学批评的论文。这都是不到三个月的时间写出来的。

普希金在波尔吉诺完成的《欧根·奥涅金》，发展成了一部描写当代俄国社会的小说。拜林斯基写道："在《奥涅金》里，我们看到俄国社会发展过程中最有意思的阶段之一的诗的再现。《奥涅金》可以叫做俄国生活的百科全书和最道地的民族作品。"

普希金在他的戏剧作品里表露出深深的感觉，了解别的民族的生活和精神的非常的才能。正如拜林斯基正确评论的，普希金的这种特殊的天才根源在于俄国民族的性格。俄国民族性格的特征之一就是没有民族的歧视，看重别的民族进步的成就，迅速同化科学、艺术、政治的国际财富的才能。

在《贝尔金故事集》里，普希金把前一个时代贵族文学认为不值得描写的人民，拿来写做主人翁：像棺材匠人、政府的小吏、驿站站长等类的人。在他的《驿站站长》里我们看到表现着对不幸的、被贬降的、受屈辱的人的同情的态度，这是在果戈里（Gogol）的《外套》，格里高罗维奇（Grigorovich）的《安东，可怜的人》，朵斯妥叶夫斯基（Dostoevsky）的早期作品，涅克拉梭夫（Nekrasov）的诗里，都表现着的，并且它是俄国现实主义文学的一个这样光辉的特征。

在《郭鲁西诺村的历史》里普希金给了我们一幅农奴制度的图画，地主不人道的管理，农奴毁灭和贫困的图画。普希金引用了郭鲁西诺村一个地主的一段日记，写道："五月四日，雪。特里希加（Trishka）因为无礼，被鞭打。五月六日，黄牛死。沈加（Senka）因为喝醉了酒，被鞭打。五月八日，天气清朗。五月九日，雨雪交加。特里希加因为天气不好喝醉了酒，被鞭打。"普希金在波尔吉诺仔细思考过地主对农民的态度。他看到使农奴成为无人道的剥削和受苦对象的农奴制度，同时也毁灭着地主。他了解了农奴对贵族地主的真正的情感。在他文学工作的后期，当他开始热烈地研究农民暴动的主题的时候，普希金就用到了他在波尔吉诺的观察了。

九　结婚之后

一八三〇年将近冬天的时候，普希金最后终于脱离了波尔吉诺。他和娜泰里亚·尼古拉叶夫娜·冈卡罗瓦在一八三一年二月十八日结了婚。他写信给他的友人普莱特纽夫[1]道："我结婚了，我很快乐，我的唯一的希望就是我的生活不要变化——我不能期望更好的什么了。这情形对我这样新鲜，我似乎是新生了。"

结婚之后普希金在莫斯科定居下来。可是，他的岳母是一个好争吵的，差不多是癫狂的女人，她鼓动娜泰里亚·尼古拉叶夫娜反对丈夫，这使他苦恼，逼迫着普希金不得不变更他的住处。他迁到圣彼得堡去。起初住在沙皇村。正如在他结婚之前一样，秘密警察布置监视的报告还是跟随着他。尼古拉一世又把他列进政府的官吏里。普希金和他从高等学校毕业之后一样，做了外交部的官员。也像从前一样，普希金一点不理部里的事。沙皇允许他写一部彼得大帝的历史，作为他的公务。这个职务恰和普希金的愿望一致。他早已就对历史发生了兴趣，现在他有机会用政府的档案来做这个工作了。

可是，"沙皇的仁慈"是伪善性质的。沙皇当他去莫斯科时，曾经见过娜泰里亚·冈卡罗瓦。他想她常到皇宫里去。为了这个目的，

---

[1] 普莱特纽夫（P. A. Pletniov），俄国诗人，文学批评家。

依照那时的习俗和法规,丈夫要有一个官职是必要的。这样就可以明白沙皇把普希金复任为政府官吏的"恩惠"了。诗人的妻子不了解她丈夫的学术事业。她年青、漂亮,她喜欢纷扰的社交生活和社交的成功。社交生活需要巨大的耗费,这不是普希金文章的稿费能够抵得过来的,更不是他父亲分给他的那份毁坏了的、抵押了的产业的收入能够抵得过来的。

普希金虽然有活泼热情的性格,他却始终特别地非常爱好写作。P. 甫雅柴姆斯基[1]写道:"写作是他的避难所,疗治他的悲痛的泉源,他的忧愁在这里变成快乐,他的衰弱了的力量在这里恢复了。当他觉得有了灵感,沉入写作中的时候,他平静了,他更勇敢,他再生了。"

普希金渴望着一心写作,但是他在圣彼得堡的新生活环境不允许他集中精神。那里的生活扰乱着他,使他分心,阻碍他专心致志地做科学的创造的工作。他在那个时期写的一封信里说:"我在圣彼得堡的生活是非驴非马的,我在上流社会里打转;我的妻子大讲时髦。这都需要钱,我能够从写作拿到钱,而写作又需要清静……"

他又在另一封信里写道:"圣彼得堡在各方面都对我不合适,我的趣味既不能配合它,我的力量也来不及,但是我仍旧得忍受两三年的工夫。"

普希金的希望是不会实现的。沙皇和圣彼得堡的上流社会不允许他离开圣彼得堡,违反他的心意,把普希金留在首都的害人的、含有敌意的氛围里。然而普希金仍旧和从前一样,热切地留心着政治大事的发展,继续做他的科学的和文学的工作。

---

[1] 甫雅柴姆斯基(P. Vyazensky)公爵,普希金同时代的一个诗人。

一八三〇年，在法国七月革命之后，波兰叛乱开始了。波兰人为独立而战斗，战争延长着。到一八三一年八月俄国才攻下华沙。普希金写了爱国诗《给诽谤俄国的人们》和《波罗吉波（Borodino）之战周年纪念》，响应波兰的事变。

这几年里，农奴和地主的关系的问题，还有俄国的农民革命的问题，对普希金成了最重要的事。他亲眼看见了一八三〇年的霍乱暴动，还有一八三一年，在诺夫果罗德（Novgorod）省阿拉克契叶夫军区里发生的一些暴动。诺夫果罗德的叛乱特别值得注意，因为叛乱的兵士和叛乱的农民联合起来了。普希金的思想从一八三〇到一八三一年，这些地方性的、孤立的农民叛乱，转到了半个世纪之前（一七七三——一七七五），曾经动摇过沙皇帝国的根基的普格乔夫的叛乱。普希金请求许可他研究国家档案处保管的关于普格乔夫运动的案卷，藉口说他准备写苏瓦罗夫[1]的故事，苏瓦罗夫是参加过镇压这次叛乱的。普希金不能明白地说他对普格乔夫有兴趣，因为这样一来，就要引起对他的政治可靠性的怀疑了。

普希金对于十八世纪末期俄国的伟大的农民运动很感兴趣。为了对这次农民运动作一个澈底的研究，他请准了假，到受过普格乔夫叛乱影响的几省去旅行。他在夏季的尾上动身到卡山（Kazan）、奥伦堡（Orenburg）、乌拉尔斯克（Uralsk）去，并且访问了普格乔夫司令部曾经驻扎过的哥萨克村庄贝尔吉（Berdi）。普希金找到了活着的亲眼看见过这次叛乱的人，也看到了对这次叛乱的公开的同情。普希金记着："乌拉尔（Ural）的哥萨克们（特别是老年人）直到今天都还想念普格乔夫。一个八十岁的哥萨克女人告诉我，'抱怨他是

---

[1] 苏瓦罗夫（Suvarov，1729—1800），俄国名将。

有罪的，他对我们一点没有伤害过'。我对 D. 毕亚诺夫（Pyanov）说，'告诉我，普格乔夫怎样祝福你的结婚的？'这个老人就愤愤地回答：'在你他也许是普格乔夫，可是在我他是伟大的沙皇彼得·费多罗维奇（Peter Feodorovich）。'"

在他调查普格乔夫叛乱的原因的时候，普希金表现了卓越的聪慧。就他那时候的科学水准而论，他已经是尽可能地接近表露这次叛乱的阶级的根源了。他写道："所有的平民都拥护普格乔夫，只有贵族公开地站在政府方面。普格乔夫和拥护他的人起初想把贵族劝过来，但是他们的利害是太不相同了。"

在他从普格乔夫叛乱的区域回来的路上，普希金又停在波尔吉诺过秋天。在这里他写了许多东西，其中有一部是关于普格乔夫叛乱的历史著作，题目叫做《普格乔夫史》。普希金把这部著作送给沙皇审查时，沙皇命令他把题目从《普格乔夫史》改成《普格乔夫叛乱史》。这种题目上的不同就表现着普希金和沙皇对十八世纪农民革命领袖的态度的不同。

农民运动的主题也反映在普希金的小说《杜布罗夫斯基》里。特罗叶库罗夫（Troyekurov），一个富有的、刚愎的、专横的贵族，狡诈地夺取了他的邻居杜布罗夫斯基（Dubrovsky），一个小地主的田庄。杜布罗夫斯基的农奴都不愿意转到他的手下去，因为特罗叶库罗夫是以惨无人道出名的。乌拉吉米尔·杜布罗夫斯基找不到法理来制裁这个显赫的贵人，农奴们就在他的领导之下起来反抗了。普希金以非常的真实性描写了造反的农民。杜布罗夫斯基的农奴，铁匠阿尔希普（Arkhip），把政府的官吏们锁住一间燃烧着的房子里，但是却冒生命的危险，把一只猫从火势凶猛的屋顶上救了下来。

《杜布罗夫斯基》另外还有值得注意的一方面：它表明了普希金

对于和造反反抗地主的农民站在一边的贵族的好感。

在他婚后最初几年里,普希金还写了诗作《青铜骑士》和小说《铲形皇后》,这是他的最出色的作品中的两篇。《青铜骑士》主要的思想是要求幸福、独立、自由的权利的觉醒的个人,和专制政治所代表的历史的现实的冲突。

《青铜骑士》的艺术成就达到了艺术的最高峰。"在这里我们不知道那一点是最值得惊异的,是描写得优美呢,还是差不多散文似的单纯。这两样合在一起达到了诗的顶点。"(拜林斯基)

这首诗沙皇不许通过出版。他认为描写叶夫盖尼(Yevgeni)对于青铜骑士、彼得大帝、沙皇的反叛和威吓是不可以的。他不能容许把专制政治描写成一种不祥的残酷的力量。所以这一首诗当普希金生时一直没有出版。他死后,茹珂夫斯基迎合沙皇的检查,加以歪曲的修改之后,才出版的。

普希金的《铲形皇后》的主角是赫尔曼(Hermann),一个工兵。

赫尔曼是一个具有冷静的、老谋深算的智力和强烈的热望的人。"他有拿破仑的外貌和梅菲斯妥菲尔[1]的灵魂",但是所有他的非凡的才能,都集中在一个思想上——在发财上、在金钱上。赫尔曼是一个悲剧的形象。他结果发了狂,他对于金钱的贪欲本身是一种可怕的、致命的、毁人的力量。

普希金对于金钱的统治和俄国的资本主义早期的表现是持反对态度的。

---

[1] 梅菲斯妥菲尔(Mephistopheles),据传说是撒旦(Satan)之后七大魔鬼中最有势力的一个,歌德把他写在《浮士德》里,是一个冷酷、残忍、狡诈的魔鬼。

普希金对于平民和他们的生活的兴趣在这个时期增高了。就在这个时期,他写了《渔夫和小鱼的故事》《金鸡》《死公主》这几篇故事以及其他的作品,还从法文翻译了梅里美[1]的《西方的斯拉夫人的歌》。

---

[1] 梅里美(Mérimée,1803—1870),法国小说家。

一〇 迫害和孤独

沙皇待普希金一天天更不信任，更加脾气不好了。

诗人的夫人的美丽正在华年。沙皇希望她不仅出现在大社交场合里，并且希望她也参加时常在安尼契珂夫宫（Anichkov Palace）举行的，比较亲密的宫廷晚会。

一八三四年除夕，沙皇"赐封"诗人宫廷侍从的官职。尼古拉想藉这个"恩典"达到两个目的。一方面，他使普希金处于屈辱的地位，因为宫廷侍从的官职通常是赐给贵族青年的，可是普希金已经三十五岁，并且全国闻名了，这一定会引起宫廷侍从们的讪笑的。在另一方面，她丈夫的官职可以让娜泰里亚·尼古拉叶夫娜自由出入宫廷。

这个官职使普希金气得发狂。朋友们费了极大的困难，才阻止住他不跑进宫去，把他对沙皇所想的话去告诉他。

接连的贬谪和屈辱开始了。伟大的诗人不知道也不想去知道宫廷礼仪的繁文缛节。他常常穿着制服到安尼契珂夫宫去参加晚会，可是到了那里，却看见个个人都穿的是常服。他常常回家去换衣服，但是不回到宫里，而却拜访朋友去了。沙皇就下令把他的不快通知普希金。普希金常常托词生病，不去参加宫廷的大典。沙皇每次都要问他不到的原因，常常甚至于要派医生去看他到底是否真正有病。

政府的迫害变得越来越难以忍受了。警察又开始截取普希金的信件。普希金的夫人在卡鲁加（Kaluga）省过春天和夏天，普希金在一封给她的信里，说了些不满他的宫廷官职的话，坦白得像是在自己的日记上说的一样。这封信被呈给沙皇，沙皇大怒。茹珂夫斯基好不容易调停了这件事。普希金在日记里说到这个插曲道："沙皇很不高兴，因为我说到我的宫廷侍从官职的时候，一点都不感恩；而我可以做他的臣民，甚至于做奴隶，但是决不能做一个侍役或是弄臣，那怕就是给天上的王。可是我们政府的习惯是这样的不道德透了！警察拆丈夫给妻子的信，把它们送给沙皇去读，沙皇一点不觉得羞耻地认可这种事情，并且许可够得上称为维多克（Vidok）和布尔加林的阴谋发展下去！"

普希金在这里就重复俄国另一个天才罗摩奴梭夫[1]的话，罗摩奴梭夫是从社会的最下层站上来的，曾经受过专制政治和贵族极多的苦，有一次说道："我不仅拒绝做显赫的贵族或者地上的君王门下的弄臣，那怕就是做上帝面前的弄臣我也一样地拒绝，上帝给了我智慧——除非他再把它从我这里拿去。"

普希金连和他妻子通信的自由都失去了。明明知道他的亲昵的信件会落进陌生的、肮脏的手里，就赶跑了所有的写信的欲望。他对他妻子解释道："我没有写信给你，因为邮政当局的猪猡行为使我不愿意写信，连笔都不想拿了。想到有人在窃听我们，就令我生气极了。A la lettre……我把大部分时间消磨在家里，在俱乐部里。我的行动很合礼；只是有一桩事不好……肝火太旺了。但是你在这里不能不冒火的……""没有你在一起生活，又不敢把心里想写的话写给你，真是闷人。"

---

[1] 罗摩奴梭夫（M. V. Lomonosov, 1711—1765），俄国作家。

一八三四年六月尾，普希金递了一个请求辞职的辞呈。沙皇非常地生气。在惩戒和迫害的恐吓之下，普希金不得不请茹珂夫斯基调停，收回他的辞呈。一年之后，普希金请求沙皇准他三四年的长假，住在乡下，他写作可以不受烦扰。沙皇给了一个阴险的回答，并不是直接拒绝，而是一句假仁假义的话，让普希金选择一下，是住在圣彼得堡呢，还是免职及免职后的一切后果。

诗人像从前一样的被束缚着。他不许离开圣彼得堡。

沙皇和班肯道夫的态度就是迫害运动的信号。检查官对普希金作品的留难，本来已经够坏了，这时变得更坏。普希金的作品要经过沙皇和班肯道夫的检查，虽然如此，教育部长乌瓦罗夫（Uvarov），尼古拉反动政策热心的执行者，要求把普希金所写的一切文字，由专门的职业检查员们再加以严格的审查。

政府御用的批评家和刊物，也加紧攻击起普希金来，他们从对他的作品作恶意的不公正的批评，变成公然地毁谤。

在这些痛苦之外，普希金还处在紧迫的经济困难中。他的宫廷官职，沙皇，他的妻子所需要的社交生活，他的力量是供给不起的。普希金有四个孩子。他还要供给他妻子的两个妹妹，他的弟弟，还要接济他的父母。圣彼得堡的社交生活阻碍他写作。差不多在他请假不准的时候，他的债务达到了六万卢布，其中有二万卢布是因为印《普格乔夫叛乱史》欠的沙皇的（这就是说，欠的国库的，但是沙皇是不分他自己的钱和国库的钱的）。被极端的需要驱使着，他请求预支了三万卢布的薪俸。这样，就是在经济方面，诗人也受了沙皇的束缚了。

在这些不停的迫害、苛求、经济烦恼、扰乱、惊慌，得不到任何同情和了解的环境里，普希金不能够写作是不足惊异的。他通常秋天写作得最好。他的写作的渴望驱使着他在一八三六年的秋天到米哈伊罗夫斯基村去，但是可爱的季节和他的故乡全都一点帮助没有。他在那里也不能使心情安静，而这是创作的主要条件。普希金从米哈伊罗夫斯基村写给他妻子的信上说："我离开你已经整整一个星期了，可是没有用，我还没有开始写，也不知道什么时候才能开始。"十天之后他又写信给他妻子："想想看——我还没有写出一行诗来呢；这完全是因为我定不下心来。"

普希金是苦恼的，没有保障的，孤独的。他没有一个可以帮助他的人，没有一个可以倚靠的人。他很少的几个朋友，例如，像茹珂夫斯基，他的帮助诗人，不过是劝他心服口服地完全服从沙皇、政府和社会而已。但是普希金不能够也不会服从摧残他的天才的人。他受到痛恨，因为他有独立性，因为他的自尊心，爱自由，因为他的作品的进步性，因为他蔑视上流社会和卑躬屈节的奴隶性。普希金在一封给他妻子的信里写道："给我灵魂和才能，却让我生在俄国，这是魔鬼的作祟呵！"

一八三四年一月，一个法国的逃亡者，当泰男爵（Baron D'Anthés）做了俄国禁卫军里的军官。当泰是一个极端反动派。一八三〇年法国革命之后他被迫离开法国。这个无廉耻的冒险家找到了荷兰驻圣彼得堡的公使赫克仑（Heckeren）做他有势力的靠山，赫克仑和他是有不自然的性关系的。赫克仑就真正地收养了他，并且给了他自己的姓。当泰就称他自己是当泰·赫克仑男爵。他是漂亮而且脸厚的，在圣彼得堡上流社会里就很成功。他注意到普希金夫人的美丽和普遍的对她的倾心，于是死不要脸地追起她来了。上流社会是怀恨诗人的，就开始散布成为普希金致命伤的流言了。后来，在普希金死后，沙皇写信给他弟弟说："早已就该预料到他们的狼狈的情况结果要决斗的了。"因此，尼古拉在事前早已就看到了决斗的可能性，而他不采取防止它的步骤。少数希望普希金好的人里，有一位阿德莱堡伯爵（Count Adlerberg），曾经想法解救普希金。当泰偶然表示他想到高加索去打那些山地民族。阿德莱堡伯爵就到沙皇的弟弟，禁卫军司令米凯尔（Michael）那里去，告诉他自己关于普希金的恐惧，请求他把当泰派到高加索去。可是这个国际冒险家当泰对于宫廷和上流社会，比伟大的诗人更要可贵。宫廷和上流社会希望在这个冲突里他们可以去掉普希金。

一个残酷野蛮的反对诗人的运动在展开了，但是普希金继续地写作，不管这些，尽了他的最大的能力。一八三五年他获得许可出版一个杂志《现代人》（Sovremennik）。普希金贡献了许多时间和精力在这个杂志上，并且在上面发表他的作品和札记。俄国文学的每一个成功都使他欢喜，他鼓励开始写作的人和新作家。普希金是第一个首先注意果戈里，并且鼓励他的人。他把许多重大的问题放在年青的果戈里面前，并且给他建议创作的题旨。果戈里在《一个作者的自由》里写道："普希金使我严肃地来看这事情，他给了我他的一个情节，他打算拿来写成诗一类的东西的，并且他说，这是不会给任何别的人的。这就是《死魂灵》的情节。"（《巡按大人》的意思也是属于他的）

普希金也是第一个注意果戈里艺术的主要特点的人，这特点后来拜林斯基称之为"含泪的笑"。

果戈里回忆说："当我开始把旧版《死魂灵》的头几章读给普希金听的时候，听我读东西，他总是常常发笑的（他总是笑得这样的高兴），他变得渐渐地忧郁，渐渐地忧郁，最后变得很忧伤了。读完过后，他用痛苦的声音说：'天呵，我们俄国是多么的悲哀呵！'"

普希金努力想打破他的孤独。他寻找能够和他一起工作的新的人们。他很尊重拜林斯基,并且想请他在《现代人》上写作。死阻止了他实行他的这个意思。

在他的末年,普希金在《现代人》上发表了一个长篇小说《队长的女儿》,这是他在以前写的,是他研究普格乔夫运动的一个收获。普希金这时在写一个封建制度衰亡时代的剧本,叫做《骑士时代景象》,在里面他描写农民反抗封建地主的暴动。他没有能完成这个剧本。他的小说《埃及的夜》也没有写完。

在普希金文学创作后期的抒情诗里,《队长》是一首出色的诗。这首诗里所写的队长是巴克莱·德·托里(Barclay de Tolli),他曾经草拟和拿破仑作战的正确的作战计划。但是托里不被人信任;他被调了职,虽然抵御法国侵略的战事在实际上是按照他的计划进行的。想起巴克莱·德·托里的命运,普希金就想到他自己的命运。在这首诗里有很多自传的描写。他用下面的几行诗结尾:

> 呵,人呵,值得泪和笑的可怜的种族,
> 朝生暮死趋炎附势的诗翁们呵!
> 你们多么常常看见一个偶然的过客,
> 受盲目的轻率的时代的咒骂,
> 而他的高贵的思想却将要成为
> 另外一代,下一代的诗人的灵感!

刚刚在他死前不久,普希金写了《我的墓碑》这首诗:

> 我永远不会死亡——在竖琴里

我的不朽的灵魂将要永生——
我将要受到赞美，
只要人间还有一个诗人生存。
我的名字将要传遍俄国广大的领土，
他为每一个生存的人所熟悉：
为斯拉夫的骄傲的子孙，为芬兰人，
为现在是野蛮的通古斯人，原野的爱人卡尔美克人。

一 决斗和死

普希金的烦恼继续着，毁谤他的谣言继续地传播着。一八三六年十二月四日，普希金从邮局收到一封匿名的讽刺信，这样写着："高等王八团之英雄，将官及武士，兹在团长 B. L. 纳里希金（Naryshkin）阁下主席之下开会，已一致选举亚历山大·普希金为王八团团长兼团史编纂人矣。"

同样的匿名信也寄给了普希金的朋友和熟人。

这封匿名信明白地暗示尼古拉一世在追逐普希金夫人。纳里希金是亚历山大一世的爱人的丈夫。这封匿名信称普希金为纳里希金的继承者，这就暗示着普希金的命运是对尼古拉一世演纳里希金对亚历山大一世所演的同样的角色。

这个匿名的讽刺信是一个无赖和淫棍，P. V. 多尔果鲁珂夫（Dolgorukov）伯爵写的。但是多尔果鲁珂夫不过是这桩事的罪犯之一罢了。在他背后站着的是堕落的上流青年，某些高级官员，其中或许就有教育部长乌瓦罗夫，以及外交使团里的一些人，其中有荷兰公使赫克仑男爵。

普希金确信这个卑鄙的匿名信是从追逐他妻子的当泰的义父、赫克仑男爵发出来的。因为赫克仑的地位和年龄，要求他决斗是不方便的。普希金就把决斗书下给了当泰。赫克仑公使被下给他义子的决斗书吓住了。不论决斗的结果如何，只要决斗的事件发生，他就一定要失去他十分看重的在圣彼得堡的地位。为了逃出这种局势,当泰就向早就爱着他的普希金夫人的妹妹,叶卡吉林娜·冈卡罗瓦(Ekaterina Goncharova)求婚。这个求婚就可以断定他过去对娜泰里亚·尼古拉叶夫娜的殷勤,目的是在常常看见她的妹妹罢了。当泰的求婚证明了他是一个懦夫,并且让他在社会人士的眼中觉得可笑。可是,上流社会对普希金的仇视这样的深,甚至有些人竭力把当泰求婚的卑鄙可耻的动机说成伟大的英勇的行为,增加了他的"高贵",等等。在当泰宣布求婚之后,普希金撤回了他的决斗书。普希金绝对地拒绝和他的新"亲戚"有任何来往。但是,当泰甚至于在和她妹妹结婚之后,仍然继续追逐普希金的夫人。

上流社会重新又用流言污毁起普希金来。普希金非常烦恼。他被仇敌包围着。他把这种阴谋告诉尼古拉,并且让他明白地知道,这种散布的关于他的流言,也玷污着皇帝的本身。尼古拉命令他不要说话。

于是普希金送了一封侮辱的信给赫克仑,在这以后,一切退步的路都断绝了。当泰被迫接受了普希金的决斗书。

当泰的副手是达尔凯(D'Archiac),法国使馆的一个职员。普希金的副手是他的朋友唐札斯(Danzas)。普希金在决斗之前是平静的,甚至是愉快的。在决斗的一小时前,他还忙着关于杂志《现代人》的事,并且写了一封信给作家伊希摩瓦(Ishmova)谈了些事情。

决斗发生在一月二十七日,在圣彼得堡军官别墅(Komendantskaya Datcha)附近的 Chornaya Rechka。他们决斗的地方满盖着雪。副手们踏出了一条小路,放下他们的大衣来做射击线。信号发出了,两个敌手就迎面走过来了。当泰首先开的枪。普希金的腹部和肋骨受了伤,倒下了。苏醒过来后,他表示希望利用他有权放的一枪。他微微抬起身子,对他的敌人开了枪。子弹打中了当泰,但是他只受了一点轻伤。

副手们把普希金抬到马车上,赶回家去,家里的人正等他吃中饭。唐札斯走进餐室里,把决斗和普希金的受伤告诉普希金夫人。娜泰里亚·尼古拉叶夫娜看到受伤的丈夫,就晕倒了。普希金被安置在他的书房里。他直到一切的事情都弄好了,等他脱了衣服抬到床上之后,才允许他的夫人到书房里来。他不愿意让她看到他的伤而害怕。

普希金的伤痛苦得不能忍受。他知道他要死了,但是他勇敢而且平静。即使诗人在临危的床上,尼古拉一世也不让诗人安静。他送了一封信给普希金,要他在死前遵守基督教的仪式,以这个作为保证赡养他的妻子儿女的条件。由于担心诗人的家属和文学遗产的命运,茹珂夫斯基为普希金最后临危的几小时做了假。在回答沙皇问普希金死前有什么对他的最后的愿望时,茹珂夫斯基告诉沙皇说,普希金曾经说:"告诉他可惜我要死了;我愿完全都是他的。"

普希金绝对没有说这些话。当茹珂夫斯基被人责备说这样的话时,他辩解说,因为他顾虑普希金夫人和孩子们的命运。

在死前,普希金向在面前的朋友们告了别,并且祝福了他的孩子们。旧历一月二十九日(新历是二月十日)下午二时四十五分,他死了。

一二　人民的悲伤

普希金死时,《俄国老兵文学增刊》报发表了下面的哀启:

我们的诗的太阳落下了!普希金死了!死在生命的壮年,死在他的伟大事业的中途!我们对这个不能再说什么,也无须多说了。每一个俄国人的心都知道这个无可挽回的损失的价值,每一个俄国人的心都在悲痛:普希金!我们的诗人!我们的喜悦!我们民族的光荣……普希金不再和我们在一起了,这是可能的吗?想到这个而能自已,是不可能的。一月二十九日,下午二时四十五分。

《俄国老兵文学增刊》的编者,因为这个哀启受了教育部长乌瓦罗夫严厉的斥责,这位部长说:"'诗的太阳',为什么有这样的光荣?'普希金死在他的伟大事业的中途'——什么事业?他是一个战士,一个司令官,一个部长,还是一个政治家?写写诗并算不得是做伟大的事业!"这个插曲反映着人民和官方对于普希金死的两种态度。

政府只想把普希金看做一个卑微的宫廷待从。沙皇因为普希金入殓时穿的是常服而不是制服,表示不高兴。普希金被谋杀后,几乎上流社会中每一个人都偏袒当泰。他们去拜访赫克仑,表示他们的同情,并且问候他的所谓的义子的健康。

但是人民感到极大的悲痛。每一阶层的俄国人民，凡是知道普希金的名字的，都感到极大的悲痛；人民想法表现他们的同情来纪念诗人，以及他们对这罪恶的愤怒。

一个当时的女子叙述道："当他的遗体停留在家里的三天中间，各种年龄各种职业的人民群众，继续不断地围着他的棺材。女子、老人、孩子们、学生，穿羊皮外套的平民，有的甚至穿着破衣，都来对他们爱戴的民族诗人的遗体鞠躬。看见这些平民的敬重，令人感动。但是在我们的富丽堂皇的客厅里和芳香的闺房里，几乎没有一个人哀悼他的辉煌事业的短促。甚至于还听得到用侮辱的字眼来谴责辱骂这个著名的诗人，勇敢牺牲他的生命保全他的荣誉的不幸的丈夫；而同时都在颂扬那个有三个祖国（法国——出来地，芬兰——义父的国籍，俄国——任职地）和两个姓（当泰——本姓，赫克仑——义姓）的下流骗子和流氓的侠义行为。"

据可靠的消息，一天之中就有三万之多的人民来向普希金的遗体致最后的敬礼。人民拥挤在街上，进到屋里，哭泣着、哀悼着。

这是十二月党人起义之后，群众的第一次政治性的表示。

更值得注意的是，在集合起来对普希金的死表示哀悼的人群里，显露了民主的势力。萨克森（Saxony）驻圣彼得堡公使率直地报告他的政府说，对于死去的诗人的同情"是由圣彼得堡居民中的第二阶级和第三阶级（即中等阶级和下等阶级）表示的"。德国外交代办李贝尔曼（Liebermann），他对普希金的态度是很敌视的，他的报告是最值得注意的。他写到群众的激愤和为诗人被谋害复仇的普遍的要求："这些情感在首都的广大人民群众中，比在上流社会中，表现得远为有力……普希金在俄国下层阶级人民中更得人心，也更受赞扬。普希金的死在这里显得像是国家的一个无比的损失，是一个社会的灾难。诗人死了,而他活着的仇敌是一个外国人,这事更加激发民族的自尊心。这些情感即使在举行葬仪时也表现着……从普希金死时起,到他的遗体移到教堂去止,据估计大约有五万各种职业的人到他家里来过。许多团体要求准许抬他的遗体,甚至于有许多请求把马卸下来,让人来拖灵车。"

目睹的俄国人也记载着同样的事实。A. I. 屠格涅夫(Turgenev),有名的十二月党人屠格涅夫的兄弟,在一封信里写道:"学生们要穿着制服参加葬仪。大半他们是不会得到许可的。只有我们那些所谓的上流人士,或高等贵族,不去向这个俄国的天才致最后的敬意;几乎没有一个朝廷的达官贵人到普希金的棺材这里来过。"

全国人民对于诗人的哀悼和一致愤怒民族天才的刽子手们的,在莱蒙托夫(Lermontov)的《诗人的死》里表现得最好,这首诗很快地就以手抄本传遍了全圣彼得堡:

> 诗人倒下了——一个荣誉的奴隶——
> 他倒下了,受着恶毒的流言的诽谤;
> 铅弹贯穿了渴望复仇的心,
> 诗人的高贵的头垂下了!
> 而你们,劣迹昭著的人们的
> 蛮横的子孙,
> 以奴隶的热心,
> 践踏幸运背弃的家族的后裔,
> 你们,贪婪的一群,站在皇座的四周,
> 杀害窒息自由、天才、荣誉!
> 你们躲在法律的帐幕背后,

在你们前面——正义,真理,不能出声!

但是,奸恶的凶手们,这里还有一个正义的法庭,

在天上有一个更严正的法官;

他等待着;没有金钱能够买得动他

并且他预先就知道了你们一切的思想和行为。

呵,那时你们中伤的惯技就无从施展了

——那就一点用都没有了。

而你们血管里的所有的黑血呵

也不足抵偿正直的诗人底神圣的血液!

  人民的愤怒的暴风雨般的表现,规模之大是那时没有听见过的,吓坏了圣彼得堡的贵族。有些受了惊吓的贵族,有男的也有女的,开始向班肯道夫请求保护,来压制这些"乱党"。政府和沙皇也恐慌起来了。俄国报章杂志上禁止写任何关于普希金的东西。"不仅禁止写普希金死的真实的情形,而且也禁止写他的作品在文学史上的意义。"(希柴果莱夫 Shchegolev)普希金的剧本《贪婪的武士》本来排定在二月一日,名艺术家卡拉蒂金(Karatygin)的慈善夜在亚历山大林斯基剧院(Alexandrinsky Theatre)上演,因为害怕群众示威,上演就取消了。普希金的住宅受宪兵的糟蹋。在周围邻近的院子里安置了一队哨兵。

  因为那首纪念普希金逝世的诗,莱蒙托夫被流放到高加索的前线上,到和山地民族作战的军队里去了。为了避免群众示威,政府偷偷地把举行葬仪的地点和时间都改变了。葬仪本来定在白天在卡山(Kazan)大礼拜堂举行。政府下令改在夜间抬尸体,葬仪在戈纽申那亚教堂(Konyushennaya Church)举行。警察当局把这个警戒计划看得这样重大,命令是交给宪兵团参谋长杜伯尔特(Dubbelt)来执

行的。他亲自和他最亲近的部下实行这个"战略行动"。甚至连忠心耿耿的茹珂夫斯基也失去了所有的忍耐性,愤怒起来了。他写道:"规定举行葬仪的礼拜堂改变了,尸体是秘密地令人吃惊地在夜里运去的,没有火把,差不多没有一个送的人。在抬尸体出去的时候,不过到了十来个普希金最亲密的朋友,当他们给死者祈祷的时候,宪兵站了一屋子;我们被包围,像受宪警护卫似的把遗体引到教堂。"

这是普希金另外一个友人,甫雅柴姆斯基,关于这件事情的记载:"在规定举行葬仪的那天晚上之前,普希金住宅的小客厅里,到了大约有十个亲戚和朋友,却来了整整一大队宪兵。可以一点不过火地说,棺材周围站的宪兵就比朋友更多,更不用说站在街上的一队哨兵了。在十一二个朋友和最亲近的熟人,到这里来对死者致最后的敬礼时,他的家被宪兵糟蹋着,但是这种军事武力是集合来对付谁的呢?那些伪装的但是很容易就认出来的密探是对付谁的呢?他们到这里来,为的是让我们不出他们的监视,来偷听我们的诉怨、我们的话,来看我们的眼泪、我们的沉默。"

政府命令普希金的尸体秘密地葬在米哈伊罗夫斯基村,不准葬在圣彼得堡。普希金祖产所在地普斯珂夫省的省长也接到训令,保守埋葬的秘密。装着诗人遗体的棺材在一个普通的雪橇上拖着,由一个宪兵护送着,还有一个唯一的普希金的朋友——A. I. 屠格涅夫。

被谋害了的诗人被葬在斯维亚多果尔斯基修道院的墓地里,修道院靠近他常常在诗里歌颂的米哈伊罗夫斯基村。棺材是米哈伊罗夫斯基村的农民从教堂抬到墓地去的。他们许多人都哭了。

就这样子,他们埋葬了最伟大的俄国诗人,俄国人民的民族的光荣,世界上最杰出的天才之一,他的作品已经坚实地列在国际文化的宝库中了。

叙述与描写

卢卡契 著

译者小引

《叙述与描写》不是谈技巧的，它是讨论创作方法和原则的。

这一篇的原题作《叙述对描写》（*Narration vs. Description*），分载在一九三七年五月、六月号的《国际文学》（英文本）。原作是德文，英译者是 S. Altschuler。发表的时候，正题之外，还有一个副题——"论自然主义和形式主义的专题论文"。

这样一篇论文，在今天，它所提出的问题，有特别值得我们参看的地方。

自然主义和形式主义，在今天，应该已经没有问题了。但是事实上，我们时时看到许多新的自然主义、形式主义的作品，不断以新的形体出现。左拉的生物学的理论，虽然没有人去信奉他。但是弗罗贝尔冷淡的旁观现实的态度，左拉"文献性"小说的作风，却是很流行的。观察——收集分配材料——描写，这样的创作程序；浮光掠影地抓住事物的外表，或者一些印象，藉助细致的描写来掩饰自己的庸俗和浮浅，运用文学的辞藻使读者眼光缭乱，铺张现象外表的细节，人物外表的特征，代替深刻的、艰苦的"典型环境中典型性格"的创造，这样的写作方法，仍然是被很多作者运用着的。

不但是作者，甚至有些以指导"青年自学"自任的人，也在书里大写宣扬弗罗贝尔、左拉的"现实主义"，认为巴尔扎克都还不及他们的"现实主义"澈底。把巴尔扎克的现实主义和弗罗贝尔、左拉的"现实主义"混为一谈,宣称巴尔扎克只是现实主义的"始创者",弗罗贝尔则是"奠基者",左拉才是更进一步的发扬者。

这样,弗罗贝尔、左拉的"现实主义"——求外表上细节的真实和完整,不能分辨主要的和次要的,本质的和非本质的,必然的和偶然的;将枝叶烦琐化,铺张扩大,代替典型的创造,以现象的外形代替现实和本体——客观主义的自然主义,压倒了探究人和社会的本体,包含着表现"典型的环境中的典型人物",现实的扩展和概括的素质的巴尔扎克的现实主义。恩格斯告诉我们:"巴尔扎克——我认为他比过去、现在、未来的一切左拉都要伟大得多,他是伟大的现实主义的艺术家。"而我们的理论家指导青年,左拉的现实主义还高于巴尔扎克!

看到了那样的作品和那样的理论,恐怕不能不有所感罢。那末,读读这一篇,或者所感的会更明晰起来,并且作进一步深思的。

在《叙述与描写》里,卢卡契从巴尔扎克和弗罗贝尔、左拉人物绘写、行动结构方法的不同,追溯到生活态度的差异,社会发展的根源,世界观的认识的根源;探讨到现实主义的史诗创作的原则和弗罗贝尔、左拉的创作原则,把握选择生活的本质的史诗的方法和表现细节的无选择的自然主义的描写的方法,史诗的成为诗的,"人的因素"的素质和左拉等描写表象的"死亡的自然"的结果,史诗的结构和"世界观"的联系,自然主义派失去绘写生活过程真实脉搏能力的基本的弱点,意识形态和诗的弱点。最后,说到苏联文学创作上存在着的自然主义、形式主义的影响,积极地参与生活的必要,必须克服旁观的描写方法底文献化、公式化、图式化、定型化、庸俗化、抽象化的残余。

在这里,卢卡契不仅只批判了自然主义、形式主义从生活到写作的方法；并且在解析史诗的创作原则和诗的因素上，直接间接给与我们不少启示，其中虽有可以商讨的地方，却有很多地方让我们深思。至少，我们也该多少回顾一下自己的足迹——到底是在真实地创作现实主义的作品呢，还是一向就是走的自然主义、形式主义的创作路线，仅仅打着现实主义的大旗而已？

这情形如果是存在的，那末，在真实的人民文学工作者，那就应该以严肃的自我批判，以坚强的战斗，来——"清算自然主义！"

关于作者卢卡契（Georg Luacs），知道得很少，只从《国际文学》的后记上知道他是匈牙利人，文学史家，文学理论家，现在苏联。近著有《十九世纪的文学理论与马克思主义》《席勒的美学》《现实主义史》《历史小说》等。一九三九年，他的《现实主义史》出版后，有些地方受到批评家的指摘；后来，由于里夫西茨的反驳，引起一九四〇年的一次文艺论争。

在论争中，有些批评家批判卢卡契和"潮流派"：说他们以人民性代替阶级性，认为落后的保守的世界观是创作优秀艺术作品的有利基础，把苏联艺术家的典型和帝国主义时代资产阶级作家的典型等而观之，"认为苏联文学是颓废精神的表现之一"；批评苏联文学的事务主义性（Bureaucracy）和"图解性"（Illustrativeness），认为"苏联作家所应关心的，不是把正在革命发展中的社会主义现实给以忠实反映的问题，而是把科学尚未知道的新观念加以公式化的问题。"……

这些，在《叙述与描写》里，都还不能看到。这次论争的文字，译成中文的很少。或者，这一篇也可以作一个附带的参考罢。

一九四四年十二月

叙述与描写

深入就是把握事物的根。一个个人的根，无论怎样，正是那个个人的本体。

——马克思

一

不用什么绪论，我们开始就说正文吧。在左拉（Zola）底《娜娜》（*Nana*）和托尔斯泰（Tolstoy）底《安娜·卡列尼娜》（*Anna Karenina*）这两本著名的小说里都有赛马的描写，这两个作家是怎样来接近他们底课题的呢？

左拉底赛马的描写是他的文学技巧底一个灿烂的样本。凡是在赛马当中可以看得到的每一件事物都被精确地、如画地、生动地描写出来了。这实在是一篇关于当时的赛马的小小的论著。赛马的一切场面，从备马鞍子到"完事"，都是用同等的精密描写了的。观众的看台是在第二帝国[1]时代的巴黎上流社会的洋洋大观底灿烂的彩色中呈现了出来。在场景背后的世界的描写也是一样的精密。赛马的结果完全是意外的，而左拉不仅仅是描写这个结果，并且暴露了在它背后的骗局。可是，这种精巧的描写仅仅只能算是这篇小说本身的一段穿插。赛马这一偶然的事件和整个情节的发展结合得非常疏懈，而且很容易地就能够把它抽掉出来。唯一的联系的连环只是：娜娜底许多逢场作戏的客人之中的一个人由于骗局的暴露而毁灭。

这段插曲和主体的题旨相联系的另外一个连环甚至于是更少实质的重要性，而且对整个情节不发生任何作用——可是，也正因着这一原因，这才是左拉风格的更大的特质，这就是：那匹得胜的马的名字也叫做娜娜。左拉极力利用他的机会来加强这个巧合。上流妓女娜娜的同名者的胜利象征着她在巴黎上流社会和花国里面的胜利。

在另一方面，《安娜·卡列尼娜》里的赛马则是整个情节底一个本质的部分。伏浪斯基（Vronsky）的堕马在安娜底生活里是一件生死关头的事件。恰恰正在赛马之前，她确实知道她是怀了孕了，并且，经过了某种痛苦的犹疑，她把这件事告诉了伏浪斯基。伏浪斯基的堕马所引起的震动给与了她和她丈夫作决断的谈话的冲动。这样，作为这场赛马的结果，这篇小说底主要人物的相互关系进入了一个完全新的场面。这不仅仅是全部场景的一部，而且是高级的戏剧性的场景的连续，是全部情节底发展之中的一个转变点。

这些场景在这两篇小说里的完全不同的作用正好反映着他们的

---

[1] 第二帝国（Second Empire），法皇路易·拿破仑任位的时期，法国史上称为"第二帝国"。

"表现态度"。左拉底描写是从一个"旁观者"的观点出发的,托尔斯泰是从一个"参与者"的观点来写作的。

因此,伏浪斯基堕马的故事就成为整个情节中的一个本质的部分。托尔斯泰加强着:这次骑赛不仅仅是一个插曲,在伏浪斯基的生命中这不是一个全不重要的事件。这位野心的官员在他的军事功业上遭遇了许多环境事势的阻碍。在这许多环境事势之中,他和安娜的关系是最重要的一个原因。

当着皇室和上流社会的面前赢得赛马的胜利,这是在满足他的野心上仅存的一些可能性之中的一种。这样,一切为了赛马的准备,一切赛马本身的诸场面,就构成一幕重要的戏剧底诸部分。它们在它们的戏剧性的连续中被写述了出来。伏浪斯基的堕马是有关他的生活的这一场面的最高点,至于他的敌手追过他的这件事实,只要一句话就可以表白过去了。

但是无论如何,这还没有尽罄地把这一场景底史诗的紧张性分析出来。托尔斯泰是不描写"现象"的,他陈述他的人物的命运。这正是为了什么原因这件事件的发展是在一种真实的史诗的风格之中"叙述"了两次,而并不是绘画似的描写。在第一场叙述里,伏浪斯基是赛马中的一个竞争者,他是中心的人物,在准备赛马本身上的每一件要素性的事物都是必需加以精确的巧练的写述的。在第二场叙述里中心的人物就是安娜和卡里宁(Karenin)。这第二场关于赛马的写述并不是直接地接续着第一场叙述的,这正表现出了托尔斯泰的非凡的史诗的技巧。为了使得赛马的故事成为这一天的最高点。他陈述卡里宁怎样经过了赛马的前一天的日子。并且陈述卡里宁和安娜的关系。这样赛马就变成一场内心的戏剧。安娜的眼睛只追随着伏浪斯基。她不看赛马的进行,也不管其他的参加者的命运。

卡里宁仅仅观察着安娜和她对伏浪斯基堕马的反应。这一幕紧张的、无言的场景就正准备着在回家的路上安娜的爆发,她把她和伏浪斯基的关系向卡里宁公开了出来。

有些"现代派"的读者们和作家们可能会这样说:

> 就承认在我们面前有两种不同的绘写的方法吧,但是托尔斯泰不是为着使戏剧发展的目的,把整个的插曲变成一件仅仅只是偶然性的事件,带进这篇小说之中来,把赛马和小说里中心人物的命运结合起来的吗?而左拉底这一插曲的描写,它的本身的完全不就是给与了我们一幅重要社会现象底图画?

问题现在起来了:在一种艺术的绘写之中,什么是本质性的,什么是偶然性的呢?事实上,没有偶然性的诸因素,每一件事物都是死的,并且也是抽象的。假如完全弃绝了一切偶然性的因素,没有一个作家能够创作任何事物底栩栩如生的绘写。在另一方面,作家必需要高升在庞杂的赤裸的诸偶然事象的运用之上,并且把偶然性的事件提高到艺术的本质性的水平线上来。

另外又有个问题:什么东西从艺术的观点上可给一段插曲以本质性呢?是它的描写底完全呢?还是那些人物对于种种事件——他们参加在这些事件之中,他们的命运由这些事件决定,并且经由这些事件,他们演出了他们的戏剧——底种种关系底本质性的特质呢?

伏浪斯基的野心和他的参加赛马的结合产生一种和左拉底描写赛马的精密性完全不同的本质性的特质。从客观的观点看来,去看赛马或者是参加赛马可以看做一个个人的生活中的一段插曲。托尔斯泰把这段插曲跟他的小说里的中心人物底重要的"生活戏剧"紧密地联系起来了。这是真实的,赛马仅仅是一个冲突的爆发的机缘;但是这个机缘,由于它会合着伏浪斯基底社会的野心——这个悲剧发展下去的一个重要的因子——这决不是一个偶然的事件,一种偶然性的事件。

但是在文学里我们能够找到甚至于是更显著的实例,在这些实例里,在以现象的偶然性或以现象的本质性来表现现象这一点上,这两种方法的对照以更外精确的明晰表现了出来。

拿左拉小说里的戏院的描写来和巴尔扎克(Balzac)底《失去的幻想》(*Lost Illusions*)里的戏院的描写比较一下吧。在表面上有许多相似的地方。左拉的小说由此展开的第一夜的演出决定了娜娜的生涯。巴尔扎克小说里的第一夜的演出是吕桑·得·吕邦勃海(*Lucian De Rubem Pres*)底事业的一个转变点——他从一个无名的诗人变成一个成功的敢作敢为的新闻记者。

左拉用他常用的细密的完全性来描写剧院。第一是从观众的地点开始:每一件在正厅、花厅、包厢,等等的地方所发生的事情。舞台被用非常的文学技巧描写了出来,但是他的趋向论著式的完全性的倾向对这并不适合。他用小说底另外的一章作了一个同等精密的描写,专写剧院底内幕以及从舞台上所看见的戏院。并且为了完全这幅图画,在第三章里又来了同样细密而且灿烂的一幕预演底描写。

巴尔扎克的描写里缺乏这样细节的文献式的完全性。对于他,剧院和演出只是内心的人的戏剧舞台(Arena):吕桑的出头,珂拉丽叶(Coralie)底艺术的生涯,吕桑和珂拉丽叶之间的热爱的开始,吕桑和他从前的达赫台派(D'Arthez Circle)的朋友以及和他现在的恩主卢斯道(Lousteau)未来的冲突,他对巴尔叶东夫人(Madame de Pargeton)的复仇行动的开始,等等。

但是在这一切直接或者间接联系着剧院的斗争和冲突之中写述出了什么东西呢?这就是在资本主义之下的剧院的命运:剧院对于资本主义,对于在它本身那一方面又是附属于资本主义的新闻事业,对于这二者底错综的多种的附属关系;剧院与文学,新闻事业与文学底相互的关系;女演员底公开的与秘密的卖淫生活底集体底资本主义性。

这些社会问题也出现在左拉的小说里,但是它们仅仅是被作为一些社会的事实描写着,而没有暴露出它们的根源。那位剧院的导演不断地重复着:"不要说什么'剧院',说'妓院'好了。"巴尔扎克正"表现出怎样"剧院在资本主义之下被迫卖淫了。在这里,中心的人物底戏剧和这一戏剧——他们工作的场所,那些和他们共同生活的事物,他们搏斗的围场,那些他们的关系在其中获得表现,并且通过它们被实体形象化了的周围的诸境物——糅合为一了。

确实的,这是一种极端的情况。在我们四周的种种客体并不总是而且也不必需是像在这一情况中一样,如此紧密地和我们的命运相联系着。它们可以像在巴尔扎克底小说里所写的,是我们的社会的命运底决定的因子;但是它们也可以只仅仅是我们的活动,我们的命运底发展的人生舞台。

在这里所指出来的对照,在我们着手将这样的人生舞台作文学的表现的场合,是不是也存在着呢?

W.斯考特(Sir Walter Scott)[1]在他的小说《掘墓者》(Old

---

[1] 斯考特(Sir Walter Scott,1771—1832),苏格兰诗人,历史小说家。著名诗作有《湖上女郎》(*The Lady of the Lake*)等。小说有《萨克逊战后英雄略》(*Ivanhoe*)、《掘墓者》(*Old Mortality*)、《威佛里》(*Waverly*)等。

Mortality）开头的第一章里，描写了在苏格兰乘着一个民众节日举行的一个军事检阅，这是由拥护斯图亚特王族（Stuarts）复辟，企图重新建立封建机构的人们，含有煽动不满、表露不满的目的所组织的一个作为检阅王军军力的军事检阅。在斯考特的小说里，这个检阅正发生在被压迫的清教徒（Puritans）起事的前夜。斯考特用伟大的史诗的技巧把那马上就要爆发血战的一切矛盾的势力一齐带到这个舞台上面来了。当着这个检阅进行的时候，斯考特在瑰奇的场景里表露出那些封建的关系已经是怎样毫无希望的老朽，并且表露出人民对于重新建立这种关系的企图的暗藏着的反抗。接着检阅之后的射击比赛，更暴露出这两个敌对的团体底内部的矛盾；只有这两个团体中的"温和派的"党人参加了这个公共的娱乐。那些小客栈里的场景表现给了我们王军的残暴；同时那位清教徒叛乱的未来的领袖伯尔莱（Burley）的形象，以它的肃穆的庄严起立在我们的面前。换句话来说，在军事检阅的场面的叙述和这一插曲底广大的人生舞台的描绘之中，斯考特同时表现出一部伟大的历史剧中一切的动向，一切的中心人物，并且把我们一下子带进那些有决定意义的行动的中心了。

弗罗贝尔（Flaubert）底《波华莉夫人》（Madame Bovary）里的农产品的展览以及授给农民奖品的描写，是新写实派描写艺术底最著名的成功之一。弗罗贝尔确确实实地在这里只描写"人生舞台"。整个的展览只是用来作为绘写卢道尔夫（Rudolph）和爱玛·波华莉（Emma Bovary）之间的爱的场景的一个机缘。人物行动的所在是一个偶然的所在，并且实实在在的在"人生舞台"这个字的文字上的意义之外，再没有别的意义了。弗罗贝尔他自己尖锐地并且讽刺地加强这个偶然性的事件。以官吏的演说和爱的对话的片断来作对照，弗罗贝尔把鄙俗的小布尔乔亚生活底公众的平庸和私人的平庸在一种讽刺的并列之中放置在一起。这个讽刺的对照是用了不起的技巧非常着实地表达出来的。

不过现在仍然存留着没有解决的矛盾：这个偶然的所在的人生舞台，这个爱的场景的偶然性的机缘，在波华莉夫人底小世界里同时正是一桩重大的事件。弗罗贝尔要给与这个环境一个完全的绘写，对于这一主要的课题，这个小世界的澈底描写具有绝对的本质性，因此讽刺的对照并不能就算尽罄了这个描写底意义。作为环境底完备的一个因素的"人生舞台"，它是自有它自己的独立意义的。但是弗罗贝尔所表现的人物仅仅只是旁观者。对于读者，因此，他们都是这幅图画底一些同性质的同等的因素，他们之所以具有本质性，仅仅不过是在他们完全了这一环境的绘写而已。他们在这幅图画里看起来好像是许多颜色的点子，并且这幅图画之所以超越在平凡的灰暗的样式之上，仅仅只是因着它的成为庸俗底讽刺的象征的原故。这幅图画获得它的意义，并不是缘于所叙述的事件底内在的人的真义——这些事件在整体上没有容受这种真义——而是由于表象的象征获得了人工的成功。

弗罗贝尔底象征是讽刺，所以达到相当高的艺术的高度，因为它——至少在某种程度上——是被用真实的艺术手法完成了的。但是在左拉底小说里，象征是被假定了要去获得社会的永久性的。当假定地把重大意义的印记盖在一件无意义的插曲上，这就脱离了真实的艺术底规范，隐喻膨胀成了现实。一种偶然的行动，一种偶然的相似，一种偶然的心情，一种偶然的遭遇，都被假定着来"直接"表现重要的社会的诸相互关系。这在左拉的任何小说里都可以找到许许多多的实例。例如《娜娜》和《金苍蝇》(*Golden Fly*)的比较，这是假定着来象征她对一八七〇年的巴黎的绝大的影响的。左拉对他在这一方面的意向，他自己说得非常清楚："在我的作品里关于真实的细节有一种发展过度的病症。从精确的观察底跳板上它回旋直上星群。真实用它的翅膀一举而翱翔上升，达于象征。"

在斯考特、巴尔扎克、托尔斯泰底小说里我们习知许多事件；通过参加在这些事件中的人们的命运，通过这些人们在他们个人生活广大展开的过程中，在公众生活中他们的角色，这些事件本身就有它们的重要性。我们是小说里中心人物活跃地参与的诸事件的旁观者。我们在生活中体验他们的经验。

在弗罗贝尔和左拉的小说里，中心的人物本身仅仅只是一些偶然事件的或多或少的有关系的旁观者。因此，这些偶然的事件对于读者不过是一幅图画或者是一幅连续的图画而已。我们则观察这些图画。

二

体验生活经验与观察生活经验的相反的对比，这不是偶然的，这在作家本身底基本倾向中存在着它自己的根。更明确地说：这种对比的差异乃是对于"生活"，对于重要的诸社会问题基本态度不同的结果；并不仅仅是对于情节，或者是对于情节中某一部分的艺术的支配方法底基本态度不同的结果。

只有在确立这一事实之后，我们才能来着手进行我们的问题的具体化。在文学以及在生活的其他诸支流里，都没有"纯现象"。恩格斯（Engels）有一次讽刺地说到"纯"封建制度的状态只在短命的耶路撒冷王国（Kingdom of Jerusalem）[1]底机构中存在过。虽然封建制度不言而喻的是一个历史的现实，并是能够合理地被视为一种研究探讨的客体。这确实是真的，在人世上没有一个完全没有运用过描写的方法的作家。同时，我们也没有任何根据来说一八四八年的时代以后的现实派的伟大的代表者们，弗罗贝尔和左拉，他们从来没有运用过叙述的方法。我们在这里是论说"基本的诸原则"，而并不是论说"纯现象""纯叙述"或是"纯描写"的幻象。这问题乃是：为什么以及如何描写的方法变成了写作的主要的方法？这种方法原来只是史诗的绘写的许多手法之中的一种，并且无疑的是一种次要的手法，一种仅仅只是附属的手法。这个问题是重要的，因为与这一变化一同，描写的方法在史诗的写作中底作用和性质根本地起了变化。

巴尔扎克在他的关于斯汤达尔（Stendhal）[2]底《巴姆修道院》（*La Chartreuse de Parme*）的评论里已经强调着描写的重要，以为是一种本质的现代的表现底方法。十八世纪的小说［勒·沙琪（Le

---

[1] 耶路撒冷王国（Kingdom of Jerusalem，1099—1291），这是第一次十字军东征时，欧洲的十字军攻占耶路撒冷后所建立的王国，因为十字军是由各国封建诸侯出兵组成的，所以耶路撒冷王国也实行西方的封建制度。并且参照欧洲各国的封建制度的历史与实况，把封建制度加以理论化、系统化，甚至于理想化了。一一五〇年左右还编了一部标准的封建制度的《耶路撒冷法典》，所以恩格斯拿耶路撒冷做封建制度的"纯"的讽刺的对象。

[2] 斯汤达尔（Stendhal，1783—1842），法国小说家，原名亨利·拜勒（Henri Beyle）。他是十九世纪初期以写实主义者风貌出现在法国文学界的第一个人，名著有《红与黑》（*Le Rouge et le Noir*）、《巴姆修道院》（*La Chartreuse de Parme*）。

Sage)[1]、伏尔泰尔（Voltaire）[2]等等]内容几乎是没有描写的，只是当着浪漫主义来临之后情形方才有了变化。巴尔扎克强调着：他所代表的那一文学的派别（他把W.斯考特看做这一派的创立者）给与了描写的方法以更大的重要性。

但是，当着巴尔扎克强调反对十七、十八世纪小说的"枯燥"并且宣言赞同现代的方法的时候，他提出了新方法风格特质底一串新的本质的因素。描写，按照巴尔扎克的概念，仅仅是因素的"许多之中的一个"。和这一同，巴尔扎克特别强调戏剧性的因素底新的重要性。

这种新风格的产生正由于为了适合表现社会生活底新现象的需要，个人和阶级之间的诸关系比在十七、十八世纪是变得更为错综复杂了。例如吧，在那时候，勒·沙琪就能够轮廓地画出了他的作品的主人翁底环境，大体的容貌、习惯，等等，并且还创作出了清晰的全相的社会的特质的具象。通过行动的叙述，通过人物对于事件反应的态度，个人的具象几乎是独创地完成了。

巴尔扎克清清楚楚地看到这个方法是不再够用的了，拉斯蒂格拿克（Rastignac）是一个和吉尔·卜拉（Gil Blas）[3]完全不同的典型的冒险者。伏格纳尔（Vaugner）寄宿舍底细节的描写，它的污

---

[1] 勒·沙琪（Alain-René Le Sage，1668—1747），法国十八世纪小说家。著名的作品是《吉尔·卜拉》（Gil Blas），这篇小说取材于西班牙，结构很平凡，描写一个少年出外冒险，寻找他的命运的故事。在这篇小说里，勒·沙琪绘写了人物底衣服、行为、表情……等极细微的细节，而这一切的细节对于人物本身都是本质的重要的。

[2] 伏尔泰尔（Voltaire，1694—1778），法国十八世纪的文学家，诗人，哲学家，本名Francois-Marie Arouet，法国启蒙运动中重要的人物。文学作品叙事诗有《昂里叶德》（*Henriade*），其他哲理诗、书简诗、讽刺诗也很多。小说有《戆第德》（*Candide*）等，剧本有《卜鲁特斯》（*Brutus*）等。

[3] 吉尔·卜拉（Gil Blas），勒·沙琪底小说《吉尔·卜拉》中的主角。

脏和狭小，它的饭菜和它的招待，等等，这在真实地完全地了解拉斯蒂格拿克底冒险的特殊的性质上，是绝对的必要的。葛郎德（Grandet）的屋子，果卜赛克（Cobseck）[1]的房间，等等，为着要表现出在一切个人的以及社会的形态中的高利贷者的典型，这也同样的必要加以极细密的细节的描写。

此外，巴尔扎克底环境的描写从不仅止于赤裸的描写，而几乎总是转化成为行动的（仔细想想老头子葛郎德他自己来修理他的坏了的楼梯），描写之在巴尔扎克，只不过是作为一个重要的新因素底广阔的基础：为了把戏剧性的因素引导进写作之中来。巴尔扎克底那些非凡的形形色色的错综复杂的人物，假如他们的环境不是如此地细节地表现出来，他们决不可能以这样动人的戏剧的效果发展下去。

在弗罗贝尔和左拉，描写的方法底任务是完全不同的。

巴尔扎克、斯汤达尔、狄更斯（Dickens）、托尔斯泰，等等的作家们，他们正当布尔乔亚社会建立过程中各种不同的生死关头的时机来绘写布尔乔亚社会。他们绘写它的构成底复杂程序，绘写从衰败的旧社会到兴起的新社会底不同的曲折的变迁。他们都亲身积极地经历过这一构成过程中种种生死关头的变迁。在不同的方式之中（当然了），歌德（Goethe）、斯汤达尔、托尔斯泰，都参加了加速这些难产的战斗；巴尔扎克是新兴的法国资本主义底狂热的投机事业的参与者，又是牺牲者；歌德和斯汤达尔都积极地参加了行政事务；托尔斯泰则是一个地主，又是一位社会机关（户口调查局，灾民救

---

[1] 拉斯蒂格拿克（Rastignac），伏格纳尔（Vaugner），葛郎代（Grandet），果卜赛克（Gobseck），都是巴尔扎克小说中的人物。

济委员会）的积极分子，亲眼看见了这些剧烈变化底最重大的诸契机。在这一种场合上，也在他们的生活方式上，他们是文艺复兴（Renaissance）和启蒙运动（Enlightenment）[1]底古代的作家、艺术家、科学家底继承者；这些人积极地广大地参与了他们那一时代底伟大的社会斗争，这些人由于他们的深澈的多样的生活知识而成为作家。他们并不是现在在资本主义的分工意义上的"专家"。

弗罗贝尔和左拉，在一八四八年革命以后，在全部组织完成的资本主义社会里开始他们的写作。他们并没有积极地参与这一社会的生活，他们也不想参与它。这种拒绝参与表现着过渡时期底著名的一代艺术家底悲剧。这种拒绝完全是由于反对而发动的。这表现着对他们那一时代的政治社会的政制的憎恨、厌恶和轻蔑。那些参加这一时期底社会发展的人都变成了无灵魂的说谎的资本主义底辩护者。弗罗贝尔和左拉对于这是太伟大、太忠实了。他们自己只剩下了一条道路跳出他们的"孤立"地位底悲剧的矛盾。他们变成了资本主义社会的批评的观察者。

因为这，他们变成了职业的作家，那种在资本主义的分工意义上的作家。书在现在完全变成了一种商品，并且作家变成了这一商品的售卖者（假如他并不恰巧是生来就是富有的话）。在巴尔扎克的情形里，我们仍然看得见文化领域里初期的积累时期底肃穆的庄严。歌德和托尔斯泰是处在封建地主的地位，不专门只靠着笔来维持他

---

[1] 文艺复兴（Renaissance），这是欧洲十四世纪到十六世纪间提倡复兴古代希腊、罗马的文化与艺术的运动的总称。这一运动奠定了资本主义发展的初期的新世界底人生观与理论观的基础。启蒙运动（Enlightenment），这是十八世纪在欧洲发生的一大思想运动，它的内容约有提倡科学，主张自由思想，创立唯理哲学，排斥旧有的传统的恶劣影响等，这一运动在哲学上的功绩是最辉煌的，它扫除了中世纪的残余，准备了建立科学的社会主义的地基。

们的生活。弗罗贝尔是一个自愿的苦行者。左拉则被物质的要求所强迫，变成了一个职业的作家，那种在资本主义的分工意义上的作家。

表现现实底新的风格、新的方法，虽然总是和以前的诸形式相联系着，但是它决不是由于艺术形式本身固有的辩证法而发生的。每一种新风格的发生都有社会的历史的必然性，是从生活之中出来的，它是社会发展底必然的产物。

但是承认风格构成底必然性并不是说这些风格在价值上或者是品级上都是平等的，必然的风格可能被判明是艺术的、虚伪的、歪曲的、低劣的。

参与和观察是资本主义两个不同时期行为底社会的必然的路线。

叙述和描写是这两个时期底表现的基本的方法。

为着使这两种方法的对比的差异格外明显，我要引用歌德和左拉底关于观察与创作之间的关系的评论：

> "我从来没有用含有政治目的的观点来观察自然，"歌德说，"但是因着我在速写风景上的兴趣以及后来对博物学的研究，驱使我对自然现象作一种不断的精密的观察，我渐渐地知道了自然，以至她的极细微的细节；我是如此地深知她，所以当我作为一个诗人，需要到什么东西的时候，素材马上就来听我运用。并且我不容易陷进错误里去。"〔爱克尔曼（Eckermann），《歌德谈话录》（*Conversations With Goethe*）〕

左拉关于他作为一个作家接近他的小说底对象的态度，也说得非常的明白。

一个自然主义派的小说家要想写一篇关于剧院的小说,他要从"他还没有得到一桩事实或是一个形象"这种一般的观念出发。他的第一件要做的事就是去收集,记录他所要从事写作的那个世界的任何可以获得的素材。他认识了这一位或是那一位演员,观看了这一个或是那一个剧本……而后,他要去和人们谈话,使主题得有美满的启发,核校那些汇集起来的口语,轶事,肖像。这还不是一切。他还要阅读写录下来的文件。"最后",他要察看那个地方的本身,要在一个剧院里花费几天的日子去习知那些极细微的细节,要在女演员之一的化装室里过他的夜晚,要和这个地方底氛围渗和在一起。在材料收集完全之后,这篇小说它自己就会写成功了。小说家必需只是选辑式地来分配事实……"千万不要去注意情节的新奇;正相反,情节要是越平凡越普通,它就会是越特色的情节。"[引号("")是我加的——卢卡契注][左拉,《实验小说论》(*Le Roman expérimental*),巴黎,一九〇〇年]

这里是两种基本上不相同的风格,两种基本上不相同的对于现实的态度。

三

理解一种已知的风格底社会的必然性是一回事,评价它的艺术的效果又完全是另外一回事。"理解事物就是宽恕事物"不是美学底口号。只有那种以为它的唯一的课题是去表露个别的作家和个别的风格底"社会的平等"的庸俗的社会学,认定由于社会的根源底解明（我们在这里不预备来说它就连这个也不知道怎样去做的这件事实）就用不着再有美学的评价了。在实际上，这种方法等于把人类艺术底整个的过去的历史推落到没落的布尔乔亚泛底水平线上来：荷马（Homer）和莎士比亚（Shakespeare）正简直和乔逸斯（Joyce）[1]、勃劳斯特（Proust）[2]一样的都是些"产物"；文艺科学底课题仅仅只是去表露荷马或者是乔逸斯底"社会的平等"而已。

马克思（Marx）从一种完全不同的角度上来考察这些问题。在分析了荷马的史诗底根源之后，他指出困难并不在理解希腊艺术和史诗是与社会发展的某种形式相联系的这一回事；困难是在理解它们仍然给与我们以艺术的喜悦，并且在某种意义上它们是作为标准和不可企及的模范的这一事实。

这是不言而喻的，马克思底批评也应用在否定性底美学的批判的场合。无论在这两种情形之中的那一种情形里，美学的批判总决不能和历史的背景机械地分离开来。评断荷马的诗是史诗的而卡姆

---

[1] 乔逸斯（James Joyce，1882—1941），爱尔兰现代作家。著名的小说是《尤里西士》（*Ulysses*），这本小说的书名借用荷马史诗《奥得赛》里的主角的名字。全书是七百余页的长篇，而所记的只是十八小时（从晨八时到夜二时）中间的事。书中如画地描写了许多丑恶的场景。

[2] 勃劳斯特（Marcel Proust，1871—1922），法国自然主义派的后继作家，主张运用科学的方法创作艺术；当时爱因斯坦博士（Dr. Einstein）发表了《相对性的假说》（*Hypothesis of Relativism*），普鲁斯特就把那些"时间是真的空间，空间是真的时间"的哲学上的艰深的理论作为内容来写作小说。

恩斯（Camoens）[1]、密尔顿（Milton）[2]、伏尔泰尔等人的诗就不是史诗的，这是一个同时是社会的历史的，又同时是美学的概念。没有一种"精绝的技巧"是脱离了社会历史的以及个人的环境而独立，而卓然独异的；这些环境是不利于客观现实底丰富的，全相的，种类繁多的，生动的，艺术的复写的。社会的不利于艺术创作的境地和环境也正扭曲了艺术的复写底形体。

这就是怎样事情会处在上面所说的那种情形之中的真相。

这里有一个非常有兴趣的自我批评的评论，这是弗罗贝尔在他的小说《情感教育》（*L'Education Sentimantale*）里写着的。他说："这篇小说太过于真实了，并且，美学意义地说来，缺乏透视画底假象。布局是通盘地反复地思想过了的，而它因此也就消失掉了。每一件艺术底作品必需要有一个极顶，一个峰巅，必需要形成一座金字塔；或者是把光度集中在整体的一点上。但是像那种东西在生活里一样也没有。艺术，无论如何，不是自然。但是我相信没有一个人在复写底诚实上曾经做得更为道地的了。"

这个承诉，正像弗罗贝尔底一切的言辞一样，表白了一种无情的真实。弗罗贝尔准确地写出了他的小说底结构的特质。他的强调极顶必要也是对的。但是，他陈述在他的小说里"太过于真实了"，这是对的吗？"极顶"确实只仅仅存在在艺术之中吗？

---

[1] 卡姆恩斯（Luis Vaz de Camoens, 1524—1580），葡萄牙诗人，常作航海的探险，曾经到过中国的澳门。最有名的作品是抒情式的叙事诗《卢西亚德》（*The Lusiads*），描写 Vasco da Gama 环绕非洲航达印度的探险的航行。全文以神的故事作为主要的穿插。

[2] 密尔顿（John Milton, 1608—1674），英国大诗人，长诗名著有《失乐园》（*Paradise Lost*）、《得乐园》（*Paradise Regained*）等。他的诗作文辞十分精美，但是在内容方面，正如卢那卡尔斯基所指出的：因着十七世纪英国布尔乔亚的革命的性质的原因，密尔顿的杰作也不可避免地熏染了一种特有的神学的色彩。

当然不是的。弗罗贝尔底这篇非常诚实的承诉对我们是重要的，因为这不仅仅是作为他的重要的小说底一个自我批评，而主要的是因为在这篇承诉里，他表露出他对现实，对社会的客观存在，以及对艺术与自然的关系底历史的错误的概念。他的概念是以为"极顶"只存在艺术之中的，并且因此以为极顶是由于艺术家创作而来，并且以为它全靠艺术家是不是打算来创作这样一个"极顶"。这是一个纯粹主观的偏见——从对布尔乔亚生活底诸征兆，对布尔乔亚社会中的生活的诸表现底外部的表象的观察而发生的偏见——遗弃了社会发展诸推动力以及这些推动力在生活表面上的永续的作用，这一套理论，这是真实的，时时总是被"突然的"非常的灾祸所打破了。

无论如何，在现实中——自然是在资本主义的现实中——这些"突然的"灾祸在准备的过程中已有了一个很长的时间了。它们不和表面上的静态的发展站在完全相反的地位。一种错综复杂的，不相配合的发展把它们引导出来，这种发展并且客观地解剖了弗罗贝尔底地球的俨然是光滑的表面。艺术家必需要来解明这些截剖面的重大的诸要点，这是真的。但是弗罗贝尔底偏见相信表面的解剖在现实中是不存在的。

这种解剖是通过规定社会发展的诸定律底运用，通过社会发展底诸推动力来施行的。"正常"和"不正常"之间的虚伪的主观的抽象的矛盾在客观现实之中是不存在的。马克思在经济危机里看见了资本主义经济底"最正常的"而且有规律的诸现象。"那些相关相成的诸因素的假装的独立是被剧烈地毁灭了。危机表明着那些曾经被相信是彼此各各独立的诸因素底统一"。

十九世纪后半期的布尔乔亚底科学辩护者用一种完全不同的眼光来看现实。危机看作是一个突然中断经济底"正常的"道路底

"灾祸"。同样的，每一个革命都看作是某种灾祸性的，不正常的事情。

弗罗贝尔和左拉，在他们的主观的见解和意向上，都不是资本主义的辩护者。但是他们乃是他们那一时代的孩子，并且正因为是孩子的原故，他们在"世界观"（Weltanschauung）上受了他们那一时代的时代观的极深的影响。尤其是左拉，布尔乔亚社会学底平庸的偏见在他的作品底观念上是有决定的影响的。这就是为着什么原因，在左拉的作品里生活几乎是没有任何解剖的，无结晶形态地发展着；它仍然正和它的原形一样地保留着那种按照左拉的看法的社会意义上的正常性。因此，一切人们生活底表现都是社会环境底正常的产物。但是，在左拉的写作上还有些完全不同的异趣的力量存在着：例如罢，遗传，它是以定数的规律影响着人们的思想和情感，并且得出种种中断生活底正常道路的不幸的灾祸来的。让我们来回想《萌芽》（Germinal）里的爱蒂恩·罗第叶（Etienne Lautier）底遗传的酒精中毒罢，这引起了许多突然爆发的变态和不幸的灾祸，这是和他平常的性格毫无有机的联系的。左拉甚至于连作表现这样的一种联系的企图都没有。还有《金钱》（Money）里莎卡赫德（Saccard）的儿子所得到的灾祸也是同样的，还有其他作品，等等。无论在那一篇作品里，灾祸都是和环境的正常的规律相对立的，都和它毫无联系，而且毁灭了它；灾祸是由遗传得来的。

这是明明白白的，我们在这里并不是在讨论客观现实底深入的正确的复写，而是讨论客观现实的规律的简单化和歪曲，一种基于辩护者的偏见的影响上的歪曲——基于这一时期的作家们底"世界观"上的歪曲。一种社会发展的诸推动力底真实的知识，一种关于它们在人类生活上的作用的公正的、正确的、深刻的、完全的、诗的绘写；这必需要在动态的形式中表现出来——作为如此的一种动态应该要表明正常的和例外底规律性的统一。

这种社会发展底真实是正如同个人的命运一般的真实的。但是在什么时候又是怎样这个真实才表露出来呢？这是明明白白的：不单是因为科学，不单是因为基于科学的政治学，而且是因为日常生活中的人生底实际知识，所以这种生活底真实才可以在人们的习俗中，在他们的行为和举动中被表露出来。人们底世界以及人们的主观的情感和思想表现出了他们的真和假，他们的诚实和虚伪，他们的思想的伟大和狭小；这是当着这一切已经转变成为行为之后——这是当着他们底真已经被行为和举动证明了的时候，或者是当着他们的行为和举动证明了他们的话底假的时候。只有人的实践能够具体地表现人们底实质：谁是勇敢的，谁是仁慈的，等等。

只有通过行为人们才彼此发生关系。只有通过行为他们才值得诗的绘写。人的性格底基本的诸体相，只有通过实践中的行为举动才能表露出来。古代的诗，不论它是神话、短故事诗、传说的形式，或是较晚的叙述轶事的自发形式，总是从认识这种行为和举动底基本的重要性出发的。这种诗之获得它的意义，正因着它反映着这种基本的现实，反映着经由行为而证实的人的意向底正或是负。这种诗虽然常常是幻想的、素朴的，有现在所不能接受的臆想，但是就在今天它还是活的、有兴趣的，因为它把永生的基本的人的生活底现实放置在它的绘写的中心。

并且，通过最多的各式各样的冒险人物底个人的"正是那样的"典型性格的特征底接续的表现，许多分离的行为的举动所连环成功的一条接续的链子是变得真实地使人发生兴趣的了。不论它是尤里西士（Ulysses）[1]或者是吉尔·卜拉（Gil Blas），他们的冒险的链子底不可磨灭的新鲜正是由于人的诗的诸因素。

这是明明白白的，在个人，人的生活底实质的诸体相的表露乃是决定的因素。我们非常有兴趣地知道尤里西士或是吉尔·卜拉，慕尔·弗兰德尔斯女士（Moll Flanders）[2]或是唐·吉诃德先生（Don Quixote）怎样反应他们生活的许多重大的事件；怎样克服困难，应付危险；他们的性格的特点怎样，这使得他们如此地富有兴趣，在实际行动中把他们本身更深且广地表露了出来。

没有这种重要的人的诸特点的表露，没有这种个人与外界世界、事物、自然力、社会机构，等等的事件的相互关系，那些冒险的诸事件只是些空洞的没有实体的事件。但是这必需要记忆着：在这样的写作中即使没有本质的典型的人的诸特点的表露，至少是存在着一种人的实际行动的抽象的梗概的（即使它可以是被歪曲了的，而且是减色了的）。那就是为了什么原因那种仅仅表现了人类底梗概的，图式化了的冒险底抽象的演义可以暂时刺激某种一般的兴趣（像过去的骑士小说，我们现在的侦探小说）。在这些小说的成功之中，我们能够发现一般的人类文学兴趣底最深的机因之一：有兴趣于人类生活底丰富、多样和繁复。当某一个时期底艺术的文学不能表现这一时期的典型的诸形象底丰富的内心生活与他们的行动的复合关系的时候，公众的兴趣就转移向这种抽象的图式化了的代替品。

这就是十九世纪后半期的文学怎样会是这样的一种情形的道理。

---

[1] 尤里西士（Ulysses），又称 Odysseus，是荷马第二部史诗《奥得赛》（*Odessay*）的主角。

[2] 慕尔·弗兰德尔斯女士（Moll Flanders），英作家狄孚（Daniel Defoe, 1660—1731）底《荡妇自传》（*The Fortunes and Misfortunes of Moll Flanders*）中的主角。狄孚的名作是《鲁滨孙漂流记》。

在这样的文学里，观察和描写在一种继续扩大程度上排挤掉了内心生活与行动的综合。也许从未有过一个别的时期像这个样子；与这一时代底正派的伟大的文学并肩地发展着如此一种内容空洞已极的赤裸的冒险底文学。说是这种文学只有"无教养的"才来读它，而"精华"组成了现代伟大的文学底读者层，这个论断没有欺骗任何人。正是这种相对是真实的。现代的名著的文学作品之被阅读，一部分是出于一种义务的观感，一部分则是出于对作品中所呈现的这一时期的诸问题底重大的兴趣，虽然这些问题是在歪曲了的、减色了的状态中呈现出来的；但是为了消遣和实实在在的娱乐，人们就转向侦探小说。

当写作《波华莉夫人》的时候，弗罗贝尔反复地诉说在他这本书里缺乏娱乐的因素。我们从许多著名的现代作家们那里也听到这样的诉苦。这些诉苦证实着这件事实：过去的伟大的小说是把本质的人的诸体相底绘写和娱乐与魅力相结合了，而现代艺术则是在继续扩大的程度上充满了歪曲、单调和无聊。

这种自相矛盾的情况决不是由于这一时代底文学的代表作家们才能的缺乏，这已经由相当多的杰出的天才作家们作品的表现显示出来了。单调和无聊主要的是由于他们的表现方法底诸原则，由于作家们底诸原则和"世界观"。

左拉严厉地非难斯汤达尔和巴尔扎克底例外的体相是"不自然的"。例如，这就是他关于《红与黑》（Le Rouge et Le Noir）里的爱的绘写所说的话："它完全无知于日常生活底真实，这种真实我们是被投掷进去和它接触的；并且，我们读这位心理学家斯汤达尔，我们觉得自己是在一个反常的世界里，完全正如同我们读那位说故事的大仲马（Alexandre Dumas）[1]一样。从严格的真实底观点来看，裘里安（Julien）[2]正如达达拿克（D'Artagnan）同一程度地使我惊异。"

保尔·布热（Paul Bourget）[3]在他的关于龚古尔兄弟（Goncourts）[4]底文学活动的论文里，非常清晰地深刻地解释了这种新的写作底原则。他说："戏剧，正如我们从字源上所知道的，就是动作，而动作决不是生活方式底很完善的表现，一个个人的性格的特质并不是他在某一个尖锐的激情的极点底刹那的作为，而是他的日常的习惯；那不是一种极点，而是他的平常的状态。"

现在我们能够了解弗罗贝尔对他自己的写作的批评了。弗罗贝尔把生活误认为是布尔乔亚的一般的日常生活。当然，这种偏见自有它的社会的根蒂，但是它并不因为它的社会根蒂的发现就不再是一个偏见，就不再主观地歪曲现实底诗的反映或者是就不再束缚适当的广博的反映了。弗罗贝尔执行毕生的斗争要跳出这种社会条件所造成的偏见底蛊惑的圈子，但是却因为他把它认为是固定的客观的现实，而不执行正对那些偏见的本身的斗争；他的斗争是悲剧地

---

[1] 大仲马（Alexandre Dumas，1802—1870），法国小说家，戏剧家，作品极多，全集有二百七十卷，数目很可惊人。他的作品注重人物动作而不甚精求个性描写，并且大半是和别人合作的，例如著名的《三个火枪手》（又译《侠隐记》）(Les Trois Mousquestaires)，就是和 August Maquet 合作而成。

[2] 裘里安（Julien），斯汤达尔作品中的人物，达达拿克（D'Artagnan），大仲马作品中的人物。

[3] 保尔·布热（Paul Bourget，1852—1935），法国近代作家。他虽然是最初受了自然主义的强烈的影响，但是终于超越了自然主义的狭窄的观点，创立他自己的创作理论。

[4] 龚古尔兄弟（Goncourts，Les Frères），法国小说家。哥哥是 Edmond Louis Antoine Hulot de Goncourt（1822—1896），弟弟是 Jules Alfred Hulot de Goncourt（1830—1870）；兄弟二人常常合作小说，创作方法也一致，都属于自然主义派，所以普通都是把他们两个人并论的，称为"龚古尔兄弟"。

失败了。他不断地并且十分激奋地詈骂强迫着他不得不接受的那些布尔乔亚的题旨底讨厌与丑恶。当他在写作布尔乔亚的小说的时候，他总是发誓永远不再把他自己降低到如此的卑劣，但是他所能找出来的唯一的道路就是进入幻想的异国情调底领域，因着他的偏见，那条走向发现生活底内部的诗底道路仍然对他关闭着。

生活底内部的诗是斗争的人类底诗，人们在他们的斗争中底诸相互关系底诗。没有这种内部的诗，史诗的作品就不能以激动人的兴趣，不能以坚强，保持这种兴趣的永生。史诗底艺术，自然，还有小说底艺术，乃是由表现一个已知的时期底社会生活底典型的具有人的旨趣的诸体相的才能组成的。人总希望在史诗中找出一个清楚的放大了的他自己的反映，他的社会活动的反映。史诗底艺术就在于正确地分派旨趣，在于正确地表现本质。一篇史诗的作品产生的效果愈是魅人的，它也常常愈能成功地把作品中的个人和他的社会活动表现出来，使它不像是一个筹划出来的梗概，不像是作者底赏鉴的产物，而像是自然地生长起来的某些事物；不像是发明出来的某些事物，而作为恰恰是发现出来的某些事物。

这就是为了什么原因奥多·卢德维格（Otto Ludwig）[1]，那个有问题的德国史诗作家和戏剧家，作为他读 W. 斯考特和狄更斯的结果，他公正地下了结论："人类显见的正是主要的事物，事件底旋转的轮子仅仅是作为在自然的动人的戏剧中表现人类的工具，并不是把人类用来转动轮子。作者要做的事情就是给与缺乏兴趣的以兴趣，而不必顾及那些本身自有兴趣的。人物总是主要的事物。一件事件，

---

[1] 奥多·卢德维格（Otto Ludwig, 1813—1865），德国剧作家，小说家，批评家，在德国近代戏剧发展史上占很重要的位置；小说以《天地之间》（Zwischen Himmel und Erde）为有名的杰作。在文学作品方面他极推重莎士比亚。

不论它实实在在是多么的可以惊奇，它决不能如我们在这些事件的过程之中所知道所喜爱的那些人们那样的持久地存在在我们的记忆里。"

描写的方法，在已经表明了的意义上，它的成为若干时期中史诗绘写底主导的方法，这是当着由于社会的诸机因而丧失了本质性的契机底意旨的时候。描写的方法是失去了的史诗旨趣的一种文学上的代替品。

但是在这里，正如在新的意识形态形式底发展史中任何一处地方一样，有一种交互的作用。主导的文学上的描写底方法不仅仅是一个结果，它同时也是一个机因——文学从史诗的风格更远地向后倒退的机因。资本主义的无聊对人类生活底内部的诗的支配，以及社会生活正在变为更少人性的事实，还有人性底水平线的降低的事实——这一切都是资本主义底发展的客观事实。从这一切之中必然地就生出了描写底方法。但是这个方法，它起初不过只是存在着，被一些天才的作家们把握着，在艺术上一致地对现实底诗的反映发生了反应。生活底诗的水平被低降了，但是文学更外加强这种低降。

四

叙述求辨异的个别化；描写求齐一的水平化。

歌德主张史诗要用过去完了的时间表现一切的事件，和戏剧相反，戏剧的动作要用现在的时间来表现。歌德在这种对比的差异里看出了史诗和戏剧的诗底风格上的不同。戏剧从最初的开始就是比史诗的诗远甚地高度地抽象化了的。戏剧总是围绕一个冲突集中，每一件事物不直接地或是间接地联系着这个冲突的，在戏剧中就不能存在，它就是一个有扰乱性的歧异的因素。像莎士比亚这样的一个戏剧家底丰富就在于冲突本身的意想底丰富和多样。但是在清除一切不直接联系冲突的细节这一点上，莎士比亚与希腊作家们在原则上没有什么差异。

像歌德所主张的，把史诗的动作移到过去的时间里去的目的，是在使本质性的事物底更真实的诗的选择成为可能，并且要使它的绘写达到如此的状况，要使它能以创作生活底完全的绘写底幻想。衡定这一个细节或是其他一个细节是否是本质性的这种规范，在史诗里要比在戏剧里广阔得多；并且必需更远大地认识那些间接的以及间接又间接的诸联系的本质性。但是，在如此广阔的理解着的本质性底范围里，选择必需要像在戏剧里一样的严格。在史诗里，正如在戏剧里一样，与主题无关的事物也正就是一个十足的绊脚石。

生活底曲折的诸道路只有在尽头的地方方才可以领悟它们。只有人的生活底完全的过程方才表现一个已知的个人底众多而且多样的，实实在在的重要的，而且是有决定性的诸特征。只有通过实际的生活，通过人们底受难和行为的连环，我们方才能够发现恰恰是什么样的事物、制度，等等，在本质的状态中影响了他们的身世；我们方才能够发现当着什么时候，怎么样这些影响生出了效力。这一切只有在尽头的地方才能看得出来。一个个人底主观上的以及客观上的本质性的生活底选择是由生活本身来完成的。一个以个人底完全的身世来做主题，或者是以那些已经有了完全的生活象的各种人们底身世的纠结来做主题的史诗的作者，他把他对那些生活本身所完成的本质性的事物的选择，清清楚楚地对读者表现出来。但是那种必不可免地处身在本时代中的观察者，他势所必然地要在那些看起来都是同等重要的诸细节的纠结之中失去了他自己，因为生活本身还没有完成他的选择。因此，史诗底事件先引法的特质正是被现实本身所决定下来的一种辨异的个别化底基本的手法。

自然，读者并不知道这个尽头。他看见细节的繁复象，而它的重要性和次要性常常是不能立刻就弄清楚的。在读者的内心就起了一些将要在叙述底下文中被加强了或者是被压抑了的期望。但是，读者是被引导着来通过"全知的"作者所织成的繁复地缠结着的基本的事实底密集的网的，"全知的"作者知道那种它本身并不重要的每一个细节在最后的解结里，在人物底最后的表露里的确实的意义；并且他仅仅运用具有这样的作用的细节来表现一般的动作。这种作者的全知保证读者，使他在虚构的世界中感到像在家里一样熟悉，虽然读者预先并不知道小说中的事件，但是由于它们内在的逻辑，由于人物内在的需要，他能够很清楚地看出他们所必需走的方向。他对人物底种种的关系以及可能的发展真的一点也不知道，但是他所知道的，比那些活动中的人物本身总要多些。

这是确实的：当本质的基本的事实在小说底过程中表露出来的时候，细节就在一种全新的光辉里显现出来。例如托尔斯泰在他的小说《舞会之后》(After the Ball) 里，绘写主人翁底爱人的父亲底动人的特性；这位父亲是准备为了他的女儿而牺牲他自己的，读者是被这种形象底强力所感动了，可是并不完全理解它的真实的意义。只在叙述过在这位仁爱的父亲底残酷的命令之下所施行的"众矢之的"(Run the Gauntlet)[1] 的处罚之后，性格方才完全披露。托尔斯泰底伟大的史诗的艺术，在这种如此成功地把握读者的才能里，

---

[1] "众矢之的"(Run the Gauntlet)，这是西洋流行的一种处罚的方法。普通把许多人分成两列，手里都拿着鞭棍等物，受罚者要从人列中间走过去，这时候大家一齐鞭打他。

在——他不愚弄这个年高的官吏成为一个沙皇制度底变残忍了的"产物",而表现沙皇的政制怎样地把那些在他们个人的私生活中是天性良善的、不自私的、自愿牺牲的人民,变化成为它的兽欲底机械的甚至于是嫉妒的执行者——这一才能里,是精确地表现出来了。这是清清楚楚的。这个故事里的彩色底一切的阴影只有通过"众矢之的"的处罚的叙述才能实现。那一时代的同时代的观察者不能用"众矢之的"的处罚的光的照耀来描写舞会,他不可避免地要看见并且要描写那些不同的非本质性的表象的细节。

这种把经由生活选择出来的本质性的诸契机显现出来的相关的诸事件底间隔,在每一篇史诗的作品里都是找得到的,即使这个故事是用的第一人称(就是人物之中的一个人作为叙述者)。这就是我们刚才提到过的托尔斯泰底故事中的情形。即使是一篇用日记的形式写出来的小说,像歌德底《维特》(Werther),即使在这种情形中,我们常常能够观察到许多事件是被放置在一个相当距离的过去的时间的,即使只是最近的过去;这样,通过临到维特身上的那些事件底行动,正帮助了完成本质性的诸契机底选择。

只有在这一种状态之中,小说里的人物才能接受坚实的明确的轮廓而不至于变成死板的无变化的东西;只有用这一种方法,种种的变化才能发生使这些轮廓丰富并且给与它们愈益生动的完全的体相的作用。小说底真实的魅力是在于紧接着读者所知道的诸形象底开展之后的牵挂,在于读者渴望去知道到底这些他现在已经很熟悉的主人翁是不是恰合他的已经形成了的关于他们的意见。

这就是为了什么原因在伟大的史诗作品里结局都是非常公开地写出来的。例如拿荷马底史诗的序诗来看,那是整个故事的纲领。不过虽然这样,但是它们是怎样保持住读者兴趣的呢?这实实在在是由于读者要知道这位诗人如何来完成这个结局的艺术的兴趣。这主要是由于人希望去得知尤里西士怎样去独自奋斗，为了达到预先说过的目的地，他将要去克服些什么困难。在上面分析过的托尔斯泰的小说里，我们也在开头就知道那位主人翁兼叙述者底爱情是不会有喜事的结局的。读者底牵挂因此并不在关心他们已经知道的结果，他主要感到兴趣的是知道这个主人翁兼叙述者底更高的、性格的变动，人性的成熟是怎样地发展的。所以纯正的史诗底魅力乃是由于对人的命运的兴趣。

描写使每一件事物都成为同时间的。我们则说述过去。我们描写在我们面前所看见的一切，并且描写人们与现象在空间中的同时间的存在，把它变成在时间中的同时间的存在——变成同时间性。

但是这种同时间性，这种在现在式的时间中的事件的描写，和戏剧里的即时性的动作底同时间性一点相同的地方也没有。"现代的"大作家们知道怎样前后一致地把一切事件表现做先引的事件，这样把戏剧性的因素引进小说里面来。和这相反的是那些把他们的观察放在现在的时间中的"同时间的"观察者们底情形。他们的方法和戏剧性正正相反。他们描写情况，人的心情底静止的不动的状态，现象底不活动的存在，以及静态的生活。

于是这些绘写就被低降到仅仅只是样式的水平线。史诗的选择底自然原则是丧失了。一个人的心情底某一种状态，就它本身来说，当和它的活动不相关顾的时候，是正如其他某种状态一样的可以是本质性的或者是非本质性的。这在更大的范围里乃是现象底真实。在一篇真正的史诗式的叙述里，因此，现象只在那种在人的活动的具象化这一特殊作用上是本质性的，而且通过人的行动它们被联系起来的场合或者是诸场合中被呈现出来。每一种现象就它本身来说，都有无穷数目的物象。当一个作家努力要一如它的整个的客观的完全的体相来描写某种现象的时候，他不是根本不作任何选择就着手做那种以文字表现它的无穷数目的物象的西西弗斯的（Sisyphus）[1]苦役似的工作，就是去表现那些表象的，如画的，最容易描写的诸物象。

这在两种情形中的任何一种情形里，它的结果都丧失了这些现象和它们在人的身世的具象化之中的诸作用上的题旨的联系，并且丧失了它们的诗的意义。它们只有当它们"直接地"和某种抽象的原则相联系，在作者底"世界观"中扮饰一个有决定意义的角色的时候才能获得意义。现象于是就被变化成了象征。

我们已经能够看得出来，自然主义的课题是怎样不可避免地在发展绘写底形式主义的方法。

并且，因着内在的意义的丧失，史诗的顺序和史诗的细微末节也就丧失了；而且，这种丧失并是仅止于齐一的水平化，并不仅止于把生活底绘写变成一种"死亡的自然"。这种人们和客体底直接的绘写，他们的个别的具象化，是自有它自己的逻辑的；并且强调着它自己底新的风格的描写。这个结果是比仅仅的齐一的水平化更要坏得多的东西；这是一种带着颠倒了的表征而出现的新的细微末节。

这种倾向是描写的方法固有的特性。这种以同等的强度来描写本质性的和非本质性的事物的风格，它本身就包含着使一切表征都颠倒了的趋势。在许多作家手中它发生了向纯的样式的转变，在这种纯的样式之中，每一件人的重要性的事物都被淹没了。

---

[1] 西西弗斯（Sisyphus），希腊神话中科林斯（Corinth）的国王。说他生前诡谲贪婪，死后被罚在冥府推运巨石上山，每次到了山顶的时候，这块石头必定滚落下山，于是又得重来。普通用来比譬一种永远进行而毫无结果的工作。

F. 赫伯尔（Friedrich Hebbel）[1]在一篇讽刺的论文里分析了这种描写底样式化的风格底典型的代表者中的一个，A. 斯狄夫特尔（Adalbert Stifter）[2]，随后，谢谢尼采（Nietzsche）底宣传，他变成了德国的反动的古典作家。赫伯尔表现出人类底重大的诸问题怎样在斯狄夫特尔底作品里是看不到的，怎样那些"可爱地"描绘了的细节淹没了每一件本质性的事物。"当藓苔（比）它所赖以生长的树木更动人的……出现的时候，显出一种全宇宙的喜悦；当森林从画幅中消失之际，树木就以扩大的浮雕现出身来。能以描写自然的微小的风貌，但是本能地避开了任何重大的课题的才能，被提高在其他的，像不描写蚊子的跳舞只是为了当一个人能看见植物的跳舞，蚊子的跳舞是不重要的，看不到的原故，等等，这些才能之上了。偶然性的事件开始到处繁荣起来：拿破仑靴子上的泥，被用描写他让位的一刹那他脸上所表现的内心种种斗争的表情的时候所用的，同样的胆怯的精确描写起来。简略地说吧，逗点开始装扮起来并且微笑了……扬扬得意地在笑它自己所依据生存的句子。"赫伯尔在这里提示出描写的方法底另外一个危险：把次要的细节当作它们本身是重要的独立性的事物来看待。事实上，与叙述的艺术底纯正的方法的丧失一同，次要的细节不再仅只是作为重要的行动底一定的动力的媒介；它们是被派定了作为离开人物底命运和行动而独立的重要的事物。但是因为这，作品的结构底一切复合的艺术的联系都丧失了。描写底冒牌的同时间性的结果就是结构化为独立因素的原子化，就是结构底崩解。尼采密切地注意着在生活中和艺术中的没落

---

[1] 赫伯尔（Friedrich Hebbel，1813—1863），德国十九世纪戏剧家，诗人，作品甚多，尤其以悲剧最著名。
[2] A. 斯狄夫特尔（Adalbert Stifter，1805—1868），奥地利作家，作品有小说、短文、书简等。

底种种征候,他在他的文章里揭露出了这种过程,连它的风格的表现也揭露了出来。——他说:"字变成了自主的,并且跳出了文句之外;文句重叠着,使书页都暗晦了;书页本来是在整体的价值上获得生动性的,而这整体也不成其为整体。这是没落的一切风格的共同的特点……生命,甚至于是生命力,生命底震颤与丰富,都被驱使着向后倒退,成为极细微的许多形象。整体不再存在了;它是被补缀在一起的,被计划出来的,被造作出来的。"

细节的独立对于人的身世底绘写有许多同等的不幸的结果。作家们努力去尽可能的完全地,塑像似的,如实地描写生活底细节。在这方面他们成功了杰出的艺术的成就。但是事物底描写与人物底身世不再有任何共通的东西了。事物不仅仅是独立地离开了人底身世被描写起来,而且因此在小说中获得了不应得的独立的重要性。它们的描写底风格属于和描写人物的身世底生活范围完全不同的一种生活的范围。作家们愈变得更自然主义化,他们就以更多的苦心去仅仅绘写日常生活中的水平化的人们,他们就更努力去赋与它们以日常的思想感觉和语言,这种拉杂也就变得更加厉害起来。布尔乔亚日常生活底问答的朴素的平淡的散文正是描写中道地的人工伪造品,精制的画室的艺术。在如此的风格中绘写出来的人物能够与在如此的方法中绘写出来的事物毫无共通之点。

并且当它们之间在描写底基础上建立起血缘关系的时候,结果还更要坏上许多。作者于是就从人物底心理学的观点来描写事物。除非是不用极端主观的结构就不能如实地把这样的描写表现出来,"我"的小说(由人物中的一个人用第一人称叙述的小说)这种方法阻碍了艺术的结构底每一种的可能。作者底艺术的远近画不停息地从一点跳跃到其他的点,变动着的远近画底纷乱的闪光就开始了。

作者失去了对整体的控制，失去了古代的史诗作家们底全知。他把他自己降低到他的小说中底人物的水平线；他正如同各个人物在一个已知的契机中对于他们的相互关系一样的无知。描写底伪同时间性使小说变成了彩色的混乱的剧本。

这样，史诗底连续性完全从描写的风格里消逝了。无生命的偶像化了的事物被非本质性的心情鼓胀起来。史诗的连续性决不是顺序排列事件的目录学。描写的方法底分立的形象和缩图虽然复写出了偶然事件底年代的连续，但是这不能产生史诗的连续性的效果。在纯正的叙述艺术之中，事件底年代的连续底真实的艺术的再生是用非常繁复的手法表现出来的。为着真实地使人物身世底年代的连续能被读者所了解，作者自己必需随意在过去和现在之间往返移动。并且只有这种年代的连续的再生给与读者以真实活生的、具象的、历史的、年代的连续底感觉。这使我们记忆起了托尔斯泰底《安娜·卡列尼娜》里赛马的双重叙述。再想想托尔斯泰也用在《复活》（*Resurrection*）里的技巧吧，他讲述了尼克卢多夫（Nekhludov）和玛斯罗瓦（Maslova）的关系底许多先前的事件；这样，过去底某些片断的澄清带着我们在情节底发展中前进了一步。

描写的方法使人类降到无生命的客体底水平线。因此，史诗的结构底基础是被放弃了。运用描写方法的作家使无生命的事物成为他的结构的中心问题。我们已经看到了左拉怎样给他自己绘画了这种作家接近他的题旨的图画。左拉的小说底焦点是事实的复合：如金钱、开矿等等。这样，这种结构的风格就需要那些仅仅是形成小说底段落的复合的，种种本质不同的表现了。例如在《娜娜》里，我们看见有一章是从观众的观点描写了的剧院，从舞台的观点描写的又是另外的一章，以及等等。人物底生活，主人翁底身世，仅仅只是用来安排这些各自完全的形象的诸多的复合并且把它们捆缚在一起的一根松弛的线而已。

对照着这种虚伪的客观性,我们有一种同等虚伪的主观性。因为从史诗的连续性观点看来,把生活底年代的顺序当作结构的原则,或者是从一个人底孤立地,抒情地分析了的主观状态中编纂起一篇小说来,这都是毫无所得的。主观的心情底连续正如同偶像化了的客体的复合底连续,同样的毫无史诗的连续性,即使它们被膨胀到了象征的高度。

在这两种情形里,我们都看到在我们面前有一串许多形象的排列,它们在艺术的意义上的毫无联系,就正如同一个博物院里的许多图画一样。

除非表现人们相互关系中的诸斗争,除非把人们放进真实的行动底试炼里,不然,史诗结构里的每一件事物只有去碰机会了,不论它是多么精纯的心理学,不论它是多么像是科学的社会学,都不能从这种纷乱之中创造出真实的史诗的连续性来。

描写的方法所招致的齐一的水平化使得这样的小说中每一件事物都成为点缀品。许多现代的作家傲慢地轻视那些古老的小说家为了使行动有旋回的运动而运用的旧式的错综复杂的相互关系,轻视组成史诗的结构的人物间的错综复杂的相互关系。辛克莱·刘易士(Sinclair Lewis)[1]把狄更斯和朵斯·帕索士(Dos Passos)[2]所用的结构底史诗的方法拿来比较了:"而古典的方法,呵,是的,这

---

[1] 辛克莱·刘易士(Sinclair Lewis,1885—1951),现代美国小说家,作品多半描写美国的都市,名著《巴比特》(*Babbitt*)一九三〇年获得诺贝尔文学奖。
[2] 朵斯·帕索士(Dos Passos),美国现代作家,作品很多,著名的有《第四十二平行线》(*The 42nd Parallel*)等。《满哈坦镇的迁移》(*Manhattan Transfer*)也是他的作品之一。

是一个相当麻烦的玩意！由于一种不幸的巧合，琼斯先生（Mr. Jones）必需和斯密士先生（Mr. Smith）一样急急忙忙地跑进同一辆邮车里去，为了这样有些使人感到痛苦而又使人娱乐的东西才能产生出来。在《满哈坦镇的迁移》（*Manhattan Transfer*）里，人们不是全部碰撞在一起，就是在一种自然的状态中他们相遇了。"

"自然的状态"的意思是说，不是人们之间根本没有相互关系，就是最多这些关系也是偶然的，并且是表面的。人们突然地出现又突然地就消逝了。他们的个人命运根本不使我们发生兴趣，因为我们对于他们什么也不知道。他们不参与情节，只是以他们的不同的风姿一过而已地出现一下罢了。

这确实是很"自然的"。但是，这个问题发生了：这给与叙述的艺术以什么结果呢？朵斯·帕索士是一个很有才能的作家，S. 刘易士本身是一个著名作家；因着这个原因，刘易士的关于狄更斯和朵斯·帕索士底人的绘写的意见（写在这同一篇论文里）是很有兴趣的："自然，朵斯·帕索士没有创作过这些永生的形象，像匹克维克（Pickwick），密考卜尔（Micawber），奥里佛尔（Oliver），南谢（Nancy），大卫（David）和他的伯母，斯密士（Smith）[1] 以及至少四十个其他的人物；并且他来创作他们也决不会成功。"

这是一个很有价值的忠实的承认。但是，假如 S. 刘易士关于这一点是对的——他正是对的——那么，那种把人物联系起来的"自然的状态"底艺术的价值是什么呢？

---

[1] 匹克维克（Pickwick），密考卜尔（Micawber），奥里佛尔（Oliver），南谢（Nancy），大卫（David），斯密士（Smith），都是狄更斯小说中的人物。

五

自然主义方法论的先生们要问了：但是什么是事物紧张的生命呢？什么是事物底诗呢？描写底诗的真实是怎么一回事呢？

要回答这些问题，我们必须回到史诗艺术底基本问题上去。什么东西使事物在史诗之中成为诗的呢？是不是剧院的景象底种种细节尽其可能的技巧而精密的描写，再比方说，或者是市场，或者是交易所底这样的描写，就复写出剧院或是交易所底诗呢？这是真正的确的吗？我们有怀疑他的自由。包厢和乐队，舞台和正厅，后台和化装室本身都是些无生命、无兴趣的，完全非诗的客体。即使它们充满了人，假如这些人的命运不能激励我们，它们仍然是非诗的。剧院和交易所乃是人类底许多企望底会合点，乃是人们底诸多的相互关系与人们斗争的舞台和战场。仅仅只因着剧院和交易所是作为这些人的关系的媒介，仅仅因着它们被作为具体的人的关系底必需的具体的媒介而表现出来的，仅仅在这种结合里，它们才能像一个媒介似的具有诗的性质的重要性。

在文学里没有离开人和人的命运独立的"事物底诗"。

并且，就连如此之高地赞扬了的描写的完备以及技术上的诸细节的忠实，到底是不是能够给与我们以所描写的客体底真实的形象，都是很有疑问的。每一种客体，它在一篇小说里，在一个诗的动人的人物底本质性的活动里；它确确实实地扮演了一个角色，并且具有诗的意义，是当这个活动在适切的方式里被叙述出来的时候。《鲁滨孙漂流记》（*The Adventures of Robinson Crusoe*）里面船只遭难之后所搜集起来的那些工具使我们留着深刻的诗的印象底记忆，这证明了我们的论点。

拿任何一个左拉底描写来和这个比较吧,例如,拿《娜娜》里的一幕后台的场面:"一面彩画的幕布垂下来了。这是第三幕的布景:厄特那火山(Aetna)的洞穴。有些舞台职员把些柱子安进准备好了的窠臼里去,另外有人就拿来一些零碎的活动布景,用坚韧的绳子把它们捆缚在柱子上。幕景后面有人装上一个带红色镜头的探照灯:这是火山底喷火口的熊野的烈焰的炽灼。整个的舞台是在极端的纷乱之中,在一种似乎是不可收拾的纷乱和骚动中;可是每一种极琐碎的活动都是必需的,每一桩工作都是规定好了的。那个管提辞的人在忙乱之中闲散地散起步来,运动运动他的腿。"

谁能从这样的一种描写里得到什么东西呢?它对一个预先没有剧院知识的人不能给与剧院底真实的概念,而对一个熟悉剧院底技术的人也不能提供新的东西。诗的地考量起来,这种描写是多余的。不但如此,这种企求描写底客观的"真实"的愿欲还包含着一种对于小说非常危险的倾向。一个人不需要为着完全了解伏浪斯基参与赛马这一事件底戏剧性的本质来精通一切关于马匹的事。但是自然主义派却努力于技术名词日益加甚的专门化的"真实";他们所描写的行业日益增多地运用些行业上的特殊的切口。这样,美术室是尽可能的用画家底特殊的语言来描写的,工场是用金属工人的语言来描写的,如此等等。一种新的文学,一种为了鉴赏家和文人学士的文学是创造出来了,这些鉴赏家和文人学士们是知道怎样来评价这些特殊的专门知识底文学的翻译,以及把这些行业的切口包含进文学的语言里去的种种困难的。

龚古尔兄弟以最清楚的也是最自相矛盾的态度表现了这种倾向:"'艺术作品底美只能被艺术家们所了解的人是最不幸的……'这是

无论在什么时候都可以提出来的那些最愚蠢的话里的一种。这是达郎贝尔（D'Alembert）[1]的高论。……"作为自然主义派建立者之一的龚古尔兄弟，在他们攻击这位进步底伟大的先锋所宣示的深湛的真理的战斗中，宣布了他们自己是"为艺术而艺术"主义底无条件的信徒。

事物只有通过它们和人的身世的联系才成为诗的地活生生的。因此，史诗的诗人不描写它们。他确立事物在人的命运底纠结中所扮饰的角色。莱辛（Lessing）[2]深深地了解这种诗底基本的真理："我看到荷马不描写别的事物而单是描写活动底发展，并且他绘写个人和一切个别的事物都限于他们参与这些活动的这一范围。……"并且他用荷马的作品作一个重要的例子，如此使人折服地解释了这种基本的真理，所以我们觉得很值得从《莱奥孔》（Laocoon）[3]里把整段的文章引录下来。

这段文章是以亚加美农（Agamemnon）[4]和阿琪里士（Achilles）底王节的绘写做主题的。……荷马为了给与我们一个关于那个

---

[1] 达郎贝尔（Jean Le Rond D'Alembert，1717—1783），法国启蒙运动时代的大学者，以实证论的先驱者著称。
[2] 莱辛（Gotthold Ephraim Lessing，1729—1781），德国批评家，戏剧家，一个兼有古代文化的丰富的教养与近代精神的大作家。批评集有《文学书简》（Briefe, Die neueste Literatur Betreffend），《莱奥孔》（Laocoon）。他的戏剧在德国文学史上是古典作品。
[3] 《莱奥孔》（Laocoon），莱辛的文艺论；但是没有作完，只出版了第一卷。题目叫做《莱奥孔》，因为论文的开端讲到希腊的有名的塑像莱奥孔群像，即特罗城（Troy）祭司莱奥孔和他的两个儿子同被两条大蛇卷勒致死的塑像，和罗马诗人味吉尔（Virgil）所作的歌颂莱奥孔的诗的原故。莱辛在论文中深湛地讨论了诗与造型艺术的界限，是一部文艺理论的古典名著。
[4] 亚加美农（Agamemnon），阿琪里士（Achilles），都是荷马史诗《伊里亚德》（Iliad）里的人物。亚加美农是希腊人进攻特罗城的统帅，阿琪里士则是一个年青英勇的英雄。

有名的王节的更完全更清晰的概念，他做的些什么呢？是不是他描写了金的饰纽之外，还描写了造成它的木头，或者是描写了在它头上的雕刻？不是的。假如这篇描写是意图作一个纹章的纪录的话，荷马就会给我们如此的一种描写了。我十分深信许多我们的新作家们会给与我们正是如此的一种描写，我很自然地确信假如一个画家能够把他们的描写复写在画布上，这样他们就是已经获得成功了。但是荷马是来竭力超越画家的吗？他给了我们这个王节的历史。最初我们在火神维尔坎（Vulcan）的作场里看到它，接着他在朱辟特尔大帝（Jupiter）底手里闪耀着光芒，而后它作为财神墨尔可里（Mercury）底神威的表征，随后它就做了勇武的派罗普斯（Pelops）底命令的司令杖，随后它就是和平的亚特鲁斯（Atreus）[1]底牧羊者的棍子，以及等等。

……同样的，当阿琪里士对他的王节发誓要去报复亚加美农对于他的侮慢的时候，荷马把王节的历史写给我们。我们看见它在丛山里，身上长满了青色的簇叶；然后刀剑使它和树干分离开来，把它身上的簇叶和树皮去掉了，使它配得上去做人们底裁判官，作为人们的神圣的神圣底标记……

荷马的目的确实并不在来给与我们两根质料不同、形状不同的棍子的描写，而是要来生动地绘写这两根棍子所象征的权力的不同。一根是维尔坎所做的，另外一根是在丛山之中由一个无名氏的手里斫出来的；一根是一个高贵的家族祖传的财产，另外一根则拿在一个外来人的拳头里；一根因着一个统治许多岛屿以及整个阿尔果斯

---

[1] 派罗普斯（Pelops），亚特鲁斯（Atreus），都是希腊神话中的人物。派罗普斯是Mycennae的王，亚特鲁斯是他儿子，而亚加美农又是亚特鲁斯的儿子。

(Argos)的君王而扩展它的权力,另外一根则被一个从希腊人民之中出来的人执掌着,这个人是和许多其他的人一同被委托了来维持法律的人。这就是分开亚加美农和阿琪里士的现实中的距离——这即使是阿琪里士自己也不能加以否认的距离,纵然阿琪里士是被亚加美农的侮辱气昏了。

在这里我们有了在史诗的诗中使得事物成为真实生动,真实诗的,诸因素底精确的剖白。我们回过头来再看看这篇论文开头的时候所引用的斯考特、巴尔扎克、托尔斯泰的作品里的那些例子。我们不得不承认这些作家们的"处理得宜"(Mutatis Mutandis),是依照莱辛在荷马底作品里所发现的同样的诸原则创作出来的。我们说:社会关系底更庞大的错综需要新的诗,需要新的手法底应用;而"处理得宜"已经被我们指明出来了。

徒然地企图在诗与造型艺术绘画艺术之间进行竞争的,作为主导的方法、描写,是完全大不相同的。绘写人底描写的方法把人们变成无生命的事物,变成了"死亡的自然"。本来单单只有绘画具有以个人底形体的特征为最深的内在的人性底直接表现的方法。可是同时,当文学中自然主义的描写方法底绘画的倾向降低了人底绘写,把人们仅仅作为一种静态生活组成的部分而表现出来的时候,我们也看到了在绘画里的表现底强度的感性的缺乏,这决不是一个巧合而已。赛尚(Cézanne)[1]底画像和蒂香(Titian)或是兰卜郎德(Rembrandt)底画像的人性的有灵魂的整体的比较,正如同龚古尔兄弟或是左拉所创作的人们的画像,和巴尔扎克或是托尔斯泰所创

---

[1] 赛尚(Cézanne,1839—1906),法国近代画家。蒂香(Titian,1477?—1576),威尼斯画家。兰卜郎德(Rembrandt,1606—1669),荷兰画家。

作的人们的画像的比较一样，只是些"死亡的自然"罢了。

一个个体底肉身的形体仅仅只通过他与他人的相互关系，仅仅只通过他对他们的影响，这才变成诗的地生动的。莱辛在荷马绘写海仑（Helen）[1]的美里清晰地认识了这一点，并且正确地分析了它。在这一观点上，我们也能够看到现实主义派的古典作品如何谨严地遵守着史诗艺术底要求。托尔斯泰描写安娜·卡列尼娜底美，仅仅只通过它在情节发展上的影响，只通过由于这美所引起的在其他人们底生活里以及在她自己的生活里的诸悲剧来描写它。

描写的方法不诗地表现事物，而使人们变成无生命的事物，变成静态生活底细节。人底个别的诸特征只是简简单单地摆在一起，并且是一个挨着一个地描写起来的；不是把它们交互缠结起来，这样来在他的最歧异的诸表现中，在他的最矛盾的诸行动中，表露一个人底完全的活生生的单一的整体。人物的个性底图式化的狭窄正配上了外部世界底虚伪的广阔。个人的出现乃是作为社会的和自然的组成的诸因素底终结的"产物"，那些被认为是性质完全不同的诸因子的诸因素底终结的"产物"。丧失了社会的条件与人底精神生理的天性交互缠结底深湛的社会的真实。泰纳（Taine）[2]和左拉赞美巴尔扎克底尤洛（Hulot）的爱情的情欲底描写。但是他们只看到一个"色情狂"底医学的病理学的描写，他们一点没有看到尤洛的

---

[1] 海仑（Helen），荷马史诗《伊里亚德》中的人物。希腊的美女，结婚之后，与特罗城王子巴里斯（Paris）恋爱，两人一同逃走。后来希腊各国联军攻打特罗城，这是一次历史上有名的大战。
[2] 泰纳（Hippolyte Adolple Taine，1828—1893），法国文学批评家，提倡批评的三原则，以为一切现象都是由"时代，环境，人种"的外面关系而决定的。著作有《英国文学史》（*Histoire De La Litterature Anglaies*），《近代法兰西之泉源》（*Origines de la France Comtemporaine*）等。

情欲主义和他作为拿破仑时代的一个将军的事业之间的联系底深湛的描写。巴尔扎克特别通过路易·菲力浦（Louis philippe）[1]政制的典型的代表者格海瓦尔（Greval）底情欲主义的对照来加强这个联系。

奠基在"为了这个"（adhoc）的观察之上的描写必然地是表象的。在一切的自然主义的作家中，左拉写作作品确实是最本诸良心，而且也是最诚恳地来努力研究他的主题的。然而，他所描写的人物的命运有许多在最有决定意义的诸要点上，都是表象的，而且是虚伪的。我们只要看看拉法格（Lafargue）[2]所举出来的几个例子。左拉把建筑工人库波（Coupeau）底喝酒的嗜好归罪于他的解雇，而拉法格解明了法国工人底某几种人（建筑工人也是其中的一种）的酗酒乃是由于他们的被雇用的临时性，并且解明了这一件事实；啤酒店是工人们在那里等候位置的劳工荐头行。拉法格也表明了左拉在他的小说《金钱》里表象地把耿德莽（Gundermann）和沙卡赫德的敌对归之于犹太教和基督教之间的敌对。在实际上，左拉企图去描写的斗争是在资本主义的旧的风格和银行资本投资的新的典型之间的斗争。

自然主义派底描写的方法是"无人性的"。这种方法把人们变为静态生活这一事实，正表现出这一派底许多最重要的代表者们意识形态的概念和艺术的概念里的无人性底艺术上的表征。左拉底女儿在她的自传里陈述到她父亲评论《萌芽》的事。左拉接受了勒迈特

---

[1] 路易·菲力浦（Louis Phillipe），法王，七月革命后即位，二月革命时逃亡。
[2] 拉法格（Paul Lafargue，1842—1911），法国社会党的组织者，优秀的马克思主义理论家。在这里说到的拉法格的论文，中文已有译文，就是收在《海上述林·上卷》里的《左拉的〈金钱〉》。

赫（Lemaitre）[1]给与这篇小说的定义："一篇关于人类的动物性底悲观的史诗"，不过这个"动物性"的概念是被精密地确定了的。"你的意见以为使人类卓越的是脑筋，"他写给那位批评者说，"但是我觉得其他的许多器官也扮演着一个重要的角色的。"

我们知道左拉底强调"兽性的因素"是他对资本主义底兽性的抗议，在文学的表现里就变成了一种无人性底兽性的凝固。

那种自命要使文学科学化，把文学转变成应用的自然科学，变成社会学的，观察和描写底方法是建立起来了。但是，由观察所把握以及由描写而成形的社会的诸契机是如此的贫弱，如此的图式化，所以它们很容易地变成了它们的极端相反的对立者，变成了十足的主观主义。而这就是帝国主义时期各种各样的自然主义和形式主义的诸流派从自然主义派的建立者们所接受下来的遗产。

六

每一种诗的作品，它的结构的诸原则都是由作者底"世界观"加以决定的。让我们来作一个简单的解释。W. 斯考特在他的大多数的小说底中心——想想《威佛里》（*Waverly*）和《掘墓者》吧——都放着一个二重人格的中庸的人，这个人在小说中所绘写的许多伟大的政治斗争中始终是没有决定态度的。斯考特用这个手法来完成什么呢？这个没有决定态度的主角是站在两个阵营之间的：在《威佛里》里，站在拥戴斯图亚特王室的苏格兰的叛乱和英国政府之间；

---

[1] 勒迈特赫（Francois Elie Jules Lemaitre，1853—1914），法国批评家、剧作家，印象批评的提倡者；主张文学批评除去忠实表达分析自己对作品所得的印象而外，就没有真的批评。批评文集有《现代作家》（*Les Contemporains*）、《剧的印象》（*Impressions de Theatre*）等。写作的剧本也很多。

在《掘墓者》里，站在清教徒的革命和斯图亚特王室的复辟政府底诸代表者之间。因此双方极端的各党底重要的代表者都可以轮流地和那些主角们底命运联系起来。这样，各种政治极端底伟大的个人不仅是被社会地历史地绘写了，而且也被个人地，人地绘写了。假如 W. 斯考特把真正重要的许多人物中的一个人放在他的叙述的中心，要想使这个人和他的敌对者们发生活跃的人的关系，这是不可能的。小说就要变成一件重大的历史事件底描写，而不是一篇动人的戏剧，在这种戏剧里，我们可以认识一个伟大的历史的争斗中许多典型的代表者们。

W. 斯考特底伟大的史诗的技巧在这种结构的方式里显现了出来。这种技巧决不是纯艺术的根源的技巧。W. 斯考特他自己在英国历史底史实中是采取一个"中间的"立场的，一个处在那些极端的党派之间的和事佬的立场。他反对激进的清教徒主义，特别反对它的平民化的趋向；他也一样地反对斯图亚特王室底天主教化的反动。因此，他的作品的结构艺术化的实体是他的政治历史的观点底一面反射镜，是表现他的"世界观"的形式。站在诸党派之间的主角不仅是绘写双方党派的良好的机缘，而且同时是 W. 斯考特底"世界观"的表现。虽然斯考特对他的主角们有所偏爱，而基于他自己的世界的瞩观，他看到了并且竟至于使人心服地绘写了那些极端的党派底有才能的代表们，在人的品位上是超越在他的主角们之上的。

我们选择了这个例子是因为他的单纯。因为在斯考特的情形里我们看到一个毫不复杂（而顶要紧的），他的"世界观"和他的作品的结构方式之间的直接的联系。在大多数其他的伟大的现实主义者们，这些联系是远为间接而且错综复杂的。"中间的"主角这种人物，它对创作史诗的色调和集中结构于一个中心是一个非常方便的角色，这乃是一种形式上的设计，它能有多样的表现底处理方法。"中间的"人物不一定必需作为一个平平庸庸的人来表现，它可以占有社会的位置或者是一个有特殊地位的人物，等等。重要的课题是在去寻觅一个中心的人物，而这被绘写的世界底本质的诸极端在这个人物的命运里纵横交错起来；这样来完成具有一切动力的矛盾的世界的整体的绘写。所以，例如吧，拉斯蒂格拿克底无财产的贵族的社会地位就作为 P. 伏格（Pension Vauquer）底世界和贵族底世界之间的中间者；还有吕桑·得·吕邦勃海在贵族政治新闻事业等等的推动者们底世界，与专心致力达赫台派底纯正的艺术努力等等之间的踌躇。

但是作家必需有一个坚定的积极的"世界观"；他为着真实能以选择一个在身世中纵横交错这些矛盾的人来作为中心的形象，他必需在世界的动的矛盾中观察世界。伟大的作家们世界的瞩观是异常多样的。把这些多样的世界的瞩观表现为史诗作品的诸方式更加是更为多样的。更深一层地说吧，真实的生活经验底堆栈愈不同，愈广大，它的作品上的表现才可以愈成为独异的。

而没有"世界观"也就不能有作品。

弗罗贝尔深深地感到这个需要。他一次又一次引用布逢（Buffon）[1]底深湛的语言："要写作真切的事物也就是说同时要真切地感觉，真切地思想并且真切地说话。"但是弗罗贝尔把这种比率弄颠倒了。他写给乔治·桑（George Sand）[2]说："我在刻苦努力真切地思想，为的是要能真切地写作。虽然真切地写作是我的目的，但

---

[1] 布逢（Buffon, 1707—1788），法国作家，学者。
[2] 乔治·桑（George Sand, 1804—1876），法国第一个女作家，著作有小说、批评，数量很浩大，但是艺术上的成就很少。

是我还没有摸着它的奥妙。"因为这，弗罗贝尔不能在生活中获得一个"世界观"，所以也不能把它在作品里表现出来；他只是作为一个诚实的人，一个真实的作家，为求得一种世界观而奋斗，因为他理解着：没有世界观也就不能有任何品级的文学。

这种颠倒了的方法是不能得出任何成果来的。就在这同一封给乔治·桑的信里，弗罗贝尔用可惊的坦白承认了这种失败："我'缺乏一种完善地建立起来的包罗全象的生活底概念'。你是对的，千真万确的对的。但是我在什么地方才能找到改变这种情形的工具呢？这我要请问你。请你不要用玄学来彩饰我的蒙昧，不，不论是我的蒙昧，还是其他任何人的蒙昧。全世界的宗教或天主教是在一方面，而进步、同志、民主是在另一方面，不要再迎合这些现在底要求罢。激急主义所宣讲的平等底新的教义，是被生理学和历史实在地反驳倒了。我觉得在今天，不论是寻找一个新原则或者是来打那些旧原则的主意，这都是不可能的。所以我是在探求一种观念，一种一切的事物都依据于它的观念，可是我不能找到它。"

弗罗贝尔底承诉是一八四八年的时期以后，布尔乔亚知识分子们在"世界观"这一问题上一般的危机底非凡的坦白的自白。客观地看来，可以这么说，这种危机是被他的同时代的所有的作家们感觉到了。在左拉，它采取着不可思议的实验论底形式。他说，我们能够习知能够描写的仅仅是事件底"怎么样"，但是不是事件底"为什么"。龚古尔兄弟对"世界观"的诸问题则扩展一种怀疑的表象的漠视。

这种危机在时间的过程中必然地变得更外厉害起来。在帝国主义时期，不可思议论更常常地发展成为神秘主义，这一事实决不是这种危机底分解，如同现代许多作家们所猜度的，反而正是它底更进一步的加剧的结果。

一个作家底"世界观"仅仅是他底提高到概括化的高度的生活经验的整体底凝结。正如弗罗贝尔正确地所看到的,"世界观"对于作家的重要乃在于它提供使生活底诸矛盾成为丰富的规划好了的连锁着的机缘;在于它为真切的感觉和真切的思想形成的基础,而在这基础上,真切的写作才可以建立起来。作家不积极参与生活诸斗争,不积极参与生活底丰富的变化的孤立,使"世界观"底一切问题成为"抽象的"。不论是这种抽象表现为伪科学的理论,表现为神秘主义或是对于生活底许多重大问题的漠视;这两种情形中的任何一种情形都剥夺了世界的概念的诸问题底艺术的丰富性,那种古代文学中具有的丰富性。

没有"世界观",要想真切地叙述或是完成一部反映生活底各各不同的史诗性的完全的变化的作品的结构,这是不可能的。观察和描写正是替换作家底思想中生活的动力的协合底一种"代替品"。

史诗的作品的结构怎样才能奠基在如此的诸前提之上呢?这样的结构底功绩是什么呢?现代作家们虚伪的客观主义和虚伪的主观主义,这两个都是同样的,必然地走向史诗的结构底"图式化"和"单调化"。在左拉式的虚伪的客观主义的情形里,客观的统一变成了结构底主要的原则,这种统一是由题旨非常复杂的一切重要的客观的诸因素底细节的描写,一种从一切角度上的描写来完成的。它的成果就是仅仅只由它们的客观的统一联系着的一连串静止的图画,静态的生活;这些图画,按着它们的内在逻辑,只是一个挨着一个的那样站立着的,它们没有整体的系连,也没有因果的联系。

所谓的情节只是一根为了把这些静态生活底图画串连在一起的细弱的线而已。情节所获得的只是分离的静态生活的图画底简单的系连，一种非常技巧的、表象的、偶然性的、毫无效力的系连。在这样的结构里，任何样的艺术变化的机缘都是非常不充分的。作家们因此就被迫着以他们题旨的新奇和描写的原形化来眩惑读者，这样来使读者忘记这种结构生来的单调性。

在那些以虚伪的主观主义的精神写作出来的小说里，结构的变化的机缘也并不见得广大多少。这样的作品底结构的梗概包含着二十世纪布尔乔亚作家们基本心情底直接的反映：觉悟。这些作品总先写出生活上主观的希望与期待的心理，然后，通过生活底不同的阶段底描写，把这些希望在与资本主义现实底粗暴与残酷的冲突之中的破灭表现出来。在这里，这是真实的，题旨的本身允约某种年代的联系。但是在事实上，一方面，这种年代的联系总是保持着同样的风貌，而在另一方面，主角的人物是这样决定地不可更改地和世界上其他的人物都不相同，都相反，所以根本没有让这些人物之间任何活跃的相互关系出头的机会。在现代小说（勃劳斯特，乔逸斯）中主观主义发展底最高的阶级，它使人底整个内心生活变成一种静态的客体状的情况，而且，似乎是自相矛盾的，它使极端的主观主义非常接近虚伪的客观主义底无生命的客体状的状态。

这样，描写的方法向着结构的单调性走去了，而纯正的史诗的作品不仅是允许，甚至于是要求结构底无穷的变化性，并且促进它的现实化的。

但是描写的方法如此的一类发展是不是不可避免的呢？就承认描写的方法倾覆了古代史诗的结构，承认新的结构比旧的结构是诗的地低劣的罢，然而，这种结构的新形式不正表现了一幅"完结的"资本主义的"适当的"图画？就承认描写的方法是无人性的，承认它把人们变为仅仅的事物底附属物，变为静态生活底细节罢；然而，资本主义在真实的生活之中对人们所做的作为不就"正是这个"吗？

这似乎是很动听的，但是是不正确的。

首先，在布尔乔亚的社会中生活着普罗列塔利亚特。马克思尖锐地强调着布尔乔亚汜的反动和普罗列塔利亚特对于资本主义底无人道的反动之间的差异。"有产阶级和无产者的阶级都生存在人类的自我隔离的同一个状态中。但是第一个阶级在这种自我隔离里得到了满足，并且建立了起来。它在这种隔离里看到'它自己的权力'底实据，并且在这里面享受到人类的生存底'假象'。第二个阶级则感到自己在这种隔离之中的消灭，在这里面看到它自己的没有权力以及非人的生存底现实。"

马克思更提出了反对这种自我隔离底无人道性的无产阶级底"愤怒"的意义。

但是当这种愤怒被加以诗的绘写的时候，描写派底静态生活就爆炸到空中去了，而情节、叙述的方法，这二者底需要自己就起来了，我们在这里不仅可以参考高尔基（Gorky）底杰作《母亲》（*Mother*），而且可以参考别的小说，像安得生·尼克梭（Anderson Nexo）[1]底《征服者派尔》（*Pelle the Conqueror*），这部小说表现出了如此的一种和现代的描写派的决裂。（这很明显，这种绘写的方法是与普罗列塔利亚特的斗争联系着的作家，他与生活作阶级的接触的结果。）

但是，马克思所写述的这种反对人类底隔离的愤怒只仅仅存在在工人之中吗？当然不是的。受着资本主义经济形式束缚的脑力劳

---

[1] 安得生·尼克梭（Anderson Nexo），丹麦作家，《征服者派尔》（*Pelle the Conqueror*）是他的作品之一。

动者与体力劳动者，劳动者的一切典型，他们的被征服在他们全体中激起了最多的各式各样的愤怒。就是相当的一部分资产阶级，也是在剧烈的斗争之后，才逐渐对布尔乔亚无人道性底精神上的资本主义"教育"屈服的。新的布尔乔亚文学在这里表现出反对它自身的证据。这种文学底最典型的题旨——绘写失望，幻想的失去，这正表明了一种抗议的表现。每一种关于觉悟的小说都是这样的抗议的史实。

但是这种抗议是被表象地规划出来的，并且因此，绘写出来也是没有真实的力量的。

这件事实是明明白白的：当然，所谓资本主义的"完结"决不是说从现在起一切事物都是完成的了，也决不是说发展和斗争也在个人的生活中停止了。我们说资本主义的制度成为"完成了的"，意思只是说它把它自己再现在"完全无人道性"底更高的阶段上。但是制度是继续不断地再现出它自己来的，而且这种再现的过程存在于痛苦的、猛烈的战斗底连环底现实之中。这，也同样地应用在每一个个人底生活上面。一个个人，自然，他走进这个世界的时候并不是资本主义底机器上现现成成的附属物，他只是逐渐地，在通过连续的斗争的他的生活过程之中，才变成了如此的一种附属物。

自然主义派的作家们底基本的弱点，意识形态的与诗的弱点，乃是在于他们——作家们，向资本主义现实的无条件的屈服。他们在这种现实之中只看到结果、结局，而没有看到反抗的诸力量的斗争。而且即使他们仿佛是绘写了某种的发展——在那些觉悟小说里——而资本主义无人道性底最后的胜利是预先就在主人翁底形象中安排定了的。这就是说人物并不是在小说展开过程中的"完结的"资本主义底精神中变僵硬了的，而是从只能作为发展的整个过程底结果，从这一状态中最初的起点来绘写了的。这就是为了什么原因在小说的过程中幻想被破坏了，产生出如此薄弱的纯粹主观的印象来。我们要想去知道去爱的人不是一个活人，他在小说的过程中被资本主义在精神上谋害死了，他只是一个带着对他自己的死亡愈过愈明白的意识在舞台布景前面游荡的死尸而已。那些即使是在咬牙切齿，而也向资本主义底无人道性投降了的作家们，他们的宿命论正决定他们的"发展小说"里的发展的消失。

所以断言这种绘写的方法充分地在一切资本主义无人道性中反映出了资本主义，这是不正确的。正正相反！作家们无意中削弱了这种资本主义无人道性所引起的恐怖的感觉；因为人们没有活跃的内心生活，没有人的发展与人性底活的意识而生存着这一悲惨的事实，与在现实中资本主义时时刻刻把千万个赋有无限人的潜力的活着的人们变为"活着的死尸"，与这一事实比较起来，它的震激人们的愤怒的力量是差得太多了。

为了要对这个对比获得一个清晰的了解，这只要把高尔基的一些绘写布尔乔亚氾底生活的小说拿来和现代的现实主义的作品比较一下，就很足够了。现代的运用观察描写的方法的布尔乔亚现实主义，它已经失去了绘写生活过程的真实脉搏的能力，它不充分地薄弱地反映着资本主义的现实。就是拿这一派中最好的小说所能写出来的图画来看，由于资本主义而产生的个人底丑恶与堕落，比它是更为富于悲剧性的，而资本主义的兽性则更为卑劣，更为野蛮，更为残忍。

自然，要说一切现代的文学没有过任何的斗争，就在"完结的"资本主义所造成的生活底"人性低落化"与事物底偶像崇拜化之前投降了，这未免是一种笼统的过分简单的错误。我们已经指明出来，一八四八年时期以后的法国自然主义派，由它的意向来判断，是一种反对这种过程的抗议的运动。同样，在没落的资本主义制度晚近的诸文学倾向里，可以一再地观察到，他们的著名的代表者总是把他们的多样的文学的倾向和这种抗议的精神连结起来的。具有人的地与艺术的地意义的各种各样的形式主义的代表们都希望在他们的作品中反抗这种资本主义的生活底无意识。例如拿易卜生（Ibsen）后来的那些作品底象征主义作一个分析吧，这清清楚楚地表现出对布尔乔亚日常生活底单调的无意识的反叛。但是，除非这些反叛把握住了在资本主义之下人的生活底无意识底人的诸因机，除非作家积极地参与人们为了要有意义地来过他们的生活的真实的斗争中，除非作家把这些斗争囊括在他的"世界观"之中并且艺术地来绘写它，这反叛是必然的毫无任何艺术上的成果的。

这就是为了什么原因，资本主义世界智识分子优秀的代表们底人道主义的叛逆，对于文学以及文学理论有如此重大的意义。不过，这些倾向底异常的变化，参加这种人道主义运动底诸团体的某些个人的意义，就是略略地分析，也是我们的有限制的篇幅所不能容许的。我们只能简短地指出在罗曼·罗兰（Romain Rolland）底公开的人道主义的叛逆里，在 A. 纪德（André Gide）孤立了的并且是使它孤立起来的自我主义底讽刺的自身的崩解里，在这一切等等的情况里，已经有了许多很挚诚的倾向，超越过布尔乔亚文学一八四八年时期以后的文学的诸传统。苏联的社会主义的胜利使这种人道主义更加加强了，它的目的的集中，它的反抗资本主义无人道性的最高形式法西主义的兽性的斗争的尖锐化，使得这些倾向达到一个更高的水准。在 B. 马尔洛（Bloch Malreaux）[1]近几年来所做的理论文章里，我们甚至于看到了对十九世纪后半期和二十世纪初期的艺术作原则上的分析的开端。这是不言而喻的，在批评的领域里这种斗争仍然还没有达到结论的阶段，仍然在那里也没有得出一种原则上的清晰的理解出来；但单是如此的一种斗争，如此的与没落的时代在原则上的决裂，单是这一事实，就是一个具有重大的意义的历史的征兆。

七

但是就是在苏联，对于我们，这个斗争距离终结也是很远的。我们看到由于不相称的发展所引起的一个很有兴趣的（但是，这只对于我们作家们），很感觉难受的对照。在一方面，我们的社会主义经济的巨大的飞跃，普罗列塔利亚民主政治的迅速的扩展，革命的伟大的开始时期许多杰出的人物从人民大众中间的崛起，普罗列塔利亚的人道主义在劳动大众与他们的领导层底日常的习俗之中的生长，等等，这都是作为对资本主义世界底优秀的知识分子们底意识发生作用的一种强力的革命性的因子。而在另一方面，我们看到我们的文学仍然还没有摆脱掉没落的布尔乔亚泥底残存的传统以及防碍它向前发展的那些残余的遗物。

是的，我们的文学甚至于还没有达到走向真实清算这些残余的道路。作家协会关于自然主义和形式主义的讨论很清楚地表现出来，

---

[1] B. 马尔洛（Bloch J. R. Malreaux），法国现代作家。这位 B. 马尔洛，不是那位《征服者》与《人的命运》的作者，那是 A. 马尔洛（Andre Malreaux）。

我们在这一方面贡献的是多么微少。《真理报》（*Pravda*）的论文虽然是十分的明晰，然而讨论却很少触及关于自然主义与形式主义的原则的诸问题。尤里·奥列霞（Yuri Olesha）[1] 觉得乔逸斯底表现形式比 M. 高尔基底表现形式更有兴趣，这一事实极为明显地表明出我们的作家们对于形式的问题是如何地缺乏清晰的理解，是如何地——被晚期的布尔乔亚的传统与波格达诺夫（Bogdanov）[2] 传统所俘虏了——他们仍然把技巧误认为是形式。至于在形式的问题与"世界观"的扩深的问题，与世界概念的领域中布尔乔亚的残余的再批判的问题，在这些问题之间的联系，几乎没有任何的论述。并且所论说的一切是以如此庸俗的态度来立论的，所以它只能向着问题底混乱走去。因此，例如罢，格浪斯基（Gronsky）[3] 在自然主义和形式主义之中，都看到一种"直接地"敌对苏联的倾向。

因此，我们能够正当地把这个问题提升到这一点来：我们对于一八四八年时期以后布尔乔亚文学底赤裸裸的观察与描写的方法的批评，对于苏联的文学是不是并不是真实的呢？不幸得很，我们必须用肯定来回答这个问题。

想想大多数我们的小说底结构罢。它们大多数都属于左拉文献式的小说底自然主义意义上的唯客观素材的一类的。它们被用更现代的"最新的技巧底成功"装饰起来了，而这并不能使它们有多大

---

[1] 尤里·奥列霞（Yuli Olesha），苏联作家，作品有小说，速写，戏剧。最有名的小说是《三个胖子》（*Three Fat Men*）。
[2] 波格达诺夫（Alexandre Alexandrovich Bogdanov, 1873—1928），俄国革命家，思想家，关于哲学、经济学、文学、艺术，都写了很多的著作。他在思想上所犯的错误，列宁在《唯物论与经验批评论》，《哲学笔记》第二册里，有深刻的严厉的批评。
[3] 格浪斯基（Gronsky），苏联作家。

的差异。他们不绘写人的身世以及人们之间的关系,他们不把事物作为这一关系的媒介来绘写。代替了这个,他们写给我们关于集体农场、工厂,等等的"专题论著"。人物大半只是作为"附属物",作为在事物的连锁中为了联系事物的说明的材料而已。

自然,这并不仅是自然主义的传统在这里发生作用,我们在这篇文章的全文中已经指明了自然主义必然地渐渐蜕化为形式主义的倾向(如象征)。不过这里我们再增加一点:形式主义者的努力是和自然主义相反的,但是从"世界观"的观点上看来,它正像自然主义本身一样,对一切重大的问题都采取同样表象的立场。个人与社会之间的关系,个人与组织团体之间的关系;印象主义和未来主义起码是和自然主义本身一样的把它歪曲了,抽象化并且偶像化了。大战以后的帝国主义底伪现实主义的潮流,以它的文献式的文学底贫乏化了的复活,形成一种比旧自然主义本身还要更甚的有毒的传统。因为在绘写中客体事物超升在人们之上的超越,在最近代的自然主义与伪现实主义的诸倾向中表现得也许是更露骨,更无灵魂,更无人性。

例如,S. 特来特耶珂夫(Sergei Tretyakov)[1]在几年前发表过下面的一些原则上的理论见解,由于它的坦直,在这里可以用来作为我们的一个有价值的论据,然而我们希望原作者是不再保有这些意见的了。他写着:报纸使他了解到访问记是写作的一种方法。阅读了某些苏联小说,引起他更外有兴趣于"客体的传记"。对于他,好像一件事物"继续进行"经过人们底手的旅行,"能够告诉我们比

---

[1] S. 特来特耶珂夫(Sergei Tretyakov),苏联小说家,戏剧家,他的《怒吼罢中国》是我们早就知名的。

一篇描写心理的小说所告诉我们的，差不多整整的要多上一个纪元"。［引号（""）是我加的——G. 卢卡契］

自然，这样的"客体的传记"理论是绝少有像在特来特耶珂夫的见解里如此公开地宣布出来的，也没有在它的实际应用上如此呆笨地把它偶像崇拜化了的。但是我们在这里是讨论一种普遍存在的倾向底极端的情况。大部分我们小说的结构的"差不多"，最主要的，就是由于客观素材的复合底传记，而人物只是作为这种复合的说明的材料而出现在这种传记之中的原故。

这是我们的小说单调的共通的原因。常常在开始阅读之前，你已经知道了它们之中的事件的过程了：有些破坏者在工厂里做工，起了纠纷，最后党的核心或大多数是人民委员会内政部（N. K. V. D.）破坏了破坏者的组织网，于是生产有了一个飞跃；或者呢：因为富农们的怠工，集体农庄不能工作，在集体农庄或是机器与耕种（M. T. S）服务的工厂的工人就完成了突破富农们怠工的工作，于是我们看到这个集体农庄最后结果的进步，等等。

这是明明白白的，这些都是某一个发展阶段底许多题旨性的事件，而这里并没有一句话来反对许多作家在这些题旨上大做文章的事实。正正相反，许多作家把情节的创造误认为是题旨底社会性质或多或少的正确的意义的解明，这件事实表明了我们文学教养底低落的水准。作家真实的工作——结构与情节创造——必须在我们大多数作家认为他们的作品是"终结了"的地方"开始"。把情节误认为是题旨，或者，更恰当点说：把凡是属于题旨的一切事物作实体的完全的描写来代替情节，这是自然主义底一桩重要的遗产。

情节的意义主要的并不在于它的彩色与变化底丰富。好的情节，它底这些特质主要的是由于人物底个别的、典型的、真实的人的诸特征，能够得到好的情节的帮助，富有感情地生动地绘写出来。可是题旨底空泛的描写的表现方法底单调性，对发展的个性化的人物底绘写不能提供任何机缘。生活底真实的变化性，无限的丰富性，必需和个人有意识或是无意识，愿意或是不愿意在其中实现共同任务的，那些大路与小路底错综复杂的纠结底绘写共存共亡。赤裸裸的题旨如果不是作为无数的偶然性事件底结果表现出来，它只能指示社会地的必然性的过程。在我们的小说里，题旨底社会的必然性是异常的狭窄，并且是单轨化了的。这也是作家们不要停止在题旨底赤裸的公式化上，而要去创造有个性的情节的另外一个理由。像这样有个性的情节的稀少，比较着来，很少是由于作家们才能的缺乏，倒是由于这一事实：被虚伪的理论与传统所俘虏了的作家们根本就没有认识这种必要。

我们的小说底结构恰恰是和左拉派自然主义的作品一样图式化了的，只是表示着一种相反的征象罢了。在左拉派自然主义的作品里，资本主义的物质的复合底无意义，连同交易所和银行底灿烂光辉的背后的卑鄙一同被揭露出来了。而我们所表示的征象则是相反的。在我们，那些正确的原则在开始的时候是隐藏着压抑着的，而在结局的时候是变成胜利的了。但是在这两种情形中，作品完成的方式都是同等的抽象化与图式化的。社会的历史的正确的题旨没有得到一个使人感服的艺术的表现。

个性的情节缺乏的结果，人物表现成苍白色的图式了。人物只有通过由他们的行为所激动起来的感情才能获得真实的人的面貌，真实的人的轮廓。无论是多少人物生活底广阔的心理学的描写，无论是多少整个环境底细节的"社会学的"描写，都不能作为行动的代替者。而这正是大多数我们的小说中所发生的一切。在这些书里的人物们兴奋地团团地奔跑,兴奋地讨论许多问题,而这些问题对于他们以及他们个人的命运的重要性,在这些书里并没有表明出来。这些一切事项自然都是客观地具有最高的重要性的;但是这种客观的重要性之所以获得艺术的生动性,所以能够使人感服并且支配读者,是当这些问题对于已经对读者成为人的密友的主人翁们底个人的利害被个别地绘写了的时候(这也就是,通过行动,通过情节)。只要失去了这一点,几乎是没有例外的,人物就变成了静物图画中仅仅的"点缀的形象"。他们的出现以及消失,都不能激起任何的兴趣。

"现代的读者"会又要发问了:但是,在真实的生活中不就正是这样子吗?人们被委派到某些地方去,随后回来了,代表们到了,会议举行了,如此等等。绘写出来的人物底诸关系是和我们的现实相合的呀。

伊里亚·爱伦堡(Ilya Ehrenburg)[1]用几乎和现代西方的形式主义者同样的议论来辩护真实的史诗形式的解体:旧的古典形式是不能再和新生活底"力学"相合了。像这种认为在某一种情形里生活底"力学"乃是没落的资本主义底混乱的事物,而在另外一种情形里,这同一的生活底力学就被假定是来表示社会主义底建设,新的人类的诞生;这种概念与议论具有十足的形式主义的特质。"古典的作品",爱伦堡同志在莫斯科作家大会上说了,"它描写英雄们以及生活底死板的固定了的形态,而我们是在生活底运动之中来绘写它们。要把古典小说底形式应用于现代的生活,这就需要作者来

---

[1] 伊里亚·爱伦堡(Ilya Ehrenburg),苏联作家,他的作品译成中文的很多,最近多写短篇,报告。

作虚伪的编撰，特别是虚伪的解答。报告作者底手记和速写的繁茂，艺术家对于生活中的人们的极大的兴趣，这些一切的速记录，自述，会议的记录、日记，都不是偶然的产物。"

这恰恰配合上了辛克莱·刘易士对朵斯·帕索士底风格的描写。我们已经回答过这个问题了。是的，在"表面"上我们的现实确实似乎像是那样子的。但是它决不是似乎是不同的东西；那些布尔乔亚的作家们，他们不艺术地走到这表面的背后，是永不能在他们的人物中唤起真实的兴趣来的，他们只能绘写点缀品的形象而已。拿一位伟大的作家的作品中一段简单的插曲来看看罢——例如《战争与和平》（*War and Peace*）里安德莱·波尔康斯基（Andrei Bolkonsky）底死。这位受了伤的安德莱·波尔康斯基就在安那陀里·库拉金（Anatoli Kuragin）被割掉了腿的同一间房子里被施行手术，接着他被送到莫斯科，并且偶然地被送进了罗斯陀夫（Rostov）的家里去了。在现实中这一切也是如此发生的吗？是的，当着这位伟大的作家运用生活底诸偶然性来表现他的人物底人的本质的特征的时候，它"可以"如此发生的。但是要来这样做，作者必需要有一种超越过广大的表面底描写，超越过虽然是被正确地观察了的那些社会现象底抽象的描写的观点——一种考察这二者之间的"联系"，并且从这个联系中艺术地把"情节"组织起来的观点。这种必需的要求由于布尔乔亚氾整个意识形态的没落而消灭了。我们的文学，它的情况奇特的矛盾乃是这一事实：生活赋与了这些问题以日益明确的明晰性，而我们的文学却以应当获得较好的因机的固执，坚持着没落的布尔乔亚文学底表象性，把这个表象性提高到了方法的地位。很幸运地，这种情况并没有及于我们的文学的全部。我们的杰出的作家们感觉到新生活底深入的绘写的必要，并且以逐渐增强的能力努力于个性的情节。这种倾向特别清晰地表现在法捷耶夫（Fadeyev）[1]底最近的作品里。

这不是一个文字技术意义上的文学的问题。新的人性底绘写是不可能用这种点缀品的素材来完成的。我们必需确实地知道，必需人的地经验：它在"什么地方"生着根，以及"怎样"它的人的成长是被完成了的。那些像对照的静物画似的过去的描写以及"造成的"新的人性底描写，仍然还是艺术的地庸俗的。就是当它用种种奇异的形式装饰起来的时候，当它作为某些未知的假想底谜似的结果而出现的时候，这种庸俗性还是摆脱不掉的。因此，例如夏金尼安（Shaginian）[2]《水力涡轮》（Water Turbine）写的"红头发的"家伙，在他第一次出现的时候似乎是异常引起兴趣的。但是因为 M.夏金尼安既没有陈述这个家伙底故事，他是怎样才成了这样一个人的呢，也没有以个性的情节使人发生兴趣地把他的种种性格表露出来，所以这种兴趣就消散了。代替灰色的庸俗，我们却有一种多种彩色的庸俗。

我们的作家们是渐渐地更加深切地感到表现他们的人物底内心生活的需要了。这和我们的文学底最初的一步比较起来，无疑地是前进了一步。

这无论如何必需要记忆着：在一篇小说里内心生活之所以变成重要的，这只在于和情节联系起来，作为一种假想，作为一条道路的许多阶段或者是作为个人的行动底结果。内心生活底静物的绘写，就它本身来说，是正和事物底描写一样的是一种静态生活。例如费

---

[1] 法捷耶夫（Fadeyev），苏联小说家，著名的作品有《毁灭》等。
[2] 夏金尼安（Marietta Shaginian），苏联小说家，《水力涡轮》（Water Turbine）是他的作品之一。

多尔·革拉德珂夫（Fedor Gladkov）[1]在他的《能力》（*Energy*）里写了他的人物之中的一个人底丰富的日记。但是这个人物在情节中并不是什么重要的角色。就情节底发展来说，日记中所包含的内容是非本质性的，它仅仅是一篇"文献"，仅仅是一篇状态底描写，情况底描写；而且自始至终都没有超出点缀品的水平线。

描写的方法掠夺了这些小说的一切的紧张性。社会发展底辩证法使读者预先知道小说的结局，这在我们，从纯正的叙述的观点看来，决不是对于真正的紧张性的障碍，它甚至于是能够提供给紧张性以纯正的史诗的特质的。不过，这只是当已知的结局是在那些使人发生兴趣的"人的"命运底连锁的过程之中逐渐地被显露出来的时候：这些命运有时似乎是很近的，有时似乎是去得更远了，如此等等。

而在描写的方法是没有这样的紧张性的。结局是用一般的社会学的方法——这从艺术的观点上看来，意味着一种抽象的方法——死板地确立起来的；而且在情节与结局之间也没有那些联系的线。情节底不同的各段落一般地都充满着作品的人物对于种种事件所感到的困惑。从绘写的观点上看来，危机就"突然地"从这种困难之中飞跃出来。描写的方法的矛盾在这里是一老一实地拥护着它们自己的。这像在我们许多作家们的情形里一样，特别当描写是从扮演的人物的观点来下笔的时候，因为在这样的情形之中，一幅事物底状态的图画，一幅事物与占有这些事物的人们底复合的图画就出现了：并且这一切是被一位失去了主宰力的观察者来加以描写的。而且，当种种事项是被"客观地"描写起来的时候，于是，从整个的

---

[1] 费多尔·革拉德珂夫（Fedor Gladkov），苏联小说家，著名的作品有《士敏土》等。

题旨的观点上看来,这些描写和形象毫无内在的联系,并且强迫这些形象降落到点缀品的水平线。

因此,新的人类出现在这样的小说之中,并不是作为事物的主人,而是作为事物的附属物,作为一种纪念碑式的静态生活底人的组成部分。在这里,主导的描写的方法是与我们伟大时代底基本的历史现实相矛盾了。自然,一切的这些小说里都保有着人们变为事物底主人这一点的,并且人们也是作为主人而描写的。但是这并不能艺术地达到任何目的。人类与外在世界之间底关系,人与外在世界斗争中的人的力量底表现,这只能由这一斗争底真实的绘写表达出来。当需要和自由之间的斗争与人类力量底最大的开展,史诗式地系联起来的时候,基本的形象才可以获得人的形体。巴尔扎克底大多数的主人翁是在生活中绞结在一起的。高尔基底《母亲》中的那些主人翁,受虐待,被关进牢狱;虽然这样,可是他们显示出一种力底无限的发展,甚至于显示出一种生活底主宰力来;而这种人的主宰事物底描写仍然艺术地表现出了事物对于人们的优越。

我们已经说过:自然主义和形式主义"缩减了"资本主义的现实,它们绘写现实的恐怖,可是和现实比较起来,是要减弱得多,庸俗得多。

观察和描写的方法,自然主义和形式主义底残余的遗物,它们缩减了、隔离了人类底伟大的革命的过程。我们运用这种方法的作家们,像在他们之前的布尔乔亚作家们一样,自然地感到在他们的描写里缺乏内在的意义,并且也像其他的人们一样,当他们企图用那些造作的纯粹观览性质的设计,来提高所绘写的人物与事件底内在的无意义性的时候,就把象征引导了出来。我们能够引证无数虚伪的思想丰富性底实例和膨胀起来的庸俗的实例。而更遗憾的,这样的事物常常发生于那些确实有能力给与他们的故事以真实的内在意义的作家们那里。象征应用在我们的伟大的现实上，它只能算是一种代替内在的诗的可怜的代替品，并且正为着这个原因，这种癖好必需要用最苛刻的批评来绝灭了它。我们可以想到在伊兰珂夫（Ilenkov）[1]底《转动的轴》（Driving Axle）里，那些无毒的莓子被膨胀成了血的象征，或者是夏金尼安把山中的溪流的拟人化，特别是革拉德珂夫底新小说里结尾的那几行："柱子上的电线歌唱着遥远的声音，好像是某种和缓下来就要静默的终断的快乐底柔和的谐音，在悬崖背后的轨道上有些男男女女的声音彼此叫喊着什么事情；也许是些转辙手罢：'把车子引到上头的轨道……引到上头……'，'是的……我知道，引到那个新的……通着堤坝的……'。'是的'，密朗（Miron）注视着破晓的黎明，想了，'是的，在一个新的轨道上……生活总是建筑许多新的轨道的'"。

这是可以理解的，是的，当一个左拉或是一个易卜生对他所绘写的日常的资本主义的生活底无意义感到绝望而走向象征主义，这几乎是悲剧性的。但是对那些以我们的峨巍的现实为素材的作家们，这是没有原谅可言的。

一切的这些表现的风格都是资本主义底残余的遗物。但是，在意识之中的残渣总是指示着在现实之中的残渣。在共产青年团大会上，我们的作家们底生活方式遭受了许多热烈的批评。在这里，我们只能提出这个问题来：在我们的文学中存留着的"观察者们"的典型底残余必然在作家们自身底生活方式中存在着它们的根。并且，

---

[1] 伊兰珂夫（Ilenkov），苏联作家，《转动的轴》（Driving Axle）是他的作品之一。

成问题的要点并不是直接地在趋向孤立的无政府主义的倾向中把它自己表露出来的，单纯的个人主义的问题。事实上，"为了这个的"文献的努力，对于史诗的诸课题的生活报告者的态度，左拉风，描写底"法律文献式的"准确性，这都是属于同一范畴的。这一切指明着这一事实：我们的作家们还没有从伟大的小说所能以得到成功的，生活经验底丰富这一点出发来创作；而只是收集那些"为了这个的"观察，并且用新闻标题的风格，或者是用抒情的象征的装饰把它们赤裸裸地安排起来。

自然，也有许多作家用一种完全不同的态度来绘写生活的。但是，假如我们考察他们对于他们从那里面采取素材的生活的背景底关系，我们会看到一种对于生活本身的基本的不相同的态度。这只要指出萧洛霍夫（Sholokhov）[1]底艺术与生活就足够了。

因此，积极地参与生活和观察生活的对比，叙述和描写的对比，这在我们，也像在布尔乔亚世界里一样，是一个作家们对于生活的态度底问题。但是那种对于弗罗贝尔成为悲剧的情况的一切，对于我们简直是有点荒谬的，这是一种必需克服的资本主义底残余的遗物。

这是能够克服而且是就会克服的。

---

[1] 萧洛霍夫（Sholokhov），苏联小说家，著名的作品有《静静的顿河》等。

集外文存（二）

略论美国电影界

查波林

这篇文字,原载国际文学,作者明确地分析了美国电影的现状,虽然已是几年前的见地,但对于目前的进展和状态是更可藉此证实出的,于是不嫌陈旧地选译而介绍于此。

一、市民电影——民众的鸦片

最重要的,好莱坞是一个名称,好莱坞是一个传统,几乎是一个传说:它代表一种心性,一种意态,这已超过其实际现实而生存下去了。好莱坞不是完全由电影公司所造成的都市,这不是一个生存于电影呼吸着电影的地方。住在好莱坞的人几乎有好几十万与电影工业无关,他们几乎托天之福,不知道附近有电影工业的存在。好莱坞并不回答其普遍的偶像:它并非电影城,在此城中你就不能吐一口痰而不唾中妖冶的电影明星身上。

六年前,对白片的进步,以及此城在以前繁荣阶段中的建立,使制片商不得不选择居民较不稠密之所为其摄影场,大部分"区分"今日都在好莱坞本埠之外。克尔佛城(Culver City),环球城(Univesal City),布尔岸(Burbank),西林(West Wood)——这许多名字都是电影公司所在的地方,正如好莱坞一般。然而好莱坞之名依然存在，仍为美国电影工业之象征。而美国电影工业，今日仍为世界上一切"文化"工具中最不可轻视者，虽然雷电话实有超过它的可能。

我们谨慎地用"文化"一字，只因为电影是一种艺术形式（或者可能是一种艺技形式），并且在智识与文化方面诉诸观众也。但是，美国之利用电影为一种文化工具，直到现在还是无效的。美国电影已达到了何种社会意义呢？资本制度已用电影为民众的鸦片。这是太真实了，因此美国的教会已感到其传统的麻醉作用受到威胁了，因而在最近岁月来开始对好莱坞做"决死之战"。

显然，好莱坞每年有四百五十到五百张长片，每张片子在全世界的观众有六千万到七千万，自然是罗马及其同僚的劲敌了。教会已看到，在最近的将来，资本制度必有一日不需其帮助便可使群众昏睡了。不需教会的帮助，电影已足够了。然而宗教的钱柜永远是装不饱的，因此教会领袖决定了排斥好莱坞竞争的时机已然到来。清洁军已发动了，号召有宗教意识者是一切高尚理想，抵制一切表现美丽的人物（这是魔鬼撒旦的工具），或启示性欲、思想自由或任何其他人世罪恶的影片。

清洁军有其高尚的道德主义阵线，便像野火一般烧开来，它一夜之间从费城的摇篮地传至俄亚欧；又在一周内卷入加利佛尼亚（从美国东部传至西部）。制片商震惊于这次新的反罪恶运动的胜利，他们反攻么？不。人民为理想而战斗。然而当投入影片工业中的数万万元资本有危险时，人是不战斗的。每一个妥协，不管损失多大，不管如何屈辱，总比争执好一点，一经妥协，人当然要损失去一部，然而不要冒全盘失之大险了。据说一个犹太制片商跑到落山几主教那里跪求："一个犹太人的我不愿一个天主教徒的您想道：我自愿叫我的妻子（一个极有名的明星）做不道德的女人的角色，企图使公众道德沦亡。您知道：我们制片商不以为观众真会认为明星的私生活与他们所演的角色相同啊。……"这个说明掩幕了真实，就是这些制片商，以"低级趣味的刊物"及其他切近的广为宣传的方法为夸大的担保，出卖给观众各种各样的典型与个性，而避免"电影明星只是演员"这个思想。（关于银幕上的典型问题，在其与当做一种间接的市民宣传的工具的关系上，须有澈底的分析，以下我们将详细讨论）

二、教会清洁运动的胜利

制片商就这般投降了，海斯的组织（即制片人同业公会）的副主席布里恩（Brin）被任命为影片总检查。不选布里恩的上司海斯而选布里恩，这是重要的，布里恩是一个天主教徒，又是民主党员，而海斯却是改正教和共和党员，每一制作中的影片，或在去年七月中尚未发行的影片（去年八月即制片光荣的不战而降之时），须受布里恩之处置，他随意删剪：几张完全的片子经布里恩删剪后，大约只剩下了原长三分之一。制片商不置一词接受一切限制；他们自己请布里恩出来，俾他们的片子为"进教堂的公众"所接受。为了再度完成这些剪割过的片子，要用多少百万元的钱于这一工作，简直计算不清。剧本原稿在制作之前，须先通过。因此雷电华公司便因为有十七个剧本受反对，况且完全改编后也不能补救，乃概行舍弃。这十七个剧本便代表了廿五万金元的投资。米高梅公司不得不抛弃摄制下贱的吸引人的文学作品《邮差总是打铃二次》，虽然为得到摄制权须要两万五千元……制片商并非社会主义者，不能了解道德为何像一群红蚂蚁一般向他们冲来,他们降服了——因为社会的力量很大。他们还不知道好莱坞已代替了美国人甚至欧洲人心中的一切宗教了。

于是乎,新的"清洁"影片便出现在市场上了。制片人便揪发捶胸,走到"棕树之泉",休息在沙漠里,在脱得光光的洗太阳浴的美人中了。可是这些美人是不准在世界的银幕上陈列的,每次当电话铃响时,他们惊慌地回答。到什么时候才有人这般忠告他们呢?"清洁片"不为公众欢迎,"清洁片"的一切努力都是大大的傻干啊。……他们绝望地等待这些悽惨的消息。在礼拜二,他们得到美国每一家戏院本星期六以前的账簿,出乎他们意料之外,"清洁"影片正和所谓"猥亵"的影片一样成功啊。

制片人没有知道他们自己的力量。他们还不知道好莱坞比罗马强,比美国改正教一切宗派合并起来还要强呢,一九三四年九月在以后的宗教史上,将为"新启示的时代"罢。在那时,全世界知道:好莱坞为一个神话,一种宗教,已代替了全世界公认的信仰,耶稣的军队对好莱坞做了一次剧烈的战争。他们用那些不屈不挠的武器——德行,道德,敬神,纯洁——武装着,在每一次冲突中得胜。好莱坞已投降了,教会在表面上是得胜了。是的,教会无往不克,然而这一战中的几仗,就如在一切资本主义战争中一般,只是前哨战而已,只有这几仗所争取的经济价格(即美国群众的宠爱)才算数呢,而这一点教会已然失去了,好莱坞虽受教会的惩罚阉割与删除,然而每张片子仍有七千万看客啊。

三、新的麻醉剂

为什么?为什么好莱坞是胜利的呢?又,为什么我们能够特别说好莱坞在人民的麻醉剂的作用上已代替了鸦片呢？显然，好莱坞的影片，连年使公众昏睡，且继续使公众沉醉，正如宗教总是用同样的方法为统治的社会集团服务一般，然而影片比讲道是更麻醉人更激动人的，琪安哈罗梅蕙丝就是不淫声浪语，搔首弄姿，比较传道师最漂亮的讲道，描写地狱的刑罚，或详谈禁止的人间罪恶之欢乐，要十倍地使人"骨酥肉痒"呢。好莱坞的宗教已经进了大众的心中，比任何一种神能做得更好呢。因为"电影"是比"天主"更有力的麻醉剂，就发展了一种"电影瘾"，沉溺于电影者——我们漂亮的时报称他们为"电影瘾君子"——忍受着极似烟瘾的痛苦，关上教堂，信徒们犹能在家里祈祷；可是关上电影院就不得了。成群的狂人跑到街上，不能过他们每天的瘾，这已然催眠他们入于无思想的沉睡中有二十年了。

好莱坞不是一个城市，只是落山几的毗邻；好莱坞电影中心也并非一个电影中心，只是表明一种意态，一种毒药的名称罢了。这个神话一般的好莱坞已然视其自身为一个不容忽视的力量。美国有三个新的市民的中心：（一）政府所在地华盛顿；（二）金融资本所在地纽约；（三）还有好莱坞……不是电影中心么？不是的，是新宗教的中心。

这一种力量，虽然在物质上也许不存在，虽然其在一切意欲与目的上为传说，然而好莱坞既为一种意态，这一种意态，这一种力量必然有其现实，这个神话尤其重要而具形。好莱坞有不可说明的完全无形的法规，保障自由（此字系按照市民的意义讲）。美国电影还没有公开的政治检查①，好莱坞制作影片的人和人制作的影片有充分的表现自由，此为美国宪法所担保者，——这就是所谓自由，只要他们不要接触尖锐的政治问题，只要他们不发动社会的改革或改良，还有现在只要道德上清洁——总之，不要打搅群众的昏睡就行了。

但是罗马的教会想刷清好莱坞——而失败了。那么，个人能用什么来反对好莱坞呢？这就是提在每个觉悟的，为生活而在电影工业中工作的作家与智识分子之前的难题啊。

好莱坞的现实是无形的，正如其神话为现实的一般，好莱坞的神话每一分钟内光照在低级趣味的刊物上，报纸上，壁报上，被人不断地播扬着；它已成为几万万欧美人民②生活中的一部，极重要的一部了，它供给他们欲望的满足，阶层合作的模范，和无聊空虚的消遣。这些对于他们在现社会制度下的忍受是必须的，好莱坞就如现社会制度一般，真是不可捉摸的。如果我们能把手指放在一个人或一群人身上，说他或他们代表好莱坞，这是多么容易啊！然而好莱坞没有一个人是少不了的。影片乃由几十或几百人完全的集体努力所产生的。在资本制度的心中，在资本主义电影工业中，发展了一种真正的集体主义——这是大腹的企业家永远否认的。他们只谈到个人天才，然而每个研究电影的人知道：好莱坞影片中集体的总量产生了什么属性，集体的总量比较其各部分的数量要大，如果把这些天才放在欧洲，甚至放在纽约，也不能产生达到好莱坞标准的影片了。

---

① 〔译注〕上面讲到以布里恩为首的检查是制片人方面的，而非美国联邦政府方面的检查。
② 〔译注〕少不了中国人民。

四、好莱坞与电影从业员

好莱坞的现实是不能被限定、分开、接触和规定的,然而一个电影从业员第一天涉足于此处一个电影公司,便可感觉到的。不问他是一个著作家、导演、技师或不熟练的工人,总是孤单的一人;而在他之前却是那个权力:如果罗马与教会不能够降服好莱坞,他也是不能够的,虽然他可以抗争,然而他势必成为好莱坞集体努力中的一个齿轮,这种努力是表现着并非属于他的社会集团。如果他拒绝加入这个社会集团,他便被击溃了摔开。好莱坞可怕的不可捉摸的现实又得胜了。

好莱坞神话之空洞的词句已然成为其虚幻的现实。你不能射中一个鬼啊。

现在我们且讨论那些充分觉悟和好莱坞抗争的个别从业员或从业员的团体的问题。首先,那些站在这个工业边缘上的人,即宣传人员,美国的与外国的通讯员,他们广播好莱坞的光荣于全世界。他们中有许多人并不像那些写文章欺骗人的,"受命而写作"的人那样昏迷。然而他们与电影公司的联系是紧握在海斯组织的手中。当然,还没有直接检查。然而,如果有人说出好莱坞的真相,电影明星的私癖,监制人的放荡,或令人难信的卑鄙阴谋,他就被叫到海斯组织之前,他虽不直接受责,然而这些名称如"善意""好感"以及其他此类欺人的话都用来申饬,他们问道:"他对好莱坞有好感么?""是否显示好莱坞那一部分为世界真正须要看的于世界上么?"等等。如果他回答是的,那末当发下一季入场券时,他进电影公司的权利便被停止了。如果他回答"否",如果他不坚持,他可再得机会。然而此刻他得时时检点了。好莱坞已侵了他内心的完整，况且报导好莱坞又是他的生计。所以经济决定论只给他一条出路。如果他反抗，他就毁灭，因此必须保守沉默，然而你会答道，从业员联合行动中还有力量啊，那么就让他组织吧。

这也是好莱坞的一个复杂问题。不熟练的工作者和技师比在其他多数工业中得到高得多多的每周工资。那些做工的人还不了解下面的事实：即他们的工资是不常的，工作只是一个、二个、三个或四个礼拜的分派，然后又停顿了有同等长的时期。他们也不了解另一件事，即明星的工资虽高，电影业中的劳动得到其创造的财富中的一部分比在其他工业中（除了烟草工业，在美国工资最低）的劳动得到的还少，资方的工会这么利害地控制了好莱坞从业员的下层。

此外上层的情形又如何？领大薪水的著作家、导演、监制人、明星又如何？他们不是完全无智的，有许多人已然觉悟了。他们一面保持职业，一面尽量为全人类之故贡献他们的金钱，以至个人的努力。但是，这还没有大量增加，而且在目前有减少之危险，为什么呢？

总之，好莱坞是在加利佛尼亚，这一邦多年来"露骨的王国"，并以在美国无比的警察恐怖而著名。现在许多作家、演员、导演在纽约或他处的时候，公开表示对全人类之故的认识与同情；可是他们一到了好莱坞，最初只想呆一个短时期，并尽量赚好莱坞滚滚的钱财，然后，他们再回到东部，恢复他们艺术与政治的工作，所以在加利佛尼亚，他们宁可不以任何政治行动对抗雇佣他们的电影公司。然而一进公司后，又欲在政治及社会问题上闭住眼睛，那时组织与制度的巨大和恐怖就压倒了人，激进的著作家忘记他们要回东部去了。他们仍留在好莱坞。而且他们也忘记了他们与新兴势力之联合。他们为好莱坞的金元制度吞没了。偶然,他们也许捐助几块钱于罢工运动或某个特别可怜的政治犯——然而这是由于人类的怜悯心,而不是用于社会集团的认识啊。

五、反对好莱坞抗争

我不可以这个失败主义的说明而终结,有一二例外,有少数作家,至少还有一个世界著名的明星,已经起来反抗好莱坞了;而且他们虽然在电影公司中工作,却敢谈论他们的意见,并表示他们的同情。作家们全为警察所知,被人追捕,有的现已失业,纯粹的或部分的为了政治理由不能重订契约。银幕上极有名的,顽强叛乱的角色的演员詹姆士·贾格奈(James Jagney),是与旧金山总同盟罢工后的农业罢工有关系的。当农业罢工的领袖因犯罪的工团主义被控告时,在他们的纸张中发现出爱拉·温特尔(Ella Winter)和林肯史替文史(Lincoln Stevens)的信寄来贾格奈有意捐助的几笔款项。因此对他提出犯罪的工团主义的控告,贾格奈只得否认曾经捐款,检查官乃请法官发一禁令,限止贾格奈给×党或将来其他任何"破坏秩序"的组织以"精神或经济上之支持",如发现贾格奈有此种支持,他便算违法,武断的法官(他便是发布禁令者)便有权完全独断地通过处分他的判决——这是最后的判决,对此不得再行申诉也。

直到现在,此种以及其他的警察恐怖与威吓的事件,已然公开对付有名的电影人物以及最渺小的人。然而这些事件和一切不正的行为相同,已经在许多沉睡的人民中唤醒强烈的反抗,他们感到自由被否认了,制度一定有毛病。

好莱坞的毛病便是因为制度有毛病。好莱坞在组织上以及在其出产的影片中,都是充分表现了创造与培养它的市民阶层。好莱坞应该是市民阶层手中最强有力的工具,如果他们能善用之直到现在。美国的大腹企业家,因为没有正确地认识四周的世界,所以大大忽视了好莱坞的用途。这是他们可能使用的,教会在好莱坞手中的失败是否影响他们,在最近的将来就可知道。美国的统治者可能因为只知表面之故,而不利用好莱坞,而在表面上,教会打败了好莱坞。然而我们看到,好莱坞才是真正的胜利者。正因为好莱坞代替了教会为美国民众的鸦片,所以好莱坞能够而且部分地真正做了资本主义以前须要学校与报纸做的工作。它也能挫败学校与新闻么?谁能够说呢?

如果公开的中世纪主义来到美国,它不利用好莱坞;在此场合,好莱坞便不成为今日美国人的麻醉剂,而是希特力企图从一度有名的德国电影中制造出的恶毒的毒药了。那时,好莱坞的公开的宣传影片将大为成功罢。

神话的好莱坞(这个城市是不存在的)在其社会层状况中找到现实。好莱坞是社会层的现实,是金元制度的一部;也许有一天它将成为中世纪主义的背脊骨吧,这不是神话,而是现实,不再是不可捉摸的,而是极端真实、确定的了。这样一个敌人只有用极大的力量才能够克服。

我们已看到好莱坞制度是太可怕,太巨大,为任何个人所不能抗拒者,甚至像罗马教会那么有力量的团体也不能够。虽然好莱坞从业员和好莱坞的小冲突也许是有用的,然而冲突本身还不是目的,集团的总力量是大为重要的;因为好莱坞只有随代表的社会集团而灭亡。好莱坞和加利佛尼亚的做工的人正在觉悟了,有名的,落山几国际劳动保卫会的律师利欧·加拉佛(Lao Grllagher)参加法官竞选，去年得七万票，今年已超过二十万票。在社会根基上的反对好莱坞及其制度的抗争，将在新势力摧毁旧势力之际赢得。

反对好莱坞神话的抗争是在另一方面，即文化方面。这是苏联电影，世界上每个独立的电影从业员和每个创造的艺术家和文化的享受者所应担负的。当做一个社会制度的好莱坞也许可在不远的将来会崩溃，然而当做一种心性，当做那种令人窒息的空洞的欢笑，催眠群众并使他们隔离"开明"与"文化"，那么有好莱坞的另一方面是必须对之抗争的。这个抗争便是好莱坞约翰里特俱乐部，美国全国约翰里特俱乐部，以及全世界进步作家与艺术家的任务。因为好莱坞神话（即好莱坞的意态）存在的每一新的时机都会增加最后结果——即新兴势力完全得胜——的困难。

［原载《明星》（上海）一九三七第八卷第二期，署名倪平］